韓国の教育と社会階層

「学歴社会」への実証的アプローチ

有田 伸

東京大学出版会

Education and Social Stratification in South Korea:
An Empirical Approach to the 'School Credential Society'
Shin ARITA
University of Tokyo Press, 2006
ISBN 978-4-13-056211-9

韓国の教育と社会階層──「学歴社会」への実証的アプローチ　/　目次

序章　問題の所在――――――――――――――――――――――――1

　　　（1）　韓国におけるひとびとの教育達成意欲　1
　　　（2）　教育達成意欲の高さと学歴主義的社会イメージ　4
　　　（3）　学歴主義的社会イメージの当否と先行研究　7
　　　（4）　本書の目的と分析課題　9
　　　（5）　本書の分析方法と留意点　11
　　　（6）　本書の構成と意義　13

I　理論・構造・制度

1章　学歴と地位・報酬配分に関する理論的考察―――――――21

　　1．機能主義的諸理論――技術的機能理論，産業社会論，人的資本論　22
　　2．選別理論　25
　　3．葛藤理論と教育を通じた不平等　30
　　4．教育拡大の帰結についての理論的考察　35
　　　――学歴効用の変化と教育達成意欲へのフィードバック効果の検討
　　小　結　40

2章　韓国の社会階層構造と産業化―――――――――――――45

　　1．伝統社会における階層構造と社会移動　45
　　2．産業化の進展と就業構造の変動――産業・職業別就業人口の推移　49
　　3．各職業従事者の階層的地位とその変化　56
　　4．韓国社会における職業威信構造の特徴　64
　　小　結　74

3章　韓国の学校教育制度と選抜システム――――――――――79

　　1．韓国の学校体系とその変遷　80
　　2．中等・高等教育政策と選抜システムへの影響　85
　　　――大学進学段階集中型・国家管理型・一元的選抜システムの形成
　　　（1）　中等教育政策と選抜システム　86
　　　（2）　高等教育政策と選抜システム　91
　　　（3）　大学進学段階集中型・国家管理型・一元的選抜システムの形成　96

3．課外授業問題と 7.30 教育改革　103
　　　──韓国における大学進学競争の「公正性」
　小　結　110

II　経済的報酬・職業的地位・社会移動

4章　賃金水準に対する学歴効果とその変化──117
　1．学歴間賃金格差の変化──集合データを用いて　118
　2．賃金関数の推定による学歴間賃金格差の分析　126
　3．高等教育進学の私的収益率　135
　4．大学進学需要の時系列分析──賃金構造変動の影響を中心に　141
　小　結　148

5章　職業的地位決定における学歴効果とその変化──155
　　　新規学卒者の就職過程の分析を中心に
　1．マクロ統計を通じてみる学歴間での職業機会格差　156
　2．新規学卒者の就職過程と企業の採用制度　167
　　　── 1980 年代から 90 年代前半にかけての時期を中心に
　　（1）　新規学卒者採用方式の特徴とその影響　168
　　（2）　大卒者増加に伴う新卒者採用方式の変化とその帰結　175
　　（3）　新規大卒者の就職状況と就職行動　181
　　（4）　新規専門大卒者・高卒者の就職状況　189
　　（5）　雇用主にとっての「学歴」　197
　3．職業的地位上昇がもたらす「効用」増大　199
　　　──高校生の職業希望意識の比較分析
　小　結　215

6章　教育達成と社会階層・階層移動──225
　1．韓国社会の階層構造と階層分類　228
　2．社会経済的地位に対する出身階層効果と学歴効果　234
　　（1）　本人所得の規定要因分析　234
　　（2）　職業的地位の規定要因分析　239

3．教育達成に対する出身階層効果——教育機会の階層間格差分析　242
     （1）本人教育年数の規定要因分析　242
     （2）教育段階移行の要因分析　248
     （3）出身階層が教育達成に及ぼす影響　250
  4．世代間階層移動と教育達成　256
  5．旧中間層の階層的性格と階層移動　264
     ——学歴を媒介としない社会的地位達成
     （1）旧中間層への世代内階層移動とその規定要因　265
     （2）旧中間層への移動と社会経済的地位の変化　271
  小　結　276

終章　学歴主義的社会イメージと韓国社会――――――――283
　　　学歴効用・教育システム・分配問題
     （1）学歴主義的社会イメージの再検討　283
     （2）学歴主義的社会イメージと分配問題　291
     （3）韓国社会における教育システムと選抜　295
     （4）本書の限界と今後の課題　299

参考文献　303

あとがき　317

索　引　323

序章　問題の所在

　韓国社会の性格を十全に理解するためには，この社会の「教育」についての考察を欠くことはできない．韓国では教育という営為が社会の中に独特な形で位置付けられており，まさにそのことに起因して生じる特徴的な教育現象が，韓国社会の諸領域にさまざまな影響を及ぼしてもいる．韓国において教育が社会に編み込まれているその独自の様態を明らかにすることは，とりもなおさず，韓国社会の構造を理解するための重要な方途となるのである．

（I）　韓国におけるひとびとの教育達成意欲

　韓国社会の教育に関するもっとも特筆すべき特徴の1つは，ひとびとの「教育熱」，すなわち教育達成意欲の高さにある．解放後の韓国におけるひとびとの教育達成意欲は，経済水準に比べてきわめて高いものであり続けてきた．後に見るように，植民地支配からの解放以降，韓国の教育は文字通り爆発的な拡大を遂げてきたのであるが，このような教育拡大も，子女に少しでも高い教育を受けさせようとする生徒の父母が，財政基盤の脆弱な政府に代わってその費用を負担することではじめて可能になったものであった（馬越［1981］)[1]．韓国政府は，多くの途上国政府とは異なり，「国民の教育水準をいかに向上させるか」という問題に頭を悩ませる必要がほとんどなかったのである．

　こんにちの韓国社会においても，ひとびとの教育達成意欲の高さは際だっている．統計庁が2004年に行った中学・高校生の希望教育水準に関する調査によれば，全国の中学生のうち，短期高等教育機関である専門大学までの進学を望む生徒が10.9％，四年制大学が68.9％，さらには大学院まで進学

したいという生徒も 17.9％に達しており，中学生の実に 98％近くが高等教育機関への進学を希望しているのである（統計庁『한국의 사회지표（韓国の社会指標）』2004 年版）．また，高校生の高等教育進学希望率も 97.4％となっており，韓国社会にはすでに，高等教育への進学が普遍的に希望される時代が到来しているものと言えよう．

　韓国社会における教育達成意欲の高さは，このような生徒本人の希望教育水準の高さのみに表れているわけではない．韓国において特徴的なのは，生徒の父母が積極的に子女の教育達成に関与し，このために甚大な犠牲を払うことも惜しまない点である．韓国社会において大きな社会問題であり続けている「課外授業（塾，家庭教師などの学校外授業）受講の過熱化」もこの好例といえよう．自らの子女が，大学入試競争において少しでも有利な位置につき，少しでも高い水準の大学に入学することを望む父母たちは，子女により多くの，そしてより「良質」な学校外授業を受けさせようと非常に重い教育費負担を甘受している．韓国消費者保護院が 1997 年に行った調査によれば，これらの学校外授業に対して韓国の国民が支出している金額の総計は，年間 12 兆ウォン（当時のレートで 1 兆 5000 億円程度）にも達しているという（韓国消費者保護院 [1997:3]）．これは政府予算の 10 数％，また一般会計における公教育費に相当する莫大な額である．

　韓国におけるひとびとの教育達成意欲の際だった高さは，一方でさまざまな社会問題を生じさせてもいる．より「良い」大学へと進学しようとする受験生とその父母の熱意に起因する韓国の大学受験競争の激しさは日本でもつとに知られているところであるが，このような受験競争の過熱化は，熾烈な競争に参加する受験生に大きな精神的負担を与えており，塾・予備校通いをしている高校 3 年生の 4 人に 1 人はストレスや抑鬱症状の治療経験があるとの調査データもあるほどである（韓国消費者保護院 [1997:205]）．実際，学業達成に対する強いプレッシャーのため，国家が毎年秋に実施する「大学修学能力試験」（日本の大学入試センター試験に相当）の後には，その成績を悲観した受験生たちの自殺が後を絶たない．

　さらに，韓国におけるひとびとの高い教育達成意欲は，一見「教育」とは何ら関係ないように思われる社会現象に対しても少なからぬ影響を及ぼして

いる．人口移動現象に対する影響もこの一例であろう．子女に少しでも良い条件の教育を受けさせたいという父母の熱意は，「教育条件が良い」と認識されている都市への世帯移動を数多く生じさせており，このような理由による移動が，人口のソウルへの一極集中，およびその中でも特定の学区への人口集中をもたらす重要な要因となっているのである．また，最近ますます増加している海外への人口流出も，同様の理由によって生じている部分が大きい．

さらに，世界的にもっとも低い水準にまで落ち込んでしまった出生率の問題も，ひとびとの教育達成意欲の高さと無関係ではない．限られた教育費の中で子どもにより高い水準の教育を受けさせるためには，出産する子どもの数を少なくし，その分，集中的に教育投資を行った方がよい……．各家庭におけるこのような判断が，韓国の少子化現象に大きく拍車をかけているのである．

以上の概観からも，多くの論者が指摘しているように（李鍾珏［2000］，呉旭煥［2000］など）ひとびとの教育達成意欲の高さは韓国社会の重要な特徴なのであり，この社会の性格を理解するためには決して考察を欠くことができない現象であることがわかるだろう．しかし後にも触れるように，この現象はこれまで十分な学問的考察の対象となってはこなかった．このため以下の点も明確には指摘されてこなかったのであるが，詳細に検討してみれば，韓国におけるひとびとの教育達成意欲は次の3つの特徴を持つが故に，他の社会と比較しても特に「際だった」ものになっていると言えよう．

第1に，平均的な教育需要者がより高い教育達成のために負担している，あるいは負担してもよいとする経済的・非経済的諸費用の水準は，明らかに他の社会よりも高い．韓国における私的負担教育費総額の対GDP比率（1998年）は2.96％に達しており，米国の1.61％，日本の1.17％，OECD加盟国平均の1.11％などを凌駕している（韓国貿易協会貿易研究所［2002:14］）．また，非経済的な「費用」に関してもこれは同様であり，韓国の児童・生徒，なかでも大学受験を控えた高校生の学習負担は，他の社会と比べてもはるかに大きい．韓国，日本，アメリカの3カ国の小中学生（7-

15歳）を対象とした比較調査によれば，毎日2時間以上学校外で勉強するものの割合は韓国で63.6％ともっとも高く，アメリカ（41.4％），日本（23.2％）との間に大きな差がある（総務庁青少年対策本部［1996:23-24］）．韓国社会における教育達成意欲の高さとは，単に生徒の希望教育水準が高いという事実にとどまらず，その実現のために甚大な経済的・非経済的費用の投入をも惜しまないという点で特徴的である．これをひとまず，教育達成意欲の「強度」の高さとしておこう．

　第2に，韓国社会における教育達成意欲の高さは，「持続性」のきわめて高いものである．これは本書の第4章において明らかにされる事実でもあるが，韓国社会における高等教育への進学需要は，政府による定員政策の影響を受けながらも，基本的には家計所得水準（＝進学費用負担能力）が上がるにつれて上昇の一途をたどっており，ひとびとの教育達成意欲の高さ，あるいはその実現のために費やされる費用の水準には，明確な減少・弱化傾向が見られない（統計庁『都市家計年報』各年版）．「韓国の歴史的経験に照らして見たとき，教育熱は一旦膨張すれば，再び弱化しづらい」（李鍾珏［2000:23]）という指摘は，このような傾向を適切に示しているものと言えるだろう．

　第3に，小異を捨象して言えば，韓国では社会のあらゆる階層において一様に教育達成意欲の高さが認められる．実際，先行研究は，子女教育に対する父母の期待水準が中間層などに限らず，農民層，労働者層などにおいてもきわめて高いという事実を明らかにしている（裵鐘根・李美娜［1988］，韓国教育開発院［1993］）．また，前述の総務庁による3ヵ国調査に基づけば，日本とアメリカでは，親の学歴，収入，職種によって子女に四年制大学以上の学歴を希望する比率が大きく異なるのに対し，韓国ではそれほどの差が見られない（総務庁青少年対策本部［1996:126］）．韓国社会における高い教育達成意欲は，特定の階層のみに限られたものではなく，社会的「普遍性」がきわめて高いものなのである．

（2）　教育達成意欲の高さと学歴主義的社会イメージ

　では，韓国における教育達成意欲は何故これほどまでに高いのであろうか．

この問いに対してはこれまで，強い崇文主義的性格を持った儒教の影響，あるいはそれに基づいた科挙制度の伝統などを強調する歴史・文化的視角からの説明も数多く行われてきたものの[2]，一般には教育を受けることによって得られる社会経済的な便益の大きさから説明されることが多い．韓国では本人の教育水準によって賃金や職業的地位の大きな格差が生じており，教育を受けることによって所得や地位の大きな上昇が望めるため，ひとびとの教育達成意欲も必然的に高まっている，との説明が多くなされているのである[3]．

　これと関連して特に注目すべきは，韓国において達成が望まれている「教育」とは，徹頭徹尾公的な教育制度内におけるそれであるという事実である．これとは対照的に，韓国においては制度的な学校教育の枠外において行われる教育，例えば生涯教育などに対する関心はきわめて低い（崔鳳永［2000：55］）．このような事実からも，韓国社会におけるひとびとの高い教育達成意欲とは，単なる「学ぶことそれ自体」に対する熱意というよりは，公教育制度によって生み出される「学歴」を獲得しようとする熱意なのであり（金容淑［1986］），その背後にはやはり，学歴獲得による社会経済的地位・報酬上昇効果の享受という目的が存在していることがうかがえる．

　実際，韓国社会においては，本人の教育達成結果，すなわち本人の学歴がその後の社会経済的地位を大きく左右するとの社会イメージが，ひとびとに広く浸透しているとされる（Sorensen［1994:28］）．金富泰も，これまで行われてきた意識調査結果などに基づきながら，「我が社会の成員達は，学歴をはじめとする社会的価値の獲得が個人の努力と能力によって成就されると信じて」おり，「学校教育の場において熱心に努力するものは学業が優れ，学業が優れれば社会に成功的に進出できるという業績主義的信念を持っている」（金富泰［1995:242］）と指摘している．

　また，このような「学歴主義的社会イメージ」は，社会の貧困層においても同様に共有されているようである．地方都市の貧困層に対するフィールドワークを行った裵淑姫によれば，「貧民達は教育を受けられなかったが故に貧しいのだと認識しており，したがって，貧困から抜け出す道は教育であると判断し，子女の教育には高い熱意を示している」（裵淑姫［1991:128］）の

である．金美蘭が「メリトクラシー信仰の拡がり」（金［2000:3］）と指摘しているのも，まさにこのような学歴主義的社会イメージの広範な浸透についてのものであると言えよう．

韓国において，ひとびとにこのような社会イメージが持たれているという事実は，これまで行われてきた社会調査結果によっても裏付けられる．筆者を含む研究者グループが2004年に韓国全土の成人男女を対象に行った「2004年韓国・職業に関する全国調査」によれば，韓国では全回答者（903名）の63.5％が「よい大学を卒業することは，高い地位と収入を得るために不可欠である」と考えており，その比率は日本の40.0％よりもかなり高い（2003年階層調査研究会［2004a:48］，2003年階層調査研究会［2004b:63］）．

また，1995年に韓国社会科学研究協議会が成人男女2000名弱を対象に実施した社会調査によれば，「所得や財産」，「法の執行」，「就業機会」，「女性の待遇」などに関しては，対象者の半数以上がその配分ないし履行について「不平等である」と感じており，「平等である」とする回答者はわずか1割前後にすぎないのに対し，唯一「教育機会」についてはその分配が平等であることを認める回答が4割以上に達しており，不平等だとする回答比率を上回っている（朴鐘旻［1997:155］）．韓国社会においては，現存する経済的・社会的格差や不平等に対してきわめて鋭敏な意識が持たれているにもかかわらず，唯一教育機会への接近に対しては，それほど強い批判のまなざしが向けられていないのである．これは，金富泰も指摘していたように，業績主義的な教育達成イメージが広く有されていることの証左でもあろう[4]．

また，「教育達成が本人の社会経済的地位を大きく規定しており，教育機会配分自体もある程度平等なものである」という社会イメージは，世代間での階層移動機会に対する肯定的イメージにも結びついている．韓国統計庁が成人男女を対象に行っている「社会統計調査」（1994年）によれば，「今日の韓国社会において父母の階層に比べて子女の階層がより高くなる可能性」が高いことを認める比率は全体の60.3％に達しているのに対し，「可能性が低い」とする回答比率は7.6％のみにとどまっている[5]．世代「内」移動の可能性が高いことを認める比率は1980年代から90年代にかけてかなり落ち

込んでいるのであるが，世代「間」移動の可能性を認める比率にはほとんど変化がなく，引き続き高い水準にあるのである．また興味深いことに，この質問に対する回答には，回答者の学歴や居住地域などによる大きな差異は存在していない．このような結果も，世代間上昇移動の可能性について，かなり楽観的なイメージが汎階層的に共有されているという事実を示すものであろう．

　これらの調査結果からも，韓国社会においては，まず本人の教育達成如何がその後の社会経済的地位と大きく結びついており（学歴の持つ大きな社会経済的地位規定効果），また出身階層にかかわらず本人の努力と能力が教育達成を規定しているため（公平な教育機会配分），教育を通じた社会的上昇のチャンスが出身階層にかかわらず広く開かれている（世代間階層移動の容易さ）という社会イメージが一般的に有されているものと言えよう[6]．そして，このような社会イメージこそが，ひとびとの教育達成意欲を高める決定的な要因として作用しているものと考えられるのである．

（3）　学歴主義的社会イメージの当否と先行研究

　しかし，これらの事実の確認はわれわれにさらなる問いを抱かせることになるだろう．すなわち，このような学歴主義的社会イメージは韓国社会の実態を適切に反映したものなのだろうか，という問いである．もし本当にそのようなイメージ通りであるのなら，韓国社会は地位達成の機会が万人に均しく開かれた理想的な社会として高く評価され得る．教育達成に対するひとびとの意欲の高さがさまざまな社会問題を引き起こしていたとしても，それは公平な配分システムを維持するための社会的コストとして甘受しなければならないのかもしれない．

　しかし，もちろんそうではない可能性も存在する．仮に，そのような社会イメージが韓国社会の実態を適切に表していないならば，それは現実の不平等を隠蔽する一種のイデオロギーとしての作用を果たしてしまっているとも言える．果たして，韓国社会における学歴取得による社会経済的地位上昇効果は本当に「大きな」ものなのであろうか．また，教育機会への接近可能性自体にも出身階層による格差がなく，韓国は教育を通じた社会移動が本当に

容易な社会なのであろうか．もしそうであるならば，それはいかなる条件が作用してのことなのだろうか．

　こうしてわれわれは，韓国におけるひとびとの教育達成意欲に対する着目から出発し，その背後に存在する社会的資源の分配構造に分析のメスを入れる必要に直面することになる．韓国社会の特徴的現象でもあるひとびとの高い教育達成意欲との関連において，教育機会配分，教育の地位・報酬上昇効果，さらに教育を通じた地位達成・社会移動機会の構造について考察していくという作業は，韓国社会において「教育」が果たしている役割を解き明かし，韓国の社会構造を理解していく上できわめて大きな意義を持つであろう．

　しかし残念なことに，これまでのところ，このような問題関心に基づいた研究はほとんど行われていない．もちろん，学歴の社会経済的地位規定効果や，教育機会配分ならびに教育を通じた社会移動機会の究明といった問題群は，それぞれが社会学，経済学あるいは教育社会学における中心的課題の1つでもあり，韓国においてもこれらに関する実証研究が産み出されてきている．個別のテーマに関する先行研究についてはそれぞれの問題を扱った各章においても触れるためここでは簡単な提示にとどめるが，学歴と賃金・就業機会の関係に関する経済学的研究としては，朴世逸の先駆的研究（朴世逸［1984］）をはじめとして，鄭眞和［1996］，チョンジンホほか［2004］などが存在し，また，韓国における教育と社会移動に関する社会学的な実証研究も車鐘千，張商洙らによって手がけられている（車鐘千［1992］［1997］［2002］，張商洙［2001］）．さらに，教育機会の階層間格差，あるいは教育を通じた地位達成機会の格差の問題に関しても，金榮和をはじめとする教育社会学者によってある程度研究の蓄積がなされてきた（金榮和［2000］など）．

　しかし，これらの実証的先行研究の多くはそれぞれ個別の主題のみに考察の対象を限定してしまっており，韓国社会における社会経済的地位達成と社会移動に教育が果たしている役割を包括的に考察した研究はあまり多くない．またこれらの先行研究のほとんどが，韓国内において，韓国人研究者の手によってなされていることもあり，明確な比較の視点に立った上で「何が韓国社会の特徴なのか」を検討した研究はほとんど存在しない．このためこれらの研究は，韓国社会における「教育」の独自の位置付けとそれが社会におい

て果たしている役割とを解き明かし，そのような視点からひとびとの教育達成意欲の高さを十分に説明するものには成り得ていないのである．

　もちろん，「教育熱」を直接の考察対象とした最初の包括的研究でもある韓国教育開発院［1993］，韓国の従属的国家独占資本主義という性格との関連において「学歴社会」の様相を考察した金富泰［1995］，日本の教育社会学の研究動向をふまえた上で，韓国の学歴社会構造の解明を試みた金美蘭の研究（金［2000］）など，より広い視角からひとびとの教育達成意欲と社会構造との関係を考察した研究もいくつか存在してはいる．しかしこれらの教育学的研究は，逆に，韓国における学歴の社会経済的地位規定効果の問題に関しては簡単なデータの引用程度にとどまっているものが多く，十分な実証分析がなされない傾向がある[7]．また，韓国社会における「過剰教育熱」を政治経済秩序，階級構造，支配秩序のあり方から説明しようとした金東椿［2000］も貴重な研究ではあるが，実証分析による議論の裏付けという点ではやはり同様の難がある．さらに，韓国における「教育熱研究」は概して静態的視角に立つものが多く，韓国の急激な教育拡大が，教育達成意欲にどのようなフィードバック効果をもたらしているのかなど，その変化の問題を動態的に考察した研究もほとんど存在しない．

（4）　本書の目的と分析課題

　以上で確認した韓国の社会状況と研究動向をふまえ，本書の目的を次のように設定しよう．本書は，韓国におけるひとびとの高い教育達成意欲を生み出している学歴主義的社会イメージ，すなわち「学歴の社会経済的地位規定効果がきわめて大きく，教育機会自体は平等に配分されているため，教育を通じた世代間移動が容易な社会である」という社会イメージは，果たして現実の社会構造を適切に反映したものであるのか否かを，国際比較と時系列比較の観点から検証すること，またそれによって，ひとびとの教育達成意欲の高さがいかなる社会的存立基盤を持ち，韓国社会の資源配分において「教育」がいかなる役割を果たしているのかを明らかにすること，を試みるものである．

　ではこのためには，具体的にどのような問題を検討していかねばならない

のだろうか．ここで，韓国における教育達成意欲が「強度」「持続性」「普遍性」の高さという特徴を持つことを想起するならば，このそれぞれに対応する以下の3つの問題を実証的に検討していくことが必要となるだろう．

　第1に検討すべきは，これまでの考察からも容易に理解し得るように，韓国において学歴取得がもたらす社会経済的便益は，ひとびとの教育達成意欲の「強度」を説明し得るほどに，すなわち教育達成のためにひとびとが払っている甚大なコストに見合うほどに大きなものなのか，またもしそうだとすればそれは何故なのかという問題である．この問題の解明のために，本書では韓国社会における学歴の社会経済的報酬・地位の規定効果の分析を，他社会との比較の観点から行っていく．

　しかしながら，この問題に関して考察すべき課題はこれにとどまらない．教育達成意欲の産出要因の解明という関心に基づいてこの問題の検討を試みる場合，韓国における学歴の社会経済的地位規定効果をひとびとがどのように認知し，それをいかなる「学歴効用」として捉えているのかについても焦点を当てる必要がある．前述したように，韓国における学歴の社会経済的地位規定効果に関しては確かにこれまでもいくつかの実証研究が積み重ねられてきた．しかし，結局のところ，それらの規定効果がひとびとにとってどのような意味を持つものであるのかについては論じられることがなかった．本書では職業威信構造の独自性などに着目しつつ，学歴の社会経済的地位規定効果という「客観的」条件がひとびとの学歴効用という「主観的」条件へどのように変換され，またそれが大学進学に関する意思決定プロセスにどのような影響を及ぼしているのかを，内在的な視角から検討していく．

　第2に，ひとびとの教育達成意欲の「持続性」の高さと関連して，学歴の社会経済的地位規定効果の推移に関する検討がなされねばならない．ここで特に注目すべきは，ひとびとの高い教育達成意欲を背景にして生じた教育機会の急速な拡大が，学歴取得がもたらす社会経済的便益にどのようなフィードバック効果を及ぼしているのか，という問題である．次章において詳細に検討するように，均衡論的性格を持つ理論からは，教育機会の拡大はその段階の学歴取得の便益の低下をもたらし，これによってひとびとの教育達成意欲自体も沈静化するものとの予測が導き出される．韓国では教育拡大の結果，

学歴取得の便益がどのように変化したのかを実証的に検討し，その結果を教育拡大の帰結に関する理論的予測と照らし合わせるという作業は，韓国社会における学歴と社会経済的地位との結びつきがいかなる性格を持つものなのかを見定めるために重要な意義を持つのである．

第3に，教育達成意欲の社会的「普遍性」の高さと関連しては，教育機会と地位達成機会の階層間格差について検討していく必要があるだろう．果たして，学歴の獲得機会自体には本当に大きな階層間格差が存在せず，また「高い」学歴を獲得しさえすれば出身階層にかかわりなく誰でもひとしく高い社会経済的地位達成を果たせるのか．本書では，これらの問題に関する実証分析結果をふまえながら，韓国は社会階層移動がどの程度容易な社会であり，また階層構造の開放性は時間の推移とともにどのように変化しているのかを検討し，韓国社会における階層移動機会と教育との関係を幅広い視点から解き明かしていく．

（5）　本書の分析方法と留意点

次に，以上の課題をどのようなやり方で分析していくのかについて簡単に論じておこう．

まず，われわれが直面するのは，ひとびとの「学歴」をどのように捉えて分析を行うのか，という問題である．ひとびとの教育履歴としての学歴は，大学卒か高校卒かといった修了教育段階の垂直的な差異のみならず，同一の教育段階修了者の間でも，どのような学校を卒業したか，すなわち「学校歴」の違いによって互いに差異化され得る．このような多様な「学歴の差異」のうち，どの段階，どの側面の学歴差がひとびとの社会経済的地位の決定的な差異をもたらす要因となるのかは，先験的に決定され得る問題ではないだろう．

このような判断に基づき，本書では，まず韓国社会の教育・選抜システムの様相を具体的に検討し，その過程において，どの段階・側面の学歴差を分析の対象とすべきかを見出していく．どの段階の教育達成差が社会経済的地位を大きく規定する真に「有意味」な学歴差となるのかは，選抜制度のあり方や進学率・卒業率など，さまざまな具体的条件の絡み合いの中で決定され

るものと考えられるためである．

　次に，問題の分析手法について．以上で挙げた諸問題は計量分析に比較的なじみやすいものが多く，先行研究も計量的手法に基づいた分析を行っているものが多くを占めている．前述したように，出来る限り綿密な実証的検討を行うことを目的の1つとする本書においても，マクロな調査データに対する計量分析が全体の社会構造を把握する上できわめて有用な接近方法の1つであることを認めた上で，これらと同様，統計的手法を用いた計量分析を主に行っていく[8]．しかしながらこの場合も，以下の点には十分に留意しておく必要があるものと考える．

　まず重要であるのは，文脈を無視した「機械的適用」の愚を犯さない，という点である．前述した諸問題に関しては，これまで欧米や日本社会を対象として同種の研究が数多くなされており，同時に，汎用性の高いさまざまな分析手法が，分析枠組そのものと分かち難く結びついた形で開発されている．このため，分析対象とする社会に関してデータさえ入手されれば，これらの分析手法が容易に適用され，非常に簡単に分析結果が生み出されることとなる．

　しかしながら，対象社会の固有性・特殊性を考慮しない形でこれらの手法を機械的に適用すれば，社会のリアリティとはまったくかけ離れた分析結果を産出してしまうという危険がある．本書では，これを避けるため，計量的手法の前提を適宜問い直し，変数選定，カテゴリー設定の妥当性に十分な注意を払いながら，出来る限り柔軟な形で計量分析を進めていく．また，分析の妥当性を確保し，その結果に対するより適切な解釈を行うためにも，分析対象の文脈・背景についての十分な知識を得た上で，計量分析を行っていくようつとめる．これらの顧慮によって計量的手法のより適切な利用が可能となり，韓国社会の構造がより「鮮やかに」描き出されることであろう．

　さらに，前にも少し触れたが，学歴の社会経済的地位規定効果，あるいは教育を通じた階層移動の開放性といった社会構造の客観的側面に関する分析結果と，教育達成意欲というひとびとの主観に関する問題とを架橋していくためには，ひとびとが現実の社会構造をどのように了解し，それに対してどのような意味づけを行っているのかを内在的視角から探っていく必要がある

だろう．本書では，ともすれば韓国人研究者自身も自明視してしまっているひとびとの「主観的な階層的意味世界」（原・盛山［1999:219］）の特徴に着目しながら，この両者の架橋を試みていく．

以上の留意点はすべて，より生産的で実りある「計量的地域研究」を行おうとする筆者の意図に基づくものである．分析対象に関して，「コンテキストを重視する研究者は質的分析をおこな」い，「自然科学により近い立場の研究者は，統計的手法を駆使して計量的比較研究を進める」（鹿又［2004:1-2］）という傾向は確かに存在する．しかし計量分析と地域研究とは，根本的に決して相容れない存在というわけではなく，計量的手法を適切に使いさえすれば，「対象の文脈を重視した計量分析」は十分に可能であると考える．計量分析という接近方法のもつ長所と限界とをふまえた上で，より適切な計量的地域研究を行っていくこと，これが本書の副次的な，しかし非常に重要な目的の１つである．

（6）　本書の構成と意義

本書は，問題の背景と文脈の考察を行った第Ⅰ部（第1章―第3章）と各課題の具体的な実証分析を行った第Ⅱ部（第4章―第6章）から成る．各章の内容を簡単に示しておこう．

第1章「学歴と地位・報酬配分に関する理論的考察」においては，個人の学歴と社会経済的地位・報酬との結びつきはなぜ，そしていかにして生じるのかを，これまでの理論的研究のレビューを通じて検討する．さらに，それぞれの理論に基づいた場合の教育拡大の帰結に対する予測についても対比的に論じ，それらの考察結果を基に，本書の分析課題のさらなる精緻化を試みる．

続く第2章と第3章は，第Ⅱ部で扱う諸問題の文脈を理解するための章として位置付けられる．第2章「韓国の社会階層構造と産業化」においては，韓国の急速な産業化過程における社会構造，特に社会階層構造の変動について詳細に論じていく．またこの章では，韓国における職業威信構造の特徴とその変化についても十分な検討を行い，これらにより，社会の分業構造がいかなる客観的，および主観的不平等を内包するものであるのかを内在的視角

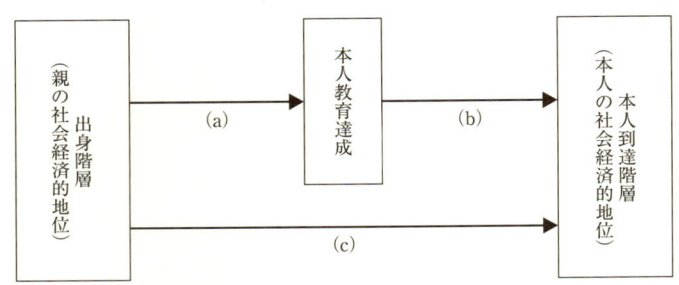

図序-1 教育と地位達成・階層移動の分析枠組

から明らかにしていく．

　第3章「韓国の学校教育制度と選抜システム」においては，韓国における学校教育制度，特に中等・高等教育段階の学校体系と選抜制度が，各政権の教育政策の影響を受けつつどのように変化してきたのか，またそれにより韓国の選抜システムはどのような特徴を持つに至ったのかを検討していく．さらに，そのようにして形成された韓国の教育・選抜システムの諸特徴が，具体的な学歴の性格をどのように規定し，また教育機会配分と受験競争の様態にどのような影響を及ぼしたのかを考察していく．

　第Ⅰ部において以上の問題の考察を十分に行うことで，第Ⅱ部の計量分析に際してその都度有意味な分析課題を提起することが可能になり，また計量分析とその解釈の妥当性も担保され得るものと考える．

　続く第Ⅱ部においては，韓国社会における教育と社会経済的地位達成・階層移動についての実証分析を進めていく．その中でも第4章と第5章は，この問題の分析枠組を示した図序-1の矢印(b)，すなわち学歴と到達階層との関連を考察するための章として位置付けられる．

　第4章「賃金水準に対する学歴効果とその変化」においては，賃金構造の実証分析を通じて，韓国における大卒学歴取得の金銭的便益の問題が国際比較の視点から考察される．同時に，1980年代における大卒者の急増が，この便益をどのように変化させ，さらにそれによってひとびとの大学進学需要がどのような影響を受けたのかが時系列的視角から検討される．

　第5章「職業的地位決定における学歴効果とその変化」においては，所得

と同様に，個人の社会階層上の位置を大きく左右する職業的地位と，本人の教育水準との関係についての検討を行う．この章では，新規学卒者の入職過程に作用する諸制度や，彼らの就業機会選好の特徴などにも注目しつつ，大学卒業による職業的地位の上昇効果とその変化について考察していく．さらに，そのような職業的地位上昇効果がひとびとにとっていかなる「効用」をもたらすのかを理解するため，高校生の職業希望意識の特徴を日本との比較において検討する．第4章と第5章における以上の考察結果は，韓国社会における学歴と社会経済的地位・報酬との結びつきがいかなる性格を持つのかを明らかにしてくれるであろう．

　第6章「教育達成と社会階層・階層移動」においては，以上のすべての分析結果をふまえた上で，出身階層，本人の教育達成，および本人の到達階層の間の関係について考察を加えていく．ここでは特に，教育機会の出身階層間格差（矢印(a)），教育達成を媒介としない出身階層の本人到達地位に対する直接的影響（矢印(c)），さらには自営業者化を通じた「高い教育達成を必要としない地位達成の可能性」などについて検討し，これらすべてを総合した上で，韓国における教育を通じた社会移動の開放性とその変化について論じていく．

　最後に，終章「学歴主義的社会イメージと韓国社会」においては，本書の考察結果に基づきながら序章で提起した諸課題を再検討し，韓国におけるひとびとの高い教育達成意欲の性格を，社会的資源の分配構造とそこにおいて教育が果たす役割との関係において考察していく．また，韓国において「教育」，特に学校教育制度に課されている社会的機能について検討し，それによって韓国社会の構造的特徴を解明していく．

　本書は，教育と社会階層・社会経済的地位との関係を直接の考察対象とするものの，根底には，韓国社会の構造的特徴を「教育」に対する着目を通じて描き出そうとする筆者の強い意図が存在している．本書で見ていくように，韓国では「教育を通じた社会的上昇移動」に対する強い期待と楽観を前提とした上で社会の諸制度が成り立っており，またそれによって社会的資源の分配問題が独特な形で「解決」されている．韓国社会において「教育」が独自

の形で社会に編み込まれている，というのはまさにこのような状況を指すものなのである．本書では，教育と社会階層の関係を実証的に明らかにするだけでなく，この関係の望ましいあり方に関してひとびとがどのような意識を持っており，また政府がどのような政策を履行してきたのかについても考察していくことで，韓国社会の編成のしくみを明らかにしていくことを試みる．

同時に，本書の意義は，単に「韓国社会の理解」というところのみにあるのではない．これまで，学歴の社会経済的効用，あるいは教育と社会階層との関係について日本と他の社会との比較を行った諸研究は，比較の対象を欧米諸国に限ったものがほとんどを占める．しかし，歴史・文化・制度的条件が大きく異なる欧米との比較からは十分に明らかにされなかった日本社会の特徴が，それらの条件がかなり似通った隣国との比較においてより明瞭な形で表れてくる可能性は高い（中村・藤田・有田 [2002]）．この点で，韓国の社会と教育システムについての考察は，日本社会における教育のあり方を捉え直し，その方向を見定める上で有益な視座を提供しうるものと考える．

これまで提示してきた問題関心と分析課題からも明らかなように，本書は1つの分配問題論としての性格も持つ．自由主義経済体制下において，国家主導型の経済開発戦略をとりながら産業化に邁進した1つの社会が，学校教育制度を利用しながら分配問題をどのように「解決」しようとしてきたのか．またその試みはどれほどの成果を挙げ，これによって社会に，あるいは学校教育制度にどのような影響がもたらされたのか．韓国という事例を通じて，これらの問題を総合的に考察していくことも本書のねらいである．

1) 本書では，日本語・英語文献は著者の「姓＋発行年」，韓国語文献は「姓名＋発行年」で示している．
2) 韓国の「教育熱」問題を包括的に扱った韓国教育開発院 [1993] においても，儒教の崇文主義，及び科挙制度のもとで形作られた「立身揚名的教育観」が，現代社会における高い教育熱を産み出す背景要因として作用していることが指摘されている．
3) 韓国における高い「教育熱」の発生原因に関するこれまでの議論については，朴南基 [1994] を参照のこと．
4) ただし，このような平等意識は近年，特に経済危機以降，やや変容してい

るようであり，教育機会の階層間格差に対する批判の声が次第に高まりつつある．実際，前述した「2004年韓国・職業に関する全国調査」によれば，「大学教育を受けるための機会は，貧富の差に関係なく与えられている」の肯定比率は28.7％にとどまっている．このような社会イメージの変化に関しては，改めて詳細な考察を加える必要があるだろう．
5）　統計庁『한국의 사회지표（韓国の社会指標）』（1996年版）より．
6）　もちろん韓国社会においても，一部の富裕層・特権層に関しては，彼らの富と権力がその子女へ容易に継承される傾向にあることが広く認知されており，純粋に業績主義的な配分原理のみが作用していると考えられているわけではない．にもかかわらず，社会的上昇機会に対してこのような楽観的イメージが浸透しているという事実は，「それ以外」の広範な領域においては業績主義的配分原理がかなり強く貫徹しているとの認識を示すものと解釈されうる．
7）　このほか，呉萬錫ほか［2000］，呉旭煥［2000］，李鐘珏［2003］など，近年，韓国の「教育熱」問題を扱った研究の蓄積が進んでいるが，やはりこれらは，この問題に教育学的，あるいは歴史文化的視角から接近しようとする傾向が強く，社会経済構造との関係を実証的に検討するものとはなっていない．
8）　もちろん本書では，問題の性格に応じて適宜，非計量的手法を補完的に用いている．

I　理論・構造・制度

1章　学歴と地位・報酬配分に関する理論的考察

　産業化のある程度進んだ社会においては，程度の差こそあれ，個人の教育水準と社会経済的地位との間に正の相関関係が認められる．一見当たり前のようにも思われるこの相関は，いかなる要因によって生じるのだろうか．より多くの教育を受けたものほど，より多くの報酬を得て，より高い地位につくのは何故なのだろうか．

　この問いに関しては，これまでさまざまな理論的立場から説明が施されてきた．本章ではそのうちの代表的ないくつかをとりあげ，相互の異同に十分な注意を払いながら，それぞれがこの関係の成立をどのように説明しているのかを検討する．

　言うまでもなく，教育水準に応じた差別的な報酬体系は，ひとびとがより高い教育達成を果たすためのインセンティブとして作用している．他の条件が等しいならば，上級学校へ進学することによって将来得られるもの（学歴効用）が大きければ大きいほど，ひとびとの教育達成意欲は高まり，一般的にはこれが社会における教育拡大を導くこととなる．しかし，この結果として生じた教育拡大が，学歴効用，さらにはひとびとの教育達成意欲にどのようなフィードバック効果をもたらすのかに関しては，後に見るように，それぞれの理論の前提によって時に正反対の予測が導き出されることとなる．

　本章では，このような教育拡大の帰結についても理論的な考察を加え，教育拡大の帰結に関する予測の相違は，結局のところ，各理論がいかなる仮定や前提を置くことによって生じたものであるのかを明らかにしていく．これらの作業を通じ，次章以降で，韓国社会における学歴と社会経済的地位との結びつきの性格とその変化を実証的に考察していくための理論的視座を構築

していくことを試みる．

1. 機能主義的諸理論——技術的機能理論，産業社会論，人的資本論

本章で検討していく諸理論は，「個人間の教育水準の相違は，いかなる能力・資質・属性の相違に対応するものであるのか」，そして「個人の社会経済的地位・報酬は何に基づいて決まるのか」に関する説明において，著しい対照をなしている．本節で見ていく機能主義的諸理論は，この2つの問いに対し，比較的常識に近い回答を与えているものである．

社会学における機能主義的諸理論
　この問題に関する機能主義的立場の源流は，分業について論じたアダム・スミスの「国富論」にまで遡ることができようが，ある程度体系的な考察が行われはじめたのは20世紀に入ってからである．そのうち，デイビスとムーアの研究は機能主義的階層研究の嚆矢とも呼ぶべきものであろう．
　デイビスらは，社会構造上のさまざまな地位に対して与えられる報酬の相違は，(1)それらの地位が社会においてどのような重要性を持っているか，(2)それらの地位役割の遂行においてどの程度の訓練と才能が要求されるか，の相違に基づいて生じるものと捉える（Davis & Moore [1945:243]）．社会にこのような差別的報酬構造が存在することによってはじめて，社会の構成員の間に適切な地位達成動機と職務遂行動機が生まれるのであり，社会全体を見れば，これらのメカニズムを通じて「適材適所」とも言うべき人材配分，ひいては効率的な社会運営が可能になるのである．
　彼らの議論においては，社会構造上のいかなる地位もそれを遂行する上で何らかの技術と能力が要されるものとされる．教育とは，この職務遂行に必要な能力と技術を向上させるための訓練過程なのであり，より多くの教育を受けたものほど，高い水準の技術と能力が要されるより重要な地位に就くことができる．当然それらの地位には，長期間の訓練に見合うだけの多くの報酬が付与されているため，こうして，社会全体では，個人の教育水準と社会経済的地位との間に正の相関関係が生じる，とされるのである（Davis &

Moore [1945:244])．

　「学校教育は職務遂行に必要な個人の技能や能力を涵養し，社会において各個人は技能や能力に見合った報酬を受ける」という想定は，産業化に伴う社会変動の問題を扱ういわゆる産業社会論の中にもしばしば趨勢命題の形で登場する．日々技術革新の進む産業社会においては，それぞれの職務に要求される技能水準が絶え間なく上昇していくため，各職務に就くためには，より高い技能を持っていること，すなわちより高い教育を受けていることがますます重視されていくものと考えられるのである[1]．

　このように産業社会論者たちも，より多くの教育を受けたものほど職務遂行に必要なより高度な技能・能力を身に付けていることを認めるが，これは産業社会における学校教育制度が，それ以前の伝統的教育制度とは断絶した性格を持ち，産業労働力の生産性向上に大きく資するような教育を行うものと考えるためでもある（Kerr et al. [1960=1963:46]）．また，産業社会論においても一般に，産業化の影響をより大きく受け，より高い技能水準が求められる職業ほど，より多くの報酬が与えられると想定されるため，結果としてひとびとの教育水準と社会経済的地位との関係は，産業化の進展とともにますます強まっていくものと考えられているのである．

　さらに，産業化に伴うこのような変化は，社会移動機会の増大趨勢でもあるとされる．社会移動の問題を扱った産業社会論（Kerr et al. [1960=1963]，Lipset & Bendix [1959] など）は，産業化の進展に伴う社会の効率化要請に従い，出身階層や家門といった個人の属性ではなく，個人が何を成し得るかという「業績」に基づいて人々が選抜され，社会的地位が配分されるようになるものと考える．ここで個人の「業績」は，やはり近代的な学校教育によって大きく左右されるものと考えられるため，教育達成を通じた社会移動の機会はますます増加していくこととなるのである．

　ここで注意しなければならないのは，産業社会論者たちは同時に，産業化の過程において教育制度自体も変化していき，これが社会移動のパターンをも変化させていると考えている点である．彼らによれば，産業化過程においては，人的資源を最大限活用する必要性から教育機会の総量が大きく拡大されるとともに，教育機会の配分を業績主義的に行うような教育制度改革が実

施されるようになるという．このような教育機会配分の量的および質的変化が，教育を通じた社会移動の機会を増加させると同時に，社会移動の機会自体の開放化と平等化をもたらすと考えられるのである（Erikson & Goldthorpe [1992:5-6]）．

人的資本論

以上の議論は，主に社会学の領域において展開されてきたものであるが，経済学の領域においても個人の教育水準と賃金との関係についてこれと同様の説明がなされてきた．シュルツ，ベッカーらの人的資本論がこれにあたる．

人的資本論は，新古典派経済学理論を教育の分野にまで拡大適用させ，産業資本への投資を扱うのと同様の枠組を用いて，個人の進学行動を「人的資本への投資」として定式化した理論である（Becker [1964]，Schultz [1963]，Mincer [1974]など）．このような出自からもわかるように，人的資本論は新古典派経済学の市場モデルに大きく依拠したものとなっている．

人的資本論のもっとも根底的な前提は，先に見た機能主義諸理論と同様，「学校教育には具体的な知識・技術の習得などを通じ，各個人の生産能力を向上させる機能がある」というものである（Becker [1964:40-42]）．すなわち，より多くの教育を受けたものほど，実際の経済活動に際してより高い生産性を発揮しうると考えられるのである．また，オーソドックスな新古典派経済学理論の枠組の上に立つ人的資本論においては一般に，情報の完全性や完全競争性など，労働市場の完全性が前提とされる．このため，雇用主は労働力を雇い入れる際に彼らの生産性を容易に知ることができ，雇用主は各個人の限界生産性に応じて賃金を支払うものと考えられる．結局，これらの仮定に立脚すれば，より多くの教育を受けたものほど，それによって涵養された能力を活かして常に高い労働生産性を発揮し，そのためより多くの経済的報酬を受け取ることになるのである．

このような前提に基づけば，教育を受けるという行為は，自分自身に対する一種の「投資」として捉えられることになる．各個人は，進学に伴う諸費用（進学によって発生する放棄所得を含む）を支払うかわりに，教育を通じた生産性向上によって将来より多くの金銭的便益を得ることができるのであ

る．さらに人的資本論においては，この費用と収益の現在価値を比較衡量することで，各個人は教育を受けるか否かを決定するものと理解される（Becker［1964:Chap.2］）．

　個人の教育行為には「投資」としての側面だけではなく，学ぶことそれ自体によって得られる効用増大を目的とする「消費」としての側面も存在すると考えられるが，人的資本論を提唱する論者の多くは後者を直接の分析対象とすることなく，主に前者のみに分析の焦点を当てる．彼らはこのように，労働市場，そして教育の機能に対するいくつかの仮定をおいた上で，個人の教育水準と賃金との間の関係を合理的に説明し，これを前提として個人の進学行為を説明する精緻なモデルを作り上げたのである．

　個人の教育水準と経済的報酬との関係を説明するためのこのようなロジックは，機能主義的社会学理論におけるそれときわめて似通ったものであると言えよう．ただし，古典的な機能主義的社会学理論においては，個人を超越した水準に，結果として教育水準に対応する差別的報酬構造の成立要因が求められているのに対して，人的資本論——あるいはその背後に存在する新古典派経済学——においては，あくまで雇用主が経済的合理性を追求して行う行為の結果として，教育水準に応じた報酬体系が生み出されると考えられている点がその特徴と言えよう．

2．選別理論

　前節において概観した機能主義的諸理論は，教育の労働生産性向上機能を強調し，個人の教育水準を，教育を受けることによって高められた能力の水準とみなすことで教育と社会経済的地位との関連を説明しようとするものであるが，これらを批判する立場からはこれとはまったく異なる見解も提起されている．その1つが選別（スクリーニング）理論である．

選別理論の前提
　選別理論[2]（Arrow［1973］，Spence［1973］［1974］，Stiglitz［1975］など）は，個人の教育水準が彼／彼女の（何らかの）能力を適切に示しており，教

育水準に基づく報酬配分が業績主義的な配分であることを認める点で機能主義的諸理論と一致する．しかし，個人の「業績」に対して教育が及ぼす作用については正反対の解釈を行う．

 選別理論においては，教育は必ずしも個人の生産性を向上させるわけではない（あるいは，生産性に対して何の寄与も果たさない）ものと考えられる．それにもかかわらず，教育水準が高いものほど報酬が高いのは何故か．ここで重要なのは，選別理論においては労働市場における情報流通に関して，前節で検討した諸理論とはまったく異なる仮定が置かれているという点である．新古典派経済学においては，労働市場における情報の完全性が前提とされているため，雇用主は求職者の生産性や職務遂行能力に関する情報を十全に知ることができ，これに応じて，彼らを採用するか否か，あるいはどのようなポジションとどの程度の賃金を与えるかを決定するものと想定されていた．

 これとは対照的に，選別理論においては，労働市場における情報の不完全性（非対称性）が前提とされ，求職者の生産性に関する情報を得るためには非常に大きなコストが要されるものと考えられる．このような状況において雇用主は，個人の生産性の代わりに，それと関係する何らかの代替的指標を利用して採用行動を行うようになる．

 選別理論の代表的論者であるアローは，このような代指標としての「大卒学位」の役割について論じている．彼は，求職者の生産性について直接の情報を得るのが困難な不完全情報下においても，雇用主は求職者の学歴情報をほぼコスト無しに取得でき，さらに「大卒学位」の所有者と非所有者それぞれの生産性の分布を，一般的情報，あるいは過去の経験を通じて知り得るものと想定する．こうして雇用主は，これらの知識を利用しながら，学歴という代指標を基準として採用可否や賃金などを決定していくものと考えられている（Arrow［1973:194-195］）．もちろん，このような代指標を用いた判断は，不完全情報下においては十分に「合理的」なものなのである[3]．

 では何故，教育水準が個人の生産性や職務遂行能力を表す代指標となり得るのであろうか．これらの理論においては，この点に対する明確な説明が必ずしもなされているわけではないが，概して，教育達成において必要とされる能力と職務遂行能力との間の質的親和性が指摘される．すなわち，より高

い教育水準を獲得するためには，入学試験や入学後の諸試験を通過するために必要な高い学業成績を得る必要があるが，これを可能とする能力——それには知的能力のみならず，学業を継続するために必要な努力や忍耐心なども含まれようが——は職務の遂行能力と密接な相関があるものと想定されるのである．実際の雇用主もこのように考えるならば，より高い教育水準を持つ求職者ほどより高い職務遂行能力を持つものと判断され，結果としてより高い所得，あるいはより高い職業的地位を与えられることとなる．

こうして，情報の不完全性，ならびに学業達成能力と職務遂行能力との正の相関性に対する仮定を前提として，個人の教育水準と報酬との間の関係に対しては，機能主義的諸理論とはまったく異なる説明がなされることとなる．選別理論においては，高い教育水準を持った個人は，職務遂行に必要な高い技術や知識を学んだからではなく，それを得るのに必要とされる高い潜在的能力を持ち，それを生産現場においても十分に発揮し得ると信じられているが故に，高い地位や報酬を得るのである．このように，選別理論においては，教育制度の持つ諸機能のうち，知識・技術の伝達や能力の涵養による生産性向上機能ではなく，様々な試験を通じ，それによって測られる能力を基準としてひとびとをふるいにかけるという「選別機能」が特に重視されることとなる．

サローの仕事競争モデル

さらにこの選別理論は，新古典派経済学的なそれとは大きく異なる労働市場モデルと結びつくことによって，教育と経済的報酬との関係に関してまた別種の説明を生み出してもいる．サローの「仕事競争モデル」(job competition model) がそれである．

サローは，個人の収入水準や，それと教育水準との関係を説明する上で，新古典派経済学理論が前提としていた「賃金競争モデル」(wage competition model) の妥当性を批判し，その代案として仕事競争モデルを提示する．彼のこのモデルは，前述した選別理論と内部労働市場論との融合物として位置付けられ得るものである．以下簡単に，彼のモデルが，教育と経済的報酬との関係をどのように説明しているのかを確認しておこう．

新古典派経済学理論の賃金競争モデルでは，求職者たちは労働市場におい て自らが受け入れてもよい賃金をめぐって競争しているものと捉えられる． これに対してサローは，「限界生産性は人間にではなく，仕事にあ」り，「個 人の収入は彼がついた仕事によって決まり，彼自身の背景となる特性に直接 には依存しない」（Thurow［1975=1984:98］）と主張する．すなわち，彼の 議論においては，仕事ごとに収入が定められた確固たる「仕事構造」の存在 が前提とされ，この仕事群のそれぞれに労働者が割り当てられ，それぞれの 仕事に定められた収入を得ていくものと考えられている．

　このような想定は，彼のモデルのもう1つの重要な前提，すなわち職務遂 行能力の習得に関する前提と密接に結びついている．サローは「大部分の知 的仕事能力は，労働者が労働市場にはいるまえに習得するのではなく，雇用 をみつけたのちに職場訓練（OJT）のしくみを通じて習得する」（Thurow ［1975=1984:97］）ものと考える．そのため労働市場は，訓練の入口に労働者 を配分するためのいわば「訓練機会市場」としての性格を持つことになる． さらにサローは，一般に労働者が雇用されるのは訓練の初期段階とも言うべ き「雇い入れ口」の仕事に限定され，そこから訓練を通じて内部昇進してい くものと捉える．こうして，サローのモデルにおいては，ひとびとはより多 くの訓練を受けられ，より高い収入を得られる仕事機会をめぐって競争を繰 り広げることになる．

　これに対して，経営者の側にとっては，なるべく訓練費用の小さい労働者 を採用し，最小の訓練費用投資によってその仕事で期待される限界生産物を 生み出すことが，利益拡大のためにもっとも合理的な選択となる．しかし， 労働市場における情報の不完全性を前提とするサローの議論においては，雇 用主は，個々の労働者の訓練費用に関する情報を直接得ることができないも のとされる．ここでサローは次のように述べる．

　経営者の問題は，将来の訓練費用の差異をうまく予知できるような背景的 特性を見つけ出すことである．こういう経営者の願望を前提にすると，教 育上の水準と成績が重要な背景的特性になることは驚くべきことではない． 教育は訓練の一形態である．ある型の訓練の消化能力は，おそらく別の型

の訓練の消化能力についてのかなりの指標となる．たとえ教育課程で技能を学習していなくても，教育はある人の消化能力の間接的尺度となっており，経営者にとって適当なものである（Thurow［1975=1984:110］）．

このような主張が，「教育の機能」に関して，選別理論と同様の前提に立っていることは自明であろう[4]．こうして，教育水準は個々人の訓練可能性（＝訓練費用）を表す指標とされ，教育水準の高いものほどより多くの訓練を受け，より多くの賃金を与えられる仕事を得ることになる．サローは，個人の教育水準と経済的報酬との間に生じる相関関係をこのように説明するのである．

以上概観したように，労働市場における情報の完全性を認めるか否かを1つの分岐点として，機能主義理論と選別理論とでは，個人の教育水準と社会経済的地位との関係に対する説明がまったく異なっている．ただし，選別理論において情報の不完全性が前提とされているとは言えども，各学歴所持者集団の生産性の分布（あるいは平均）については，一般的情報や過去の経験を利用して「十全な」知識が得られる，というかなり強い仮定が置かれている点には注意すべきであろう．このために，雇用主は，各学歴所持者の生産性分布に関する知識を利用して，十分に「合理的」な判断が下し得るものと考えられているのである．

さらに選別理論においては，個人の社会経済的地位にもたらす「学歴効果」の本質が，学歴の絶対的水準にではなく，彼／彼女が他者と比べてどれだけ潜在的能力が高いか，という学歴の相対的水準に求められている点が重要である．学歴の相対的水準が個人の社会経済的地位を決定する重要な要因となっている場合，後に見るように，無限の学歴取得競争が引き起こされる可能性が存在するためである．

また，選別理論においては一般に，職務遂行能力と密接な関係を持つ個人の潜在的能力を，教育システムは常に「正しく」弁別し得ると仮定されがちである点にも注意すべきであろう．このような仮定は，モデル構築における議論の単純化のために導入されているものであろうが，これが無条件に正しいことを保証する理論的根拠は存在しない．むしろ現実的には，教育システ

ムが生み出す学歴情報を，雇用主が何らかの能力の代指標として利用し得るか否かは，その社会における教育・選抜制度の具体的なあり方，さらにはそれらの制度の能力「弁別力」に対するひとびとの信頼の程度に大きく左右されると考えられるのである．

3. 葛藤理論と教育を通じた不平等

　以上の諸理論は，学校教育の効果・機能に関する見解こそ互いに異なってはいたものの，個人の教育水準が職務遂行能力と何らかの形で相関すると想定している点では共通していた．したがって，「個人の教育水準に応じた差別的報酬体系」は，業績主義原理に基づく分配の結果として肯定的に評価される傾向があり，この点でこれらの理論は現状肯定的な性格を強く持っていた．しかし，集団・階級間の葛藤に着目する立場からは，教育水準に応じた差別的な報酬体系は支配集団が自己の利益を維持するために生み出されたものであると，その業績主義的性格を否定する主張もなされている．個人の教育水準を職務遂行能力と同一視しないこれらの批判的諸理論においては，現存する個人の教育水準と社会経済的報酬との関係についてどのような説明がなされているのだろうか．

新ウェーバー主義理論と新マルクス主義理論

　新ウェーバー主義者として位置付けられるコリンズは，機能主義論者のように社会を調和と均衡の下にあるものと見るのではなく，それを身分集団 (status group) 間での富や権力をめぐる闘争の場として捉える．そして，組織への雇用に際して学歴要件が重視されるのは，学歴が個人の習得した技術や知識の水準を示すからではなく，それが支配的な身分集団文化への社会化の程度を示すからであると主張する (Collins [1971] [1979])．

　コリンズによれば，学校の中心的活動は技術や知識の教授にではなく，教室の内外において特定の身分文化を教え込むことにある (Collins [1971: 1010])．そして雇用主は支配的な身分文化への社会化程度を識別するために，個人の学歴資格を選抜基準とする．つまり個人の学歴は，どれだけのエリー

ト文化を身につけているか，あるいは支配的な身分集団の文化を尊敬する態度をどの程度身につけているのかを示す指標として用いられるのである．このため彼の説明に従えば，個人の学歴の高さは，支配的身分集団がそれを自らの集団文化への社会化程度と認め，それに対して高い報酬を与えることによって，社会経済的地位の高さに結び付くこととなる．

　コリンズはこのように，現存する教育水準と報酬との間の相関関係を「合理性」によっては説明しない．この点に関して彼は，マーチとサイモンの経営組織論（March & Simon [1958]）を引用しながら次のように述べる．

　　雇用主は，各職業に必要な技能水準についてごくあいまいな基準しかもっていない．そして雇用主は，最適化戦略ではなく，「満足化戦略」に基づいて経営を行っている．すなわち，平均的な成果水準を「満足水準」として設定し，この水準を大きく下回った場合にのみ生産過程や人事に変更を加えるのである（Collins [1971:1007]）．

　このようにサイモンらの「限定された合理性」（bounded rationality）仮説に基づくことで，機能主義的な技術決定論，あるいは経済合理性決定論をはなれ，「身分集団間の闘争」という独自的要因の介在を認める道を開いている．ここに，行為主体に十全な合理性が備えられていた人的資本論，あるいは選別理論との大きな相違が存在していると言えよう．

　このほか，教育と社会経済的地位との結びつきに関する機能主義的説明に対しては，新マルクス主義の立場からも批判が展開されている．ボウルズとギンタスは人的資本論の極端な諸前提を強く批判した上で，個人の教育水準に応じた社会的地位の配分は虚偽の業績主義であり，それが不平等な社会的分業システムの再生産に直接的寄与を果たしていると主張する（Bowles [1971=1980], Bowles & Gintis [1975] [1976]）．

　ボウルズらは，資本主義社会における教育システムは支配階級である資本家階級の利害が大きく投影されたものとなっており，その目的は資本主義社会における位階的な分業システムをスムーズに再生産させることにあると見る．労働者階級の子女が多い学校においては主に暗記主義的な教育が行われ，

彼らには与えられたタスクに対して従順な態度を取ることが教え込まれる．これに対し，中間階級の子女に対しては将来の事務的職業に適合的な，創造性をより重視した教育が施され，資本家階級の子女に対しては将来のエリートとしての地位にふさわしいさらに創造性豊かな教育が施される．このようにして教育システムは，親の階級的地位の相違に応じて，各生徒が将来就くであろう職業，すなわち親と同類の職業の遂行に必要なパーソナリティを習得させるという機能を果たすのである (Bowles [1971=1980:172])．

また，このような形の教育の不平等は，個々の学校内において，教師や職員が出身階級に応じて差別的に生徒を扱うことでも発生するものと考えられる．さらに，このような差別的な処遇は，生徒のパーソナリティ特性のみならず，学業成績に対しても大きな影響を及ぼすこととなり，結局それが実際の教育達成水準の相違にも結びついていくのである．こうしてボウルズらは，諸個人間の教育水準の相違は，もともとの知的能力の相違によるものではなく，出身階級の相違によって生じるものと主張する．彼らは，労働市場において純粋な「知的能力」が報われることはごく稀であるとし，個人の教育水準と社会経済的報酬との間の関係も，なんらかの個人の業績を媒介としてではなく，結局は親の階級的地位，あるいはそれに対応した価値やパーソナリティ特性を媒介として生じてくるものと理解するのである (Bowles & Gintis [1976=1986-1987:Chap.4])．

個人の教育水準に応じた差別的報酬構造を，支配集団の利害の投影物と見るのは前述したコリンズの議論と一致するが，ボウルズらは教育システムの性格規定においてさらに一歩踏み込んでいる．すなわち彼らは，制度教育そのものが資本家階級の利益に沿うように営まれていると捉えるのであり，したがって「教育達成は個人の能力と努力によって決定され，教育達成水準が個人の社会経済的地位達成を左右する」という素朴な業績主義的地位達成観も，不平等の再生産メカニズムを隠蔽する一種のイデオロギーにすぎないと主張するのである．

教育を媒介とした不平等体系再生産の可能性

以上のように，これらの批判的諸理論は，個人の教育水準と社会経済的報

酬との結びつきを，業績主義に基づく「正当な」関係とは捉えず，そこに身分集団間の力学関係や階級的利害の反映を見て取る．彼らによれば，個人の教育水準に応じた差別的な報酬・地位配分構造は，「業績主義」の衣をまといながらも，その実は集団・階級間の不平等を維持していくための核心的な装置として機能しているのである．

　もちろん，新マルクス主義のように「教育システムには支配階級の利害が直接反映されている」といった強い目的論的仮定を置かない場合でも，教育を媒介として階層構造が再生産されていく可能性は十分に存在する．この問題に関して，前述した産業社会論においては，産業化の進展とともに能力主義に基づく地位・機会配分が一般化し，教育機会も出身階層にかかわらず純粋に学業成績に応じて配分されるようになるため，結果として社会移動の機会は大きく増大する，というきわめて楽観的な想定がなされてきた．しかし現実的に考えれば，産業社会においても，経済的あるいは文化的な影響を受けることによって，本人の教育達成が出身階層に大きく左右されてしまう可能性は存在しよう．

　韓国社会の現実をふまえてまず挙げられるのは，出身家庭の経済的条件の格差が教育費の負担能力の格差を生み出し，これが実際の教育達成水準をも左右してしまう可能性であろう．新古典派経済理論では，資本市場の完全性が前提とされ，手持ちの資金が不足していたとしても資本市場を通じて教育費を容易に調達でき，それを教育投資に向けられるものと想定される．しかし，これまでの韓国社会の状況に即して言えば，資金調達可能性に関するこのような想定は現実的ではなく，やはり出身家庭の教育費負担能力が個人の教育達成を大きく規定してしまっている可能性は否定し得ない．

　また韓国の場合，受験準備のために行われる塾や家庭教師などの学校外授業にもかなりの費用が支払われており，後に見るように，この学校外授業負担能力の格差が教育機会の不平等を招来しているとの批判も提起されている．もちろん，このような学校外授業が本当に実効を持つものなのかについては十分な検証が必要であろうが，韓国社会で広く信じられているように，学校外授業受講が本人の学業成績を有意に向上させるとするならば，親の社会経済的地位が教育達成に及ぼす経済的影響はますます大きなものとなってしま

うであろう．

　しかし，出身階層要因が本人の教育達成に与える影響とは，このような経済的条件の格差を介したもののみに限られない．ブルデューの文化的再生産論は，非経済的条件の格差とその影響に着目した議論の代表例と言えるであろう．

　ブルデューは，階層構造の再生産を導く要因として，「家庭内における文化資本の継承」の重要性を指摘する．文化資本とは，趣味や教養，マナーといった身体化された形で，あるいは書物や絵画のように客体化された形で存在するものであり，その所有量には階層間で大きな差異があるものと考えられている．この文化資本も，経済資本と同様，各家庭において次世代へと継承されていくものであるため，階層の高い家庭においては，より多くの，そしてより高度な文化資本が伝達されることになる．

　このような文化資本の格差が本人の地位達成を大きく左右するのであるが，この過程において学校教育は重要な役割を果たす．学校教育の場においては，大衆的な文化よりも，「正統的」な文化が高く評価されるが，このような文化は上層階級家庭において蓄積されている文化資本と非常に親和的なものである．したがって，上層階級出身者ほど学校教育において高い評価を受ける文化資本をより多く有しており，その結果，実際の教育達成においても成功的な位置を占めることになるのである．こうして，各家庭において継承された文化資本が学歴資本へと変換され，この学歴資本が社会的地位と結びつくことで階層構造が再生産されていくこととなる（Bourdieu ［1979a］［1979b］）．彼の議論に従えば，やはり，教育システムは文化資本の相続継承を「承認」する役割を果たすことで，社会構造の再生産に大きく寄与するのである．

　このほかにもバーンスティンの言語コード論をはじめ，文化的要因を介した階層再生産メカニズムについては，多くの研究が積み重ねられている（Bernstein ［1990］ など）．これらの文化的再生産論に依拠するならば，形式上は「公正な」能力主義的選抜が行われている場合でも，出身階層によって本人の教育達成に大きな格差が生じることとなり，結果として階層構造は容易に再生産され続けていくこととなる．

　これらの議論をふまえるならば，韓国社会における学歴効用について分析

していく場合にも，個人の教育水準と個人の社会経済的地位という2つの変数のみに焦点を当てるのではなく，この両者それぞれに対して出身階層が与える影響についても綿密な検討を加え，教育水準に応じた差別的な地位・報酬配分構造が，社会的不平等の再生産プロセスとどのように結びついているのかを考察していかねばならないだろう．もちろん，出身階層が本人の教育達成に及ぼす影響は，当該社会における階層構造の様相，あるいは教育・選抜システムのあり方などによっても大きく異なってくるものと考えられる．このため，本書の第2章および第3章においては，韓国における社会階層構造と教育・選抜システムの特徴に対して詳細な検討を加えていく．

4. 教育拡大の帰結についての理論的考察
―学歴効用の変化と教育達成意欲へのフィードバック効果の検討

　本節ではこれまでの議論をさらに敷衍しながら，教育水準と社会経済的地位・報酬の関係の「変化」の側面に関して考察していく．学歴効用，すなわち学歴を得ることによる社会経済的便益の大きさを背景として，ある段階の教育機会が大きく拡大した場合，それによって学歴効用にはどのような変化がもたらされるのであろうか．葛藤理論に依拠するコリンズを含めてこれまで見てきた論者の多くが，ひとびとは進学に伴う費用と便益との関係を考慮して進学するか否かを決定するものと想定してきた．このため，教育拡大によって学歴効用に何らかの変化が生じるならば，それは社会の側の進学意欲にも影響するものと考えられるのである．

　結論を先取りして言えば，教育拡大による学歴効用の変化，あるいはその進学意欲の変化に対するフィードバック効果に関しては，それが依拠する理論的立場に応じて，時にまったく正反対の予測が導き出される．本節では，それぞれの理論に依拠した場合，教育拡大がどのような帰結を生み出すものと予測され，またそのような予測の相違は，各理論が置いているいかなる前提の相違によって生じているのかを詳細に検討していく．

賃金競争モデルに基づく予測

　教育拡大が学歴効用にもたらす帰結に関しては，先に挙げたサローの著書

において簡単な考察がなされている．まず彼の議論を参照しつつ考察を進めていこう．

　サローは，大卒者の増大が学歴間賃金格差にどのような影響を与えるかに関して，オーソドックスな新古典派経済学に基づいた「賃金競争モデル」と，彼が提唱する「仕事競争モデル」のそれぞれに依拠した場合の帰結を対比的に論じている．

　賃金競争モデルにもとづいた場合，大卒者の増加はまず大卒者自身の賃金を低下させるものと考えられる（Thurow［1975=1984：146］）．新古典派経済学の労働市場モデルに基づけば，何らかの要因によって大卒学歴を持つ労働者が増加した場合，それは大卒労働力の供給曲線を右下方に推移させることになり，その結果，雇用者数が増加する代わりに大卒労働力の賃金は低下する．この時，高卒者の賃金は変わらないか，逆に上昇する．高卒者の大学進学率の上昇によって大卒者の増大がもたらされている場合，大卒者の増大は新規高卒労働者を減少させることとなり，このような労働力の供給減少によって彼らの賃金は上昇するのである[5]．

　この時，大学へ進学することによる追加的な経済的便益は確実に減少する．大学に進学しなかった場合に得られる報酬は変わらないか上昇するのに対し，大学に進学した場合に得られる報酬はそれまでと比べてむしろ減少するためである．一般的な進学決定モデルに基づけば，このような進学に伴う便益の低下は，社会における大学進学意欲を低下させるものと考えられる．このように，人的資本論に代表される新古典派的な「賃金競争モデル」においては，市場メカニズムの作動によって労働市場と進学機会市場の双方における均衡が容易に達成されるため，学歴効用の大きさ故に大学進学意欲が無限に昂進していく，といった事態は生じないものと考えられる[6]．

　しかし，このような予測は，新古典派経済学理論が置いたいくつかの強い仮定の上にはじめて成り立つものではある．労働市場の完全情報性や完全競争性はもちろんのこと，そのほかにも労働力需給のマッチングは技術水準別（＝学歴水準別）になされるという仮定などが置かれた上で，このような予測が導出されているのである．また，後に見るサローの仕事競争モデルと対比した場合，これらの理論においては一般に，職種の相違は賃金の違いを生

み出す本質的要因であるとは考えられていないため，職種に関する変数がモデル内にまったく組み込まれていないという点も大きな特徴と言えるだろう．

　仕事競争モデルに基づく予測
　これに対し，サローの「仕事競争モデル」に基づく場合，大卒者増加の帰結に関する予測内容はかなり対照的なものとなる．第2節で確認したように，彼の「仕事競争モデル」は，個人の教育水準を「訓練を効率的に受ける能力」の代指標として捉え，それぞれに賃金の定められた確固たる仕事構造の存在を仮定するという独自の特徴を持つ．個人の労働生産性，そして賃金は，彼／彼女が就く具体的な「仕事」を抜きに考えることはできないとされ，個人の賃金は各自が本来有する生産性に応じてではなく，個人がどのような仕事に就くかに応じて支払われるものと考えられる．
　サローは議論の単純化のため，「教育がただ1つの背景的特性であり（中略）すべての大卒労働者はすべての高卒労働者よりもこのまれ，すべての高卒労働者はすべての中卒労働者よりも好まれる」（Thurow［1975=1984：142］）という状況を想定し，その上で外生的要因に起因する大卒労働者の増大が，各学歴集団の平均賃金をどのように変化させるかを検討している．このような状況においては，新たに増加した大卒者の訓練費用の方が高卒者のそれよりも小さいと考えられるため，雇用主は，就業に必要な学歴要件を引き上げることによって，それまで高卒労働者が得ていた仕事機会のうち，相対的に賃金が高い仕事機会を新たに増加した大卒者に与えるようになる．しかし，それらの仕事機会はそれまでの大卒者が就いていた仕事に比べれば低い賃金しか受け取れないものであるため，大卒者全体での平均賃金は低下する．この点は「賃金競争モデル」における予測と同じである．
　しかし，高卒者の平均賃金に関する予測は大きく異なる．それまで高卒者が得ていた仕事機会のうち，より賃金の高い仕事機会が大卒者によって奪われてしまうため，高卒者の平均賃金も同様に低下してしまうことになるのである．このとき，大学へ進学することの経済的便益が結局どのように変化するのかは，大卒労働者の平均賃金の下落幅と高卒労働者のそれのどちらがより大きいのかによって異なる．それらの下落幅は仕事機会分布の形状などに

よって異なるため一意に決定付けることは不可能ではあるが，多くの場合，平均的大卒労働者と平均的高卒労働者との間の賃金格差は維持され，場合によってはむしろ拡大されていくことになるとサローは結論付けている (Thurow [1975=1984:222-226])．

このように，サローのモデルに依拠すれば，大卒者の増大は必ずしも大学進学による経済的便益を低下させないことになる．サローの議論においては，大学進学行動に関して人的資本論ほどの明確なモデルが提示されている訳ではないが，それでもやはり大学進学による経済的便益の大きさがその重要な判断基準になると考えられている[7]．さらにサローのモデルに依拠した場合，教育水準の絶対的水準ではなく，「他者と比べてどれほど教育水準が高いか」という相対的水準こそが経済的報酬の決定に重要な役割を果たすため，「教育程度のより高い労働供給が増加するにつれて，人はたんに自分の現在の所得の地位を防衛するために，自分自身の学歴を向上させねばならない」(Thurow [1975=1984:119-120]) こととなる．いったん教育拡大が生じると，このような防衛的教育投資の必要性からもひとびとはさらに高い水準の教育達成を望むようになり，結局，社会全体としては，教育への過剰投資が生じてしまう可能性をサローは示しているのである[8]．

ドーアの学歴病仮説

ドーアの学歴病仮説は，教育拡大はひとびとの教育達成意欲を冷却せず，むしろ無限の「学歴インフレーション」と「学歴取得競争」を引き起こすと捉えている点で，サローの予測に近い．ドーアは，日本をはじめとするいくつかの社会の分析を通じ，産業化の後発社会であればあるほど，教育機関の選別機能がより強まるものとする．ドーアによれば，多様な学歴を持った多くの求職者の中から採用者を決定する場合，雇用主は学歴が高いものほど「頭が良い」，あるいは「根気がある」など何らかの能力が高いものと判断し，実際には職務の遂行上その水準の教育を修了している必要がまったくないとしても，高い学歴を持った労働者を採用する．こうして，選別理論と同様，学歴はその絶対的水準よりも，相対的水準の差異にこそ価値が見出されることになり，他人より少しでも高い学歴を得ようとする（潜在的）求職者と，

求職者の全般的な学歴上昇に対して学歴要件を引き上げることで対応する雇用主との相互作用により，無限の学歴インフレーションが生じていくとするのである（Dore［1976=1990］）．

　このような主張を成り立たせている前提として特に重要であるのは，後発国経済の二重構造，すなわち伝統部門と近代部門との間の断絶である．後発国ほど伝統部門と近代部門との間の断絶が大きく，部門間にきわめて大きな賃金格差が存在する．そして，途上国の近代部門はその多くが政府セクターによって構成されることもあり，近代部門では職種と教育水準との関係が明確に規定され，雇用の際にも学歴が採用基準として用いられる傾向が強いとされる．こうして，近代部門と伝統部門の間の報酬格差を背景に，誰もが近代部門の「橋頭堡地区へのビザ」（Dore［1976=1990:7］）である学歴の取得を強く望む．これがドーアの主張する後発効果の1つである．

　ドーアのこのような議論は，確固たる仕事構造の存在が前提とされ，またそれらの仕事の報酬は個人の生産性を直接には反映せず，個々の仕事（あるいはそれが位置する部門）によって定められると考えられる点で，サローの「仕事競争モデル」に近い．ドーアの示す二重構造をサローのモデルを用いて解釈するならば，仕事機会の分布が双峰的であり，さらに2つの峰の間での賃金格差が著しく大きい場合として理解され得よう．このような状況において大卒者が急速に拡大した場合，やはり仕事競争モデルの場合と同様に，教育拡大によって増大した大卒者がそれまで高卒者が得ていた近代部門の仕事機会を奪ってしまい，高卒者はその分，伝統部門に押し出されてしまうものと考えられる[9]．ここで「近代部門・伝統部門それぞれの内部での賃金格差より，近代部門と伝統部門の間の賃金格差の方がはるかに大きい」という現実的な仮定を1つ置いた場合，高卒者の平均賃金は大卒者の平均賃金よりもはるかに大きく下落することになる．このような状況においては，仕事機会が連続的に分布している場合に比べ，「防衛的教育投資」を行う動機がさらに高まることが予想される．このようなプロセスを通じ，教育拡大はひとびとの学歴取得競争をより一層激化させてしまうのである．

　以上で概観してきたように，学校教育システムの能力涵養機能よりも選別機能の方を重視する諸理論に基づいた場合，相対的な高学歴者の増加は彼ら

自身の平均賃金を低下させるのみならず，相対的な低学歴者のそれをも引き下げてしまうことになる．これがオーソドックスな新古典派経済理論に基づいた場合の予測とのもっとも大きな相違であり，このために，教育拡大が進学の経済的インセンティブの低下をもたらさない可能性が生じるのである．

これに対し，前節において検討した葛藤理論は，個人の教育水準と報酬水準との結びつきに関して，人的資本論や選別理論ほど具体的なモデル化を行っていないため，教育拡大の帰結に関しても何らかの明確な予測を導き出すのが難しい．ただし，学歴と社会経済的地位との間の相関を，階級構造再生産のための社会的装置，あるいは身分集団間での葛藤の結果と捉える批判的論者たちは，全般的な教育拡大が学歴間報酬格差の縮小をもたらすといった楽観的主張には与しないものと考えられる．彼らの議論に基づくならば，全般的な教育拡大にかかわらず，出身階層間での教育格差は温存され，教育水準間での報酬格差構造も同様に維持されると考えるのが妥当であろう．

小　結

教育水準の高いものほど高い社会経済的地位・報酬を得るのは何故なのか．この問いに対して，機能主義理論や新古典派経済学理論は，学校教育の生産性向上効果を十分に認めた上で「教育水準が高いほど，職務遂行に必要とされる高い技能・知識を習得しており，高い生産性を発揮し得るため」と説明する．これに対して選別理論は，求職者の生産性に対して直接情報を得るのが困難な不完全性情報下において，雇用主が「教育水準が高いほど，一般的・潜在的能力が高いと判断するため」に，教育水準に応じた地位・報酬配分がなされるものとする．しかしこの両者は，教育水準に基づく地位・報酬配分を業績主義に基づいた「正当」な配分であると肯定的に評価している点で一致する．これに対し，葛藤理論は，教育水準に応じた差別的な報酬体系は身分集団間の力学関係や階級的利害によって形作られたものと捉え，それが業績主義に基づく配分であることを否定する．

同時に，このような理論間での説明の相違は，学歴取得による社会経済的地位・報酬の上昇効果に対して教育拡大がどのような影響をもたらすかについ

いての予測にも表れている．機能主義的性格を持つ諸理論に基づけば，教育の拡大は学歴効用を低下させ，さらにはその段階の進学意欲をも冷却化させることで，教育機会市場における需給均衡を帰結するものと考えられる．これに対し，選別理論，あるいはサローの仕事競争モデルなどにおいては，教育拡大は必ずしも学歴効用の低下をもたらさないため，場合によっては，無限に進学競争が加熱していく可能性すら存在することになるのである．

　韓国社会における教育と社会経済的地位・報酬との結びつきはいかに生じているものであり，それがひとびとの教育達成意欲にどのような影響を与えているのか．次章以降においてこの問題を実証的に考察していく上で，教育拡大の帰結に対する以上の理論的考察結果はきわめて重要な意義を持つ．個人の教育水準と社会経済的地位・報酬との関係が，急激な教育拡大によってどのように変化したのかを実証分析によって明らかにし，教育拡大の帰結に対する各理論の予測結果と照らし合わせることで，韓国社会における学歴と社会経済的地位・報酬の結びつきがどのような性格を持ち，どのような理論的立場から適切に説明され得るものであるのかを見極めることが可能になるためである[10]．

　またこのためには，各理論がときにアプリオリに置いてきた教育システムや労働市場のあり方に関する諸仮定が，韓国の現実にどれほどあてはまるものであるのかについても同時に考察していく必要があるだろう．ある理論によって韓国社会における学歴効用の推移が適切に説明されるとすれば，おそらくそれは，その理論が置いた仮定が韓国の現実により適合的であるためと考えられる．社会経済的地位・報酬の決定に作用するのは学歴の絶対的水準なのか相対的水準なのか，またひとびとが得ている報酬は，個人の能力や生産性を直接反映したものなのか，あるいは彼らが就いた「仕事」に定められたものであるのか．次章以降では，これらの仮定が韓国社会においてどれほど妥当するのかを検討していく必要があるだろう．

　これらの問題と関連して特に重要であるのは，教育・選抜システムのあり方が学歴効用に与える影響に関してである．これまで，学歴取得がもたらす社会経済的な便益の検討を行った研究は，具体的な「学歴」を産み出す教育・選抜システムの中身に関しては十分な考察を行ってこなかった傾向があ

る．選別理論を例にとっても，求職者の能力を表すさまざまな指標のうち，何故教育水準という指標がそれほどまでに強く信頼されるのかについてはほとんど何も語り得なかった．ひとびとの学歴が彼らの能力をどれほどよく示すものであるのか，あるいはどれほどよく示すものであると当該社会の構成員によって信じられているのかは，当然ながらその社会における教育・選抜システムのあり方に大きく左右されるはずである．本書では，韓国の教育・選抜システムの様相について十分な考察を加え，その特徴が個々の「学歴」の性格をどのように規定しているのかを詳細に検討していく．

　以上の考察を通じ，序章において提示した問題の具体的な分析を行っていく上で，いかなる条件に目を向け，そこでいかなる課題を検討していかねばならないのかを確認することができた．以降の各章では，これらの分析指針に従いながら，実際の分析を進めていこう．

1) Clark [1962], Kerr et al. [1960=1963] などがこの代表例として挙げられている．
2) いわゆる「スクリーニング理論」のほか，求職者の自らの「シグナル」に対する働きかけに着目する「シグナリング理論」もこれに含めている．
3) スペンスによれば，このように学校教育が職務遂行に必要な知識・技術の習得にはほとんど役立たない場合でも，個人の側には十分な進学動機が生じ得る．雇用主が求職者の能力の代指標としての教育水準を基準に採用者を決定するという状況において，求職者にとっては，それに要される費用が予想収益を上回らない限り，他者よりも高い水準の教育を受けることで自らが相対的に高い能力の所持者であると示すこと (signaling) が，合理的な行動となるのである (Spence [1973] [1974])．
4) ただしサローは，教育課程においてひとびとが「訓練のされ方」を学んでいること自体は否定していない．
5) Thurow [1975=1984] は，高卒労働者数は変化せず，中卒者が追加的に高校教育と大学教育を受けることで，中卒労働者が減少し，大卒労働者が増加するというケースの考察に多くの紙面を割いているが，ここではこのような現実性に乏しい事例は扱わず，高卒者が大学教育を受けることで大卒者が増大する場合の帰結にのみ考察対象を限定する．
6) デイビスとムーアに代表される機能主義的階層理論からも，ほぼ同様の帰結が予測される．高い段階の学歴所持者が過剰に供給された場合，訓練インセ

ンティブがより低下しても，それらの技能が必要な職務への就業者をリクルートし得るため，それらの職務の報酬は減少するものと彼らは考える（Davis & Moore［1945:248］）．当然ながらこれらの報酬の減少は，今度は進学需要の低下をもたらすことになるだろう．
7）　ただしサローは，「期待値」としての大学進学による追加的収益の平均値のみならず，収益の分散やリスクの問題も重要であると考える（Thurow［1975=1984:223］）．
8）　アローが示したタイプの選別理論モデルからも，同様に「大卒者の増加が高卒者の賃金をも低下させる」という予測が導き出される．ただし，大卒者増加による大卒賃金の低下幅と高卒賃金の低下幅のどちらが大きいかは，やはり潜在的能力の分布や大卒・高卒者数にも依存するため，一意には定められない．
9）　現実には，「近代部門からの締め出し」は必ずしも伝統部門における（再）就業を意味しない．一般には，近代部門における就業を期待しての待機的失業・半失業を選択するケースが非常に多い．
10）　このような問題関心に基づいて，韓国における学歴と社会経済的地位・報酬の関係の時系列分析を厳密な形で行った先行研究としては，唯一，朴世逸［1982］［1983］が存在するのみといってよい．朴は，教育（機会）市場と労働市場との相互作用関係を明らかにするという問題関心に基づき，学歴別労働力の供給変動が学歴間賃金・就業機会格差にどのような影響を与え，結局それが進学インセンティブに対してどのようなフィードバック効果をもたらしているかを考察している．このような朴の問題関心は，本書の視角ともかなりの程度一致するものではあるが，彼が分析対象とした1970年代は，1980年代半ば以降に比べれば，新規供給労働力の学歴構成がそれほど激しくは変化していない時期であり，そのために労働市場の「反応」を十全に捉えられなかった可能性がある．本書の第4章は，朴の行った分析の対象期間をさらに延長することで，韓国における労働市場の調整メカニズムの作動をよりよく理解しようとする試みでもある．

2章　韓国の社会階層構造と産業化

　個人の学歴とその後到達する階層的地位との関係，あるいは本人の出身階層と教育達成との関係は，その社会における不平等体系の構造によって大きく左右される．本書第II部においてそれらの関係を具体的に検討していくための準備段階として，この章では，韓国の社会階層構造がどのような性格を持ち，また解放後の急速な産業化過程においてそれがどのように変容してきたのかを論じていく．このためにここでは，主に個人の「職業」を分析上の手がかりとする．言うまでもなくこれは，産業社会においては個人の職業が彼／彼女の階層的地位をきわめて強く規定しており，実際，こんにちの経験的階層研究のほとんどが個人の職業に着目することでひとびとの階層的地位を把握しているためである．

1. 伝統社会における階層構造と社会移動

　まず本節では，本格的な産業化が開始される以前の韓国（朝鮮）社会における階層構造とその変動を概観し，産業化以降の階層構造との連続性および非連続性を理解するための手がかりを得ておこう．

朝鮮王朝時代の身分制度
　朝鮮王朝時代における社会階層は，大きく「両班‐常民‐賤民」と三分される伝統的身分構造とほぼ重なり合うものであった．賤民層はそれ以外の身分から法的に区分されるものであったが，当時の社会の支配階層である両班層は，「法制的に確定されるものではなく，社会慣習を通じて形成された相

対的，主観的な階層でありながら，他方ではきわめて明確な基準によって画定される階層」(宮嶋 [1995:20]) であった．両班家系を他と分かつ基準として宮嶋が挙げているのは，「科挙合格者，または当代を代表するような高名な学者を祖先に有し，その祖先からの系譜関係が明確なこと」，「祖先祭祀や客への接待を丁重に行ったり，学問に励み自己修養をつむなど，両班的な生活様式を保持していること」など，それらのいずれもが，共同体構成員の主観的な判断に根差した基準なのである[1]．

科挙は，公式的には常民にも応試の機会を開いていたものの，実際には経済的理由などによってその応試者のほとんどが両班層によって占められており，科挙合格による常民から両班への階層移動はほとんど生じ得なかった．しかし前近代社会においてすでに，筆記試験結果に基づく「業績主義的」地位配分が行われていたという社会的伝統は，その後の韓国社会において，学力筆記試験結果に基づく地位配分の正当性をひとびとに認めやすくさせたものと考えられる．

常民層は一般の農民，商人，手工業者などによって構成されていた．儒教，特に朱子学を支配イデオロギーとする朝鮮王朝においては，農業の発展こそ重視されたものの，商工業は概して軽んじられ，朝鮮王朝後期に至るまで商工業の大きな発展は見られなかった．同時に商工業に対する職業的な卑賤意識も強く，身分的にはおなじ常民身分に属していながらも，農民に比べれば，手工業者や商人の社会的地位は一段と低いものとなっていたのである (愼鏞廈 [1991]，吉田 [1998]，伊藤 [2001])．

朝鮮の伝統社会は，「階層の固定度が比較的強く，両班を中心とする身分秩序原理が社会全体の生活レベルの隅々まで行きわたっている」という点で日本や中国の伝統社会とは区別されるとの指摘もある (末成 [1987:45])．しかし，身分秩序原理の社会への浸透度合い，あるいは身分間ヒエラルキーの透徹さでは日本などより朝鮮の方が強いとしても (あるいはむしろ，強かったがゆえに)，身分構造の閉鎖性は朝鮮の方がはるかに低かった．もちろんこれは朝鮮における身分が，法的にのみ規定されるものではなかったためでもあるが，両班層への移動のための努力，例えば常民層による族譜の「新規」編纂や売位売官などが，当時の朝鮮社会においてかなりの程度行われて

いたようである．実際，当時の戸籍である戸口帳籍を用いて各地域社会における身分構成の変動を明らかにした四方［1938=1976］，李俊九［1993］らはいずれも，朝鮮王朝後期における両班層の大幅な増大と賤民層の減少を指摘している．これらの指摘は，本来両班身分に固有のものとみなされる職役を持つ者が戸籍上増加しているという事実を根拠とするものであるが，しかしその一方では，これらの職役を持っていたからといって，社会的には必ずしも両班身分に属す訳ではなかったとの批判も提起されている（宋俊浩［1987］）．それでも，「両班志向化」（宮嶋［1995］）として指摘されているように，この時期，両班層以外の人々が，それらの職役を得ることによって社会的上昇をはかろうとする努力が広範に見られていたというのは事実であろう．朝鮮王朝後期においては，ひとびとの身分は必ずしも変更不能なものではなく，身分間の移動もけっして不可能ではないとの認識がある程度一般化されていたと考えられるのである．前近代社会においてすでに，常民層に属する多くのひとびとが，支配層の身分文化を受容することによって上位身分への移動を試みていたという事実は，その後の韓国における社会的上昇移動意欲の汎階層的な高さを理解する上で，特に注目に値しよう．

地主制の拡大と農民層分解

1876年の開国に続く穀物輸出の増加趨勢や，日清戦争後の日本人地主の進出などを契機として，朝鮮では地主‐小作制度が次第に拡大し，農民間に大きな経済的格差が生じていった．また，1894年の甲午改革に伴う身分制度の撤廃措置は，階層基準としての農地所有の重要性をより一層高めたものと考えられる．

地主制の拡大傾向は，日本の植民地支配の下でさらに加速化した．1910年の日韓併合直後より行われた土地調査事業では，農民がそれまでに有していた事実上の土地所有権・占有権が認められない場合も多かったため，安定的経営を営んでいた多くの小農層が小作人へと転落していったのである．

日本への大量の米穀移出と地主制の拡大によって貧窮した多くの農民は，生まれ育った農村を離れるほかなかったのであるが，植民地期の朝鮮社会においては，農民層の分解によって生じたこれらの労働力を吸収し得るだけの

産業は未だ十分に発達していなかった．商工業の発達が遅れ，人口のほとんどが農業に従事する農業社会であった朝鮮王朝時代に比べれば，ある程度産業化が進み，一部には朝鮮人産業資本家層も出現してきたことは事実ではあるが，朝鮮社会においてそれらの産業部門が占める割合は大きくはなかった．このため，多くの離農民は就業機会を求めて日本，満州など朝鮮半島外へと流出していったのである[2]．

　また，植民地期においては，官僚機構の整備に伴い，公共部門において様々な就業機会が生じてはいた．しかし当然ながら，重要な官職は日本人に独占されており，十分な教育機会の与えられなかった朝鮮人は下級職位に就き得るにすぎなかったのである（金彩潤［1980:101］）．

解放直後の韓国社会

　植民地からの解放（1945年）と南北分断，およびそれに続く時期の農地改革の実施と朝鮮戦争の勃発などによって，南朝鮮（韓国）社会はさらに甚大な変化を経ることとなった．

　このうち，特に農地改革が及ぼした影響は大きい．当時の南朝鮮における農地改革は，1948年3月，植民地期において日本人が所有していた農地を米軍政府が有償分配することで開始された（第1次農地改革）．また，大韓民国政府樹立から2年後の1950年には，紆余曲折の末，ようやく農地改革法が施行され，非耕作地主の所有農地及び3町歩を超える個人所有農地が，実際の耕作者などに有償分配されることとなった（第2次農地改革）．しかし，地主の中には所有農地を他人名義に変更したり，自らが設立した財団所有とすることで分配を逃れようとするものもおり，農地の分配効果は不十分なものにすぎなかったとの批判もある（朴［1987］など）．それでも，1945年末に35.0％にすぎなかった全農地中の自作地比率は，農地改革施行直後の1950年4月には88.2％にまで増加しており（韓国農村経済研究院［1989:89-90］），この農地改革によって，多くの自作農が誕生し，農村における経済格差が大きく縮小したことは疑いのない事実であろう（倉持［1994］）．

　さらに解放直後の時期においては，日本・満州などからの帰還者，及び南

北分断による北朝鮮からの「越南民」が合わせて200万人以上当時の南朝鮮に流入し，社会の流動性は大きく高まった．また1950年6月に勃発した朝鮮戦争は民間人を合わせて実に200万人以上の犠牲者を出すと共に，戦線の移動に伴って，きわめて多数の避難民を生み出した．これらの社会的激動を契機として，多くの人口が都市に居住することとなり，また農村社会に残存していた伝統的な身分構造も，ある程度弱化したものと考えられる．このような外在的要因による社会的流動性の増大と伝統的階層構造の弛緩が，ひとびとの社会的上昇意欲を全般的に高める重要な背景要因となっているのである．

　1950年代の韓国の都市人口比率は20数％に達してはいたものの，非農業部門の経済基盤は依然として脆弱なものであった．植民地期に設けられた産業施設のうち，大規模なものの多くは朝鮮半島の北半部，すなわち現在の北朝鮮に位置していたことに加え，南半部に存在していた工場も，朝鮮戦争によって壊滅的な被害を受けていた．また第3次産業部門も，その当時は規模が零細で雑業的性格の強いものが多かった．このため，植民地期に比べれば都市人口比率は大きく増加しつつあったとはいえ，都市部においてそれらの労働力を十分に吸収しうるだけの産業は成長しておらず，1950年代の韓国においては失業率が20％近い高率に達していた．また当時の1人あたりGNPは100ドルにも満たず，現在では考えづらいことではあるが，当時の韓国は国際社会において「最貧国」の1つに挙げられるほどであったのである．

2. 産業化の進展と就業構造の変動——産業・職業別就業人口の推移

韓国の産業化プロセス

　1961年の軍事クーデターによって成立した朴正熙政権は，その翌年，「経済開発五カ年計画」を発表すると共に，積極的な経済開発策を矢継ぎ早に実行に移していった．これ以降，韓国は着実に産業化の道を歩んでいくことになるのである．この時期以降の韓国における経済開発政策と成長過程に関しては，概説書を含め，数多くの書籍・論文が発表されているため（服部編

[1987]，渡辺編［1990］など），ここではその詳細に関する論述は控え，本書の議論と密接に関わり合う次の4点に限ってその特徴を指摘しておこう．

第1に，韓国における産業化のスピードは，世界的に類まれなほど急速なものであった．経済成長率が10％を超えることも多く，1960年の時点で100ドルにも満たなかった韓国の1人あたりGNPは，90年代半ばには1万ドルを超えるまでに至っているのである．このようなきわめて圧縮された形での急速な産業化は，先発工業国からの技術移転などを通じて，韓国が「後発性利益」を十分に享受し得たために可能になったものと考えられる（渡辺［1982:4］）．

第2に，韓国の産業化過程は製造業をリーディングセクターとするものであり，また製造業部門の雇用吸収力も非常に大きかった．韓国は第1次経済開発五ヵ年計画の実施当初こそ，フルセット型の工業化を目指す「輸入代替工業化戦略」をとっていたものの，64年からは「輸出指向工業化戦略」へと転じ，国家が積極的に輸出産業の育成を試みていった（木宮［1994］）．このような戦略の下，韓国は当時唯一保有していた資源とも言うべき「安価」で豊富な労働力を武器に，労働集約的産業を集中的に育成することで製品の国際競争力を高め，輸出の拡大を成し遂げていったのである．これにより1960年代には繊維産業などの軽工業部門が大きく拡大し，また70年代以降は重化学工業部門の中でも比較的労働集約性の高い電子産業，造船業などの分野が韓国経済を主導する基幹産業となっていった．このような経済構造変動の過程において，産業間での労働力移動が大きく進んでいったのである．

第3に，韓国の経済発展は，政府が開発の青写真を描き，さまざまな産業政策を通じてその履行をはかるという国家主導型経済発展の性格が強いものであったが，実際の経済活動の大半はあくまで民間企業の手に委ねられてきた．この間目覚ましい発展を遂げてきた「財閥」も，その多くは，選別的に供与されるさまざまな特恵を享受しつつ，政府の開発計画に沿う形で事業を進めることで大きな成長を遂げてきたのである．このため，その過程においては，政府と財閥関係者との間に癒着とも言うべき特別な関係が形成されることとなった．韓国経済が「クローニー・キャピタリズム」（crony capitalism）としばしば称され（Kang［2002］など），財閥による機会独占に対し

て時に多くの社会的批判が寄せられるのもこのためである．

　第4に，韓国政府は，経済開発の過程において厳しい労働抑圧を行ってきた．前述したように，韓国の経済開発戦略は，労働集約的製品の価格競争力を武器に輸出を拡大していくことを目指したものであった．このため，民主化が達成される1980年代後半に至るまで，韓国政府は労働者の権利擁護に対して冷淡な態度を貫き，彼らの組織化を阻み続けてきた．この結果，韓国の経済発展過程において大きな量的拡大を遂げた（主に生産職）労働者達の生活水準は相対的に低い水準に留め置かれ，また彼らの労働条件も劣悪なものであり続けてきたのである．

　韓国の経済成長過程は，日本，台湾などと共に，比較的平等な所得分配と急速な経済成長を同時に成し遂げた事例として，国外の研究者などから肯定的な評価を受けることが多い（World Bank［1993］など）．しかし，韓国内においては，経済成長の恩恵から相対的に疎外されてきたひとびとと，逆に，政府関係者との個人的関係を利用し，庶民層からは想像もできないほど豊かな生活水準を享受してきた特権層との間の貧富の格差が，常に大きな社会問題として意識され続けてきたのである．

産業・職業別就業人口の変動

　1960年代以降の韓国の急速な産業化プロセスは，当然ながらその社会構造に対してもきわめて大きな変化をもたらした．まずは，韓国において5年おきに実施されている人口センサスデータを基に，産業・職業別就業人口の変動を確認しておこう．

　表2-1は，産業別就業人口の推移を示したものである．この表からは，本格的な経済開発の開始される以前の1960年時点において，全体就業者の7割近くが第1次産業（農林漁業）に従事していたことがわかる．また，鉱業・製造業・建設業を合わせた第2次産業人口比率は1割にも満たない低い水準にある[3]．しかし，60年代以降，韓国の第1次産業人口比率はきわめて急速に低下し[4]，90年代においてはもはや10％台にまで至っている．また，表には示していないが，このような産業別人口構造の急激な変動に伴い，都市人口比率も60年の28.0％から95年の78.5％へと短期間の間に大きく上

表 2-1　産業別就業者比率
(%)

年	農林漁業	鉱業・採石業	製造業	建設業	電気ガス水道衛生	卸小売飲食宿泊業	運輸保管通信業	社会個人サービス業	合計
1960	66.2	0.7	6.9	1.8	0.2	8.5	2.1	13.6	100.0
1966	57.2	1.1	12.0	2.4	0.3	10.5	2.1	14.3	100.0
1970	50.9	1.0	14.3	4.6	0.3	12.6	3.3	13.0	100.0
1975	49.0	0.7	17.4	3.8	0.3	13.4	3.4	12.0	100.0
1980	37.8	0.7	22.1	5.2	0.3	16.2	4.3	13.3	100.0
1985	31.1	0.7	23.0	6.6	0.4	17.2	5.2	15.9	100.0
1990	20.9	0.4	27.6	7.1	0.4	19.4	5.2	19.0	100.0
1995	15.9	0.2	23.8	8.6	0.5	22.9	5.3	22.8	100.0

(出所) 統計庁『人口住宅総調査報告書』各年版より筆者作成.

昇している．韓国社会は，きわめて短い期間内に農業社会から産業社会への変貌を遂げたのである．このような変化のスピードは，同じく後発国として急速な産業化を遂げた日本と比べても，さらに著しいものであったと言えよう．

　きわめて急速に縮小していった第1次産業部門の就業者は，世代内・世代間移動を通じて都市産業部門へと吸収されていったのであるが，表2-1からは，そのなかでも第2次産業，特に製造業の雇用吸収力がかなり大きなものであったことがわかる．これは前述したように，韓国が労働集約的な製造業中心の経済成長を遂げてきたことに起因する．製造業従事者人口の比率は，1990年時点で27.6％にまで達しているが，この値は，製造業従事者比率がもっとも高かった1970年前後の日本のそれとほぼ同程度の水準である．

　また，第3次産業人口比率もこれと同様に大きく増加しており，特に卸小売・飲食宿泊業従事者比率の増加は目覚ましい．しかし重要なのは，この間，第3次産業の性格自体も相当に変容しているという点である．本格的な経済成長が開始される以前の1960年時点においては，第3次産業のうちの多くの部分が雑業性の強い零細小売業や零細サービス業によって占められていたのに対して，経済成長の進展に伴って，それらの資本規模や経済的安定性も大きく上昇してきたものと考えられるのである．この問題については後に詳述することとしよう．

　次に，職業別就業人口の推移を確認しておこう．表2-2は，やはり人口セ

表 2-2　職業別就業者比率

(%)

年	専門技術	行政管理	事務	販売	サービス	農林漁業	生産運輸単純労務	合計
1960	2.4	1.3	2.7	8.3	6.1	65.9	13.3	100.0
1966	2.8	0.9	4.3	10.7	5.4	56.8	19.2	100.0
1970	3.2	1.0	5.9	10.2	6.7	51.1	21.8	100.0
1975	3.3	0.8	6.7	10.5	6.5	49.2	23.0	100.0
1980	4.6	1.1	9.5	12.1	7.1	37.6	28.1	100.0
1985	6.1	1.3	12.2	12.6	7.8	30.9	29.1	100.0
1990	7.5	2.1	15.4	14.0	8.8	20.7	31.6	100.0
1995	10.5	4.3	14.5	15.8	11.8	16.1	27.0	100.0

(出所)　統計庁『人口住宅総調査報告書』各年版より筆者作成．
(注)　1995年の値は，人口センサスデータを再分析した洪斗承ほか［1999:47］による．

ンサスデータに基づいて，大分類水準での職業別就業人口の推移を示したものである．韓国の職業分類は1992年に大きな変更を経ているため，この年を前後する期間の比較が非常に難しくなっているのであるが，この表では，人口センサスデータの2％標本を用いて95年時点の職業別就業人口の再推計を行った洪斗承ほか［1999］に依拠することで，92年までの旧分類に基づいたデータの提示が可能になっている．

　この表を見ると，やはり農林漁業職従事者比率がこの間，非常に急速な減少傾向を示していることがわかる．これに対し，60年代以降もっとも大きく拡大しているのは生産関連職である．この間の製造業の急速な成長を受け，生産関連職従事者比率は，60年時点の13.3％から，90年時点の31.6％にまで一貫して大きく上昇し続けているのである．また，専門技術職，行政管理職，事務職従事者の比率も同様に大きく増加しており，この3つを合わせた比率は，60年の6.4％から90年の25.0％へと大きく拡大している．これら各職業従事者の拡大は，産業化の過程における経済活動の分業化と組織化の進展，ならびに技術水準の上昇に起因するものであろう[5]．また，これらに比べるとその伸び率は大きくはないものの，販売職従事者もやはりほぼ一貫した拡大傾向を示している．この傾向は，都市人口の大幅な増大と国民の消費水準の向上によって，この間，流通部門も大きく拡大したことの表れであろう．

社会的資源の統制水準	部　門		
	組織部門	自営業部門	農業部門
上	中上階級	上流階級	—
中	新中間階級	旧中間階級	独立自営農階級
下	勤労階級	都市下流階級	農村下流階級

図 2-1　洪斗承の階級分類

(出所) 洪斗承 [1983a:179].

社会階層構造の変動

　以上のような職業・産業別就業人口の変動過程は，当然ながら社会階層構造の変動過程でもある．ここでは洪斗承の階層・階級モデルに基づきながら，これを確認しておこう．

　洪斗承は，韓国社会の階層・階級分類を行う上で，生産手段の所有／非所有のみならず，それ以外の様々な社会的資源の所有程度と統制水準をも重視すべきであるとの立場に立つ．同時に彼は，組織部門，自営業部門，農業部門という「部門」の別が階層・階級構造と直接的な連関を持つという点を強調し，各部門と，社会的資源の統制水準とを交差させることで，図 2-1 のような階級[6]分類を行っている．農業部門の上層は本来「地主階級」によって埋められるはずであるが，韓国では農地改革によって大規模地主が存在しないため，空欄となっている．また，自営業部門上層である「上流階級（資本家階級）」はその数がきわめて少ないため実証分析からは除外され，結局これらを除いた 7 階級モデルが実際の分析に用いられている．

　洪は，この 7 階級モデルを韓国社会にあてはめるために，職業中分類・小分類の水準においてこれらの階級と各職業との対応関係を示している．それによれば，彼の階級モデルにおける中上階級とは，主に高位管理職（大企業の部長以上，中小企業の社長など）と高位専門職（医師，弁護士，大学教授など）からなり，新中間階級はこの中上階級に含まれない被雇用管理職・専門職，事務職，及び販売・サービス職の一部がこれにあてはまるものとされる．これに対し，勤労階級は被雇用生産職のほか，販売職・サービス職従事者の一部からなる「労働者階級」である．また自営業部門においては，行

表2-3　洪斗承の階級モデルによる階級構成比とその推移
(%)

年	中上階級	新中間階級	旧中間階級	勤労階級	都市下流階級	独立自営農階級	農村下流階級	合計
1960	0.9	6.6	13.0	8.9	6.6	40.0	24.0	100.0
1970	1.3	14.2	14.8	16.9	8.0	28.0	16.7	100.0
1975	1.2	15.7	14.5	19.9	7.5	28.2	12.9	100.0
1980	1.8	17.7	20.8	22.6	5.9	23.2	8.1	100.0
1990	1.9	26.1	19.6	31.3	4.2	13.0	4.9	(100.0)
1995	3.6	25.5	22.2	27.7	8.2	12.1	0.6	100.0

(出所)　洪斗承ほか［1999:141］．
(注)　1995年の構成比は，人口住宅総調査2％標本の再分析に基づくものである．なお，1990年の値の総和は101.0％となっており，いずれかの値に1ポイントのずれが存在する可能性がある．

商・家政婦など，所得が低く，経済安定性も乏しい販売・サービス職などが都市下流階級にあたり，農業部門では，農業労働者，小作農などが農村下流階級に相当する．

　表2-3は，人口センサスデータを基に上記の階級分類に従って，各階級の構成比とその推移を示したものである．これによれば，やはりこの30余年の間に独立自営農階級，農村下流階級がきわめて急激に減少しており，勤労階級が大きく拡大していることが見て取れる．しかし，この勤労階級は90年代に入って一転減少傾向を示している．これは，90年代における製造業からサービス業への産業転換に起因するものであろう．また，新中間階級の推移を見ると，この階級は80年代に至るまで一貫して大きく拡大してきており，90年代前半における縮小幅も勤労階級ほど大きくはない．

　興味深いのは，旧中間階級，すなわち都市自営業層の推移である．財閥系大企業の成長に代表されるように，韓国の産業化過程においては，経済活動の組織化が大きく進んだのであるが，それでも都市自営業層は90年代に至るまで確実に増大してきており，古典的マルクス主義理論が予言するような旧中間層の没落傾向はまったく認められないのである．現在でもこの階層が，韓国社会においてかなりの比重を占めていることを考慮するならば，今後の階層構造及び階層移動分析においても，この階層を積極的に考察の対象としていくことが必要となろう．

3. 各職業従事者の階層的地位とその変化

前節では，産業化に伴う就業構造の変動過程を，人口センサスデータによって示された産業・職業別就業人口構成比の推移を手がかりに眺めた．続く本節では，それぞれの職業に就いているひとびとの報酬や意識にはどのような格差があり，またそれが急速な産業化過程においてどのように変化してきたのかを，これまで行われた社会調査結果を利用しながら検討していく．前節の分析が，各職業従事者の量的変化に関するものだとすると，本節の分析は，その質的変化を明らかにし，それが社会階層構造の変動にどのように結びついているのかを見定めていく作業として位置付けられよう．

1960年代の職業と階層

まずは，李相佰と金彩潤らが1962年に行った韓国最初の本格的な社会階層調査[7]の結果に基づきながら，急速な産業化が開始される以前の韓国社会における各職業従事者の階層的地位を確認しておこう．

この調査の報告書（李相佰・金彩潤［1966］）には，専門職，管理職，事務職，販売職，熟練職，非熟練職という6つの職業別に，年齢，所得，教育水準，階層帰属意識などの分布が示されている．表2-4は，このうち，職業別の個人所得分布を示したものである．この分布を基に各職業従事者の平均所得（100ウォン単位）を算出すると，もっとも所得が高いのは管理職（1万5,900ウォン）であり，それに専門職（1万2,700ウォン），事務職（7,800ウォン），販売職（6,900ウォン），熟練職（4,500ウォン），非熟練職（3,700ウォン）と続く．管理職，あるいは専門職の平均収入は，非熟練職の3-4倍程度にも達しており，職業間でかなり大きな所得格差が存在していることがわかる．また，事務職従事者の所得も非熟練職の2倍程度に達しており，彼らの中には若年層が比較的多く含まれていることを考慮すれば，その所得の高さは特筆すべきものと言えよう．

それに比べれば，熟練職従事者の所得はそれほど高くなく，非熟練職従事者とそれほど変わらない．これは，未だ十分な産業化を遂げていない当時の

表 2-4　職業別所得分布 (1962 年調査)

(%)

	2,000未満	2,000-4,000	4,000-6,000	6,000-8,000	8,000-10,000	10,000-15,000	15,000-20,000	20,000-30,000	30,000以上
専門職	0.0	0.0	9.6	23.1	21.2	28.8	5.8	3.8	7.7
管理職	1.4	7.1	8.6	12.9	4.3	31.4	8.6	11.4	14.3
事務職	6.7	5.6	38.2	27.0	9.0	4.5	2.2	4.5	2.2
販売職	10.8	29.2	24.9	10.8	1.6	11.4	7.6	3.2	0.5
熟練職	8.9	40.0	31.1	13.3	2.2	4.4	0.0	0.0	0.0
非熟練職	18.5	54.3	16.0	3.7	2.5	4.9	0.0	0.0	0.0

（出所）李相佰・金彩潤 [1966:102]．

　韓国社会においては，熟練技能労働に対する需要がそれほど大きくなかったためかもしれない．一方，販売職従事者の所得は，熟練職・非熟練職のそれを大きく上回る水準にある．しかし販売職従事者の所得は散らばりがかなり大きく，「6,000 ウォン未満」が 3 分の 2 程度を占める一方，「1 万ウォン以上」の収入を得ているものも 2 割程度いる．このような所得の散らばりの大きさは，販売職従事者に特徴的な現象であると言えよう．

　販売職従事者内部におけるこのような所得格差は，彼らの従業上の地位，あるいは経営資本規模の差異に対応しているものと考えられる．すなわち，ある程度の規模の固定店舗を有する卸小売店主は専門・管理職と同程度の高い収入を得ている一方，行商人に代表される零細自営販売職，あるいは勤め先に雇われている被雇用販売職従事者の収入は熟練職・非熟練職と同程度に低いものと推測されるのである．

　次に，教育水準の差異を見ると，やはり各職業従事者の教育水準の分布は大きく異なっていることがわかる．表には示していないものの，高等学校以上の学歴を持つものの比率は，専門職が 100 ％，管理職が 82.6 ％，事務職が 60.6 ％となっており，当時の韓国社会の学歴構成を考えるときわめて高い．また販売職ではその比率が 40.2 ％と比較的高いものの，熟練職では 12.0 ％，非熟練職では 12.2 ％にとどまっている．これらの事実からは，1960 年代初頭の韓国社会においてすでに，個人の教育水準が職業機会，さらには所得を規定する重要な要因となっていたものと考えられる．

　各職業従事者の主観的階層帰属意識を見ると（表 2-5），やはり専門職，

表 2-5　職業別階層帰属意識（1962 年調査）　　　(%)

	下の下	下の上	中の下	中の上	上	合　計
専門職	0.0	13.5	48.1	30.8	7.7	100.0
管理職	4.2	8.3	45.8	34.7	6.9	100.0
事務職	11.1	32.2	41.1	14.4	1.1	100.0
販売職	19.4	34.9	37.1	8.1	0.5	100.0
熟練職	31.1	37.8	26.7	4.4	0.0	100.0
非熟練職	39.5	33.7	24.4	2.3	0.0	100.0
全　体	20.6	29.1	35.5	12.5	2.4	100.0

（出所）李相佰・金彩潤［1966:103］より作成．

　管理職従事者の上・中層帰属意識がきわめて高い．専門職従事者の 86.6％，管理職従事者の 87.4％が自らの階層を中層以上であると認識しているのである．またこれに次いで，事務職の 56.6％，販売職の 45.7％も比較的高いものと言えようが，ここで注意すべきは，販売職従事者の階層帰属意識の分布である．

　先の表 2-4 によって確認したように，販売職従事者の中には専門職，あるいは管理職の平均収入以上の高所得者がある程度存在していた．1 万ウォン以上の所得を得ているものの比率（22.7％）は，事務職のそれ（13.4％）に比べても高かった．しかし，階層帰属意識の分布に関しては，販売職従事者の分布の上方はかなり薄く，「中の上」以上と回答する比率は 8.6％にとどまっている．この値は，管理職（41.6％），専門職（38.5％）ばかりか，事務職（15.5％）よりも大きく下回っている．当時の韓国社会におけるひとびとの主観的階層帰属意識は，所得のみによって規定されるのではなく，職業威信をはじめとする非経済的要因によっても大きく左右されていることをうかがわせる結果である．

職業間賃金・所得格差の変化

　では，このような各職業従事者の階層的地位は，産業化の進展と共にどのように変化したのであろうか．この問題の検討のためにここで利用するのは，1990 年に韓国社会科学研究協議会によって行われた「不平等と衡平に対する調査」（以下，90 年衡平調査）の原データである．この調査は，韓国にお

表 2-6　職業別平均収入（1990 年調査）　　　　　　　　　（万ウォン）

	専門技術	管理	事務	販売	サービス	生産関連	農林漁業	全体
平　均	91.5	131.8	68.8	86.8	79.0	58.5	38.5	66.6
標準偏差	51.6	85.3	35.5	63.6	54.9	26.5	32.6	51.3
サンプル数	93	72	203	295	102	359	417	1,541

（出所）90 年衡平調査データより筆者作成．

ける社会的資源の分配実態と，これに対する平等・公正性意識に関する全国規模の社会調査（有効サンプル数：1,974）であり，調査の設計と実施段階において払われた細心の注意によって，データの信頼性は非常に高いものとなっている[8]．

　この調査データに基づき，職業大分類（旧分類）レベルで本人の月平均所得（男子のみ，無給家族従事者を除く）を職業別に示したのが表 2-6 である．平均所得がもっとも高いのは管理職の 131.8 万ウォンであり，それに専門技術職（91.5 万ウォン）が続いている．職業カテゴリーが完全には一致しないため厳密な比較は難しいが，1962 年調査結果と比べて興味深いのは，販売，サービス，生産関連職従事者の所得がかなり高いという事実である．もともと現金収入の少ない農林漁業職を除けば，もっとも平均所得の低い生産関連職と，もっとも高い管理職との格差は 2 倍強に過ぎず，1962 年調査に比べれば概して職業間での所得格差が縮小しているようにも見える．また販売職従事者（86.8 万ウォン），サービス職従事者（79.0 万ウォン）の平均所得は，事務職従事者の平均所得（68.8 万ウォン）を大きく上回っている．もちろん販売，サービス職従事者所得の標準偏差は，所得の平均値に比べてかなり大きく，内部における所得格差がかなり大きいことがうかがえるが，それでも所得平均の職業間格差がここまで縮まっているという事実には特に注目すべきであろう．

　このような職業間での経済的報酬格差の縮小傾向は，労働部が毎年行っている「職種別賃金実態調査」（92 年からは賃金構造基本統計調査）データによっても裏付けられる．この調査は従業員 10 人以上の事業体の被雇用者を対象とした事業体単位での標本調査であるが，この調査報告書に基づき，全体平均を 100 とした場合の各職業従事者の相対的な平均賃金を，職業分類変

図 2-2 職業別相対賃金の推移

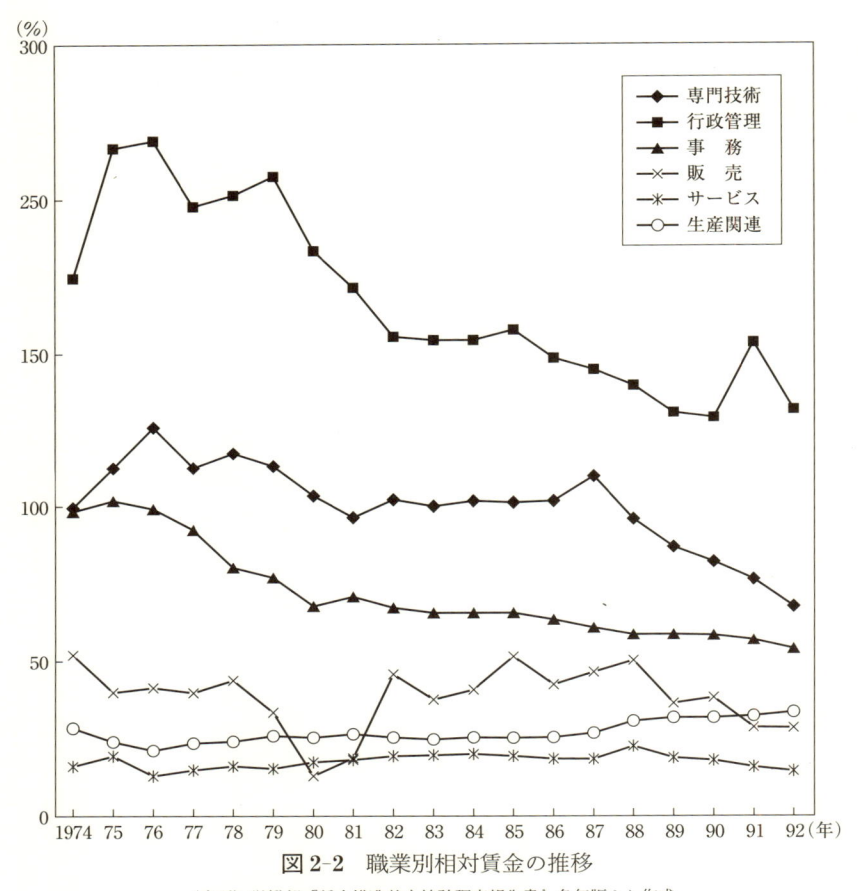

(出所) 労働部『賃金構造基本統計調査報告書』各年版より作成.

更の影響を受けない範囲 (1974-92年) で示したのが図2-2である．このグラフを見ると，行政管理職と生産関連職との間の賃金格差は，1975年には3.59倍に達していたのに対し，その後格差は徐々に縮小し，1992年には2.16倍にまで圧縮されている．このほか，専門技術職，事務職の平均賃金も相対的にはかなり下落しており，その他の職業間においても賃金格差は縮まっている[9]．このような調査結果からも，急速な産業化を経ていく中で，韓国における職業間賃金格差は大きく縮小していったと言えるだろう．

このような賃金構造の変動はいかなる要因によってもたらされたのであろうか．第1に指摘しうるのは，この間の労働力需給関係の変化である．経済開発が進み，労働集約的産業が急成長していく中で，韓国はルイス・モデルの「転換点」を1970年代に通過し，それ以降，労働力の需給関係が，非熟練労働力の無制限的供給局面から制限的供給局面へと変化したものと見られている（渡辺［1982：135-142］）．産業化に伴う雇用の拡大とそれに伴う非熟練労働力需給の逼迫によって，彼らの賃金が相対的に上昇し，職業間での賃金格差も次第に縮小していったものと考えられるのである[10]．

第2に，1987年の民主化以降，労使紛争が激化し，その結果生産職従事者の賃金が大幅に上昇したことも，賃金格差縮小の一因となっている．前述したように，民主化以前の時期，韓国政府は集団賃上げ闘争などの労働行為を厳しく制限してきたため，（主に生産職）労働者の賃金が労働力の需給関係によって決定される均衡水準よりも低く設定されるケースも多かったと考えられる．80年代後半以降の労働運動の激化は，このような制度的な賃金抑制要因の影響を完全に取り除いたのである[11]．

このほか，高等教育修了者の大幅な増加も，ホワイトカラー職従事者賃金の低下をもたらすことで，職業間賃金格差の縮小を導いた可能性がある．この問題は第4章において詳細に検討していくこととする．

都市自営業者の階層的地位の変化

では，都市自営業者の所得にもこれと同様の傾向が認められるのであろうか．すなわち，労働力需給の変化などによって被雇用販売・サービス・生産関連職従事者の賃金が相対的に上昇していく中で，これらの職種に従事する自営業者の所得も同様に上昇したのであろうか．90年衡平調査データに基づき，従業上の地位別にこれら3職種の平均本人所得を見ると，販売職従事者の場合，被雇用者の62.5万ウォンに対して自営者（雇用主含む）は89.4万ウォンとなっており，サービス職従事者の場合は被雇用者が43.4万ウォン，自営者が96.8万ウォン，生産関連職の場合，被雇用者が54.3万ウォン，自営者が76.6万ウォンと，自営であるか被雇用であるかによって平均で20数万ウォンから50数万ウォンもの所得の違いが生じている．販売職とサー

ビス職に従事する自営者の平均所得は，事務職従事者の平均所得をはるかに超え，専門技術職従事者とほぼ同水準か，それよりやや多い程度にまで達しているのである．

　1980年代前半に至るまで，韓国における都市自営業は，他の発展途上国と同様「都市インフォーマルセクター」[12]として捉えられ，その雑業性が強調される場合が多かった．1980年代初頭に発表した論文において裵茂基が，都市部における従業員10人未満の自営業および零細企業を「都市伝統部門」と措定し，「都市伝統部門就業者には，開業している医師や弁護士をはじめとする高所得者層の専門職や，比較的利潤の高い小規模商工業も含まれるものの，その数は多くはなく，やはりその大部分は労働所得水準が非常に低く，就業状態が非常に不安定で，さらに作業条件も劣悪な部門に従事している就業者によって構成されている」（裵茂基［1982:573］）としているのもこの一例である．

　具海根と洪斗承は，1976年にソウル市住民を対象として行った社会調査を基に，階層間での所得の比較を行っている．彼らの調査結果によれば，資本家層，新中間層，旧中間層，労働者層，周辺（雑業）層の月平均所得は順に，18万2,050ウォン，14万2,240ウォン，12万480ウォン，7万5,100ウォン，4万7,380ウォンと階層間でかなりの所得格差が生じている（Koo and Hong［1980:620］）．このうち，全体サンプルの10数％を占めている周辺（雑業）層とは，行商・露天商をはじめとする雑業的な自営業者によって主に構成される階層なのであるが，この階層に属するひとびとの平均所得は，企業などに安定的に雇用されている労働者層に比べてかなり低い水準にある．また，旧中間層の所得はこのような雑業的自営業者を含まないにもかかわらず，専門技術・管理・事務職従事者からなる新中間層よりも低いものとなっている．これらの事実からは，少なくとも1970年代における韓国の都市自営層は，少なくとも所得の面から言えば，裵の指摘がある程度妥当するような雑業的性格の強い階層であったことがうかがえる[13]．

　しかし，先ほど平均所得を提示した販売・サービス・生産関連職の自営業者には，当然ながらそれまで「雑業的」と捉えられていた職種の従事者も含まれている．にもかかわらず，これら自営業者の平均所得は，専門技術職，

事務職など，これまでの韓国社会において比較的高い収入が得られてきた職業従事者の平均所得とほとんど変わらないか，あるいはそれを上回っているのである．もちろん，都市自営層のすべてがそのような高い収入を得ているわけではなく[14]，その零細性ゆえに不安定な就業状況に置かれているひとびとも存在しはするものの，全体的に見ればこの間の経済成長が都市自営層の収入を大きく上昇させ，彼らの生活水準を引き上げてきたと言えるだろう．

これに対し，農林漁業職従事者の所得は非常に低い．もちろん，多くの農家においてある程度の食糧自給がなされていることを考えれば，実際の生活水準は現金収入水準ほど低くはない可能性もあるが，それでも他職種と比べた場合の所得の低さは際だっている．このような所得格差も，農業部門からの急速な人口流出を招来した一因となっているものと考えられる．

教育水準と主観的階層帰属意識

最後に，各職業従事者の教育水準と主観的な階層帰属意識を比較しておこう．これまでの分析結果に基づけば，販売・サービス・生産関連職従事者は，被雇用者と自営者とでその階層的地位が大きく異なっていることが予想されるため，両者を分離し，また販売・サービス・生産関連の3職種は互いに性格が類似するため職種区分を行わず，「販売・サービス・生産関連職被雇用者」と「販売・サービス・生産関連職自営者」という2つの範疇にまとめた上で分析を進めていく[15]．

90年衡平調査データに基づき，各職業従事者の教育水準分布を比較してみると，やはり専門技術，管理，事務職従事者の教育水準がきわめて高いことがわかる．高卒以上の学歴を有する比率は，専門技術職が97.9％，管理職が94.4％，事務職が89.7％と高いのに対し，販売・サービス・生産関連職自営者が61.8％，販売・サービス・生産関連職被雇用者が52.1％，農林漁業職が27.9％となっている．ただし，販売・サービス・生産関連の自営者と被雇用者の間の教育水準の相違は比較的小さい．にもかかわらず，生産手段を所有するか否かの違いによって，両者の間には前に見たような大きな所得の格差が生じているのである．

次に，表2-7は「韓国社会の最上層を7とし，最下層を1とした時，あな

表 2-7 職業集団別階層帰属意識 (1990 年調査) (%)

	1 (最下)	2	3	4 (中間)	5	6	7 (最上)
専門技術職	0.0	4.3	25.5	53.2	14.9	2.1	0.0
管理職	2.8	2.8	29.2	41.7	20.8	2.8	0.0
事務職	4.4	6.9	37.3	42.6	8.8	0.0	0.0
販売等自営者	7.6	17.2	37.7	31.0	5.7	0.5	0.2
販売等被雇用者	14.9	29.3	33.8	20.0	2.0	0.0	0.0
農林漁業職	22.5	26.2	24.3	25.1	1.9	0.0	0.0
合　計	12.2	19.6	32.0	30.2	5.5	0.4	0.1

(出所) 90 年衡平調査データより筆者作成．

たはどこに属すと思いますか」という質問によって捉えられたひとびとの主観的階層帰属意識を職業別に示したものである．ここで仮に最中位の 4，及びこれに隣接する 3 と 5 のカテゴリーを「中層」と捉えると，専門技術職，管理職，事務職従事者の 9 割前後が中層意識を持っていることがわかる．また，販売等自営者の中層意識も 74.4％と比較的高い．これに対して，販売等被雇用者と農林漁業職従事者は，この比率がそれぞれ 55.8％，51.3％となっており，カテゴリー 1 及び 2 の「下層」を選択している比率とそれほど変わらない．これらの事実から，販売・サービス・生産関連職従事者に関しては，所得のみならず主観的な階層帰属意識の面においても，自営者と被雇用者の間に大きな格差が存在していることがわかる．しかし同時に，販売等自営者の主観的階層帰属意識は，専門技術職，事務職従事者よりもかなり下方に分布している．販売等自営者の所得は，専門技術職や事務職と同等かむしろ上回っていることを想起すれば，販売等自営者の階層帰属意識の低さは注目に値する．これはやはり，都市自営層の経営の不安定性，あるいは次節で述べる職業威信の格差に起因するものと考えられる．

4. 韓国社会における職業威信構造の特徴

こんにちの社会において，ひとびとの就いている職業が個人の階層的地位を左右するのは，賃金や所得といった経済的報酬の格差を通じてのみではない．それと同様に重要であるのは，各職業に付随する威信，すなわち職業威

信の問題である．職業威信とは，狭義ではその職業自体に付与される名誉，他者からの敬服，およびそれらに基づく社会的影響力を意味するが，実際には狭義の威信のみならず，収入や権力を含めた上での職業の社会的地位の総合的評価を意味することも多い（岡本［1993］）．ひとびとの職業に対する不平等な価値付けとしての職業威信が「ある場合には，人々にとって望ましい職業として，彼らの職業選択における指向に影響を及ぼし，ある場合には，人々の自らの職業にたいするコミットメントに影響を及ぼすもの」（直井・鈴木［1977:152-153］）である以上，韓国社会における教育達成意欲，あるいは教育を通じた社会的上昇意欲の性格解明のためには，職業威信構造の特徴とその変化について十分に理解しておく必要があろう．

本章第1節において指摘したように，朝鮮の伝統社会には，精神労働を高く価値付けるとともに，商工業を低く見る儒教的職業観が浸透していた．このような職業観は製造業を基軸とする急速な産業化過程においてどのように変化したのであろうか．また，それによって現在の韓国社会の職業威信構造はどのような特徴を持つに至っているのだろうか．

産業化以前の職業威信構造

威信調査を通じて韓国における職業威信の序列構造を明らかにしたもっとも初期の研究としては，李萬甲［1957］がある．しかし，この研究は都市部の高校生のみを調査対象としているという点でやや限定的なものとなっている．これに対し，前節でも引用した李相佰らによる調査は，調査時期こそ1962年とやや下るものの，一般成人を対象としており，調査規模も十分に大きいという長所を持つ．ここでは，この李相佰らによる調査結果に基づいて，本格的な産業化が開始される以前の韓国社会における職業威信構造について検討してみよう．

李相佰らの調査では，代表的な32の職業に関して，それぞれの「社会的地位」の高さを5段階で評価する形で，対象者の職業評価を問うている．表2-8は，これを0点から100点までのレンジに変換し直し，その平均をとることで算出した各職業の威信得点である．

この表からまず見て取れるのは，職業間での威信得点の格差がきわめて大

表 2-8　職業威信得点（1962 年調査）

	職　業	平均得点
1	大学教授	85
2	医　師	75
3	弁護士	72
4	政治家	68
5	技　師	66
6	将校（佐官）	60
7	官庁の課長	57
8	会社の課長	55
9	牧師・神父	54
10	自作農	52
11	小学校教師	51
12	新聞記者	51
13	社　員	37
14	鉄道駅員	32
15	小売商主人	32
16	請負業者	30
17	警　官	27
18	小作農	25
19	運転士	24
20	鉱　夫	21
21	漁　夫	19
22	大　工	18
23	職　工	17
24	古物商	17
25	店　員	16
26	理髪師	16
27	外務宣伝員	15
28	料理士	13
29	行商人	11
30	不動産屋	9
31	リヤカー人夫	8
32	ボーイ	6

（出所）李相佰・金彩潤［1966:43］.

きいという事実である．この点は，李相佰ら自身も，韓国の職業威信得点を米国，英国，日本のそれと比較した上で指摘しているところであり，彼らはこのような比較を通じて，韓国社会は（英国社会と共に）「職業による差別意識が特に強い」（李相佰・金彩潤［1966:45］）と結論付けている．

この表 2-8 から，具体的な職業威信序列を見ていくと，まず上位に並ぶのは専門技術職の各職業であり，これに管理職，事務職が続くという順序になっている．これに対し，サービス，販売，生産関連職の評価得点はきわめて低い．上から 12 番目の新聞記者（51 ポイント）と 13 番目の社員（37 ポイント）の間には威信得点の大きな懸隔が存在しており，ここを境として各職業は「高威信職業群」とそれ以外とに大別することができようが，この高威信職業群に属するのはほとんどが専門技術，管理，事務職となっている．このことからも，韓国における職業威信構造には，専門・管理・事務職と販売・サービス・生産関連職との間に，相当大きな威信の格差が存在していると言えるだろう．そして，このような職業間での威信序列は，概して，表 2-4 で示した職業集団間での所得序列とほぼ一致しているのである．

ただし，個々の職業の威信得点を詳細

に検討するといくつかの興味深い特徴を発見しうる．まず注目されるのは，「自作農」に対する評価がかなり高く（52ポイント），前述の「高威信職業群」に含まれているという点である．また，農地を所有しない「小作農」の場合も，多くのサービス・販売・生産職よりやや高い評価となっている．これは，全体的に所得水準が低く，都市部の貧困も甚だしかった当時の韓国社会において，「食糧を十分に得られるかどうか」が人々の生活水準を分かつ重要な基準となっていたことによると考えられる．

また，概して都市自営業者への評価がかなり低い点にも注目すべきであろう．小売商主人，請負業者，古物商などは，被雇用のサービス・販売・生産関連職よりはやや威信得点が高いものの，事務職や自作農などよりはかなり低い評価にとどまっている．これは，前節で述べたように，当時の都市自営業が雑業的な性格を強く帯びていたことに起因するものであろう．

李相佰らもその可能性を指摘しているように（李相佰・金彩潤［1966：43］），以上のような韓国の職業威信構造は，各職業従事者の実際の収入や生活水準の高低を反映していると同時に，伝統社会の儒教的職業観の影響を大きく受けたものでもあると考えられる．本章第1節で概観したような，精神労働を重視し，商工業に関連する職業を低く見る伝統的職業観が，韓国職業威信構造の重要な特徴の1つでもある販売・サービス・生産関連職に対するきわめて低い評価を生み出しているものと思われるのである[16]．

産業化以降の職業威信構造

このような特徴を持つ韓国の職業威信構造は，急速な産業化を経ていく中で，どのように変化し，また変化しなかったのであろうか．そしてその結果，韓国における職業威信構造はどのような特徴を持つに至っているのであろうか．ここでは前節と同様，90年衡平調査の原データを用い，職業威信研究の蓄積が厚い日本の事例と比較しながら，これらの問題を検討することとしよう．

90年衡平調査においては，30の具体的な職業に関して，その社会的地位の高低が5点尺度でたずねられている．これを同様に0点から100点のレンジに変換し直し，各職業に対する評価の平均値（および標準偏差）を降順に

表2-9 職業威信得点 (1990年調査)

	職　業	平均得点	標準偏差
1	判　事	93.0	16.0
2	大学教授	89.2	17.3
3	軍将校	82.3	23.9
4	官公庁局長	79.5	19.7
5	大会社部長	72.3	18.5
6	薬剤師	70.2	19.8
7	新聞記者	67.7	20.7
8	中学教師	62.7	18.7
9	銀行係長	62.6	18.8
10	電子代理店社長	61.0	21.3
11	中小企業課長	59.8	17.6
12	スーパー主人	44.9	20.9
13	飲食店主人	43.4	19.9
14	洞事務所職員	41.1	17.7
15	交通警察官	39.4	20.3
16	工場作業班長	36.1	20.0
17	自営農	35.9	25.6
18	洗濯所主人	33.4	20.1
19	コック長	31.4	21.9
20	タクシー運転手	29.3	19.1
21	理髪師	25.9	19.5
22	デパート店員	23.8	18.6
23	大　工	23.0	22.4
24	工場勤め工員	17.3	20.2
25	ミシン工	16.5	19.1
26	鉱　夫	14.4	20.0
27	アパート警備員	14.1	17.8
28	行　商	11.0	17.9
29	派出婦	9.9	16.7
30	単純労務者	8.5	17.4

(出所) 90年衡平調査データより筆者作成.

ならべたのが表2-9である．

　この職業評価の平均値，すなわち90年時点における韓国の職業威信得点は，判事の93.0ポイントから単純労務者の8.5ポイントまでの開きがあるが，その標準偏差には職業間でそれほど大きな違いがない．日本の1975年SSM[17]威信調査結果に関して，直井と鈴木は「全体として，中位に位置する職業は，散らばりが小さく，上位や下位に位置する職業については，散らばりが大きい」(直井・鈴木 [1977:127-128]) という職業威信評価の特徴を指摘しているが，韓国の事例に関してはそのような特徴は認められない．ただ，個別に見ると，自営農，軍将校の標準偏差がやや大きい．自営農に対する評価の散らばりが大きいのは，農業従事者自身は自営農の地位を非常に低く評価しているのに対し，田園生活に対する憧憬のためか，農業以外の職業従事者がこれをそれなりに高く評価しているためである (洪斗承 [1992:155])．また，軍将校に対する評価の散らばりは，1960年代以降，軍人出身者が政権を掌握し続けてきたことに対する評価の相違に基づくも

のと推測される．

　では1990年の韓国社会における職業威信とその序列構造に関しては，いかなる特徴を見出せるのであろうか．まず序列構造の全体的な特徴を把握するため，1995年SSM調査によって得られた日本の職業威信得点と比較してみよう．両者間で共通する16の職業に関して，韓国の威信得点（Y）を日本のそれ（X）（都築編［1998］）に回帰させた結果が以下の通りである[18]（カッコ内は標準誤差）．

$$Y = -49.214 + 1.656\,X$$
$$(8.127)\ \ (0.138)$$
$$R^2 = 0.911$$

　決定係数0.911の正の平方根は0.954となり，この値が日本と韓国の職業威信得点間の相関係数となる．これまで行われた各国間での職業威信の比較研究（Inkeles & Rossi［1956］, Treiman［1977］など）をふまえると，この相関係数はかなり高い．韓国における職業威信構造は，少なくとも相対的な序列関係に関しては，日本のそれと比べて特に大きな差異はないものと言えよう．

　しかし，その「相関性」においては類似していたとしても，やはり威信得点の絶対的水準には大きな相違が存在する．この単回帰分析によってXの回帰係数値は1.656と推定されているが，これは韓国における職業間の威信得点格差が日本よりも1.7倍程度大きいことを意味する．これは，表2-9にも示されているように，韓国においては非ホワイトカラー職業群の得点が著しく低いという事実に起因するものであろう．

　もちろん，このような威信得点の格差は，職業評定における「もっとも低い」から「もっとも高い」までの評定カテゴリーの選択傾向に起因して生じているものである．直井・鈴木［1977］にならって，「もっとも高い」と「やや高い」を，また「もっとも低い」と「やや低い」をそれぞれ合併し，より頑強な「高い」「ふつう」「低い」の3分類によって日本と韓国における各職業の評価分布を比較してみよう．

　韓国においては，30の職業のうち，「高い」という評価がもっとも多いも

のが10職業,「普通」がもっとも多いものが4職業,「低い」がもっとも多いものが16職業となっている. これに対して日本の1995年SSM調査の場合, 56の職業のうち,「高い」がもっとも多いのが18職業, 残りの38職業は「普通」がもっとも多く,「低い」がもっとも多い職業は1つも存在しない. これは1975年のSSM調査に関しても同様であり,「低い」を頂上とする単峰型分布を持つ職業はかなり少ない. もちろん被評定職業の違いは存在するにせよ, 韓国では職業間の威信の格差がきわめて大きなものとして捉えられており, 各職業への評定も「高い」か「低い」かに二極分化する傾向が強いものと結論付けられよう.

威信序列の安定性

各職業の威信得点を見てみると,「11 中小企業課長」と「12 スーパー主人」との間に非常に大きな懸隔が存在することが注目される. また3分類による評価分布を見ても,「1 判事」から「11 中小企業課長」までの高威信グループは「高い」が回答の4割以上を占めるのに対し,「12 スーパー主人」以降はこの比率が高くとも1割程度に過ぎず, 逆に「低い」比率が急増する. また後者に関してはさらに,「普通」がもっとも多い (あるいは「普通」と「低い」がほぼ同比率である)「12 スーパー主人」から「15 交通警察官」の中威信グループと,「低い」が圧倒的に多い「16 工場作業班長」以降の低威信グループとに分けられる.

重要なのは, 威信評価分布と威信得点に基づくこのような職業分類が, 職種あるいは従事上の地位に基づいた職業分類ときれいな対応関係を持つという事実である. 高威信グループは, 専門技術職, 管理職, 事務職というホワイトカラー職によって占められている. 12番目以降にはそれ以外の職業, および現業的性格の強い事務職が含まれるが, さらに分類すれば中威信グループには自営の販売・サービス職, および事務職が含まれ, (洗濯所主人と自営農を除けば) それ以外の被雇用販売・サービス・生産関連職が低威信グループに属す, という明確な分化が生じているのである.

このような韓国における職業威信序列の基本構造は, 李相佰らの調査が実施された62年の時点からそれほど変化していないものと言えるだろう. 前

節において確認したように，職業間の賃金・所得格差は産業化の進展と共にかなりの程度縮小されているにもかかわらず，職業威信の格差はそのまま維持され続けているか，むしろ拡大しているようにさえ見える．1962年調査結果と比べれば，専門技術職，管理職の中にはこの間に威信得点がかなり上昇している職業が存在するにもかかわらず，被雇用販売・サービス・生産関連職の威信得点は概して数ポイント程度しか変化しておらず，相変わらず低位にとどまっている．特に工員やミシン工など，製造業主導の急速な経済成長に対する貢献が著しい現場の技能職に対する評価は，産業化を経た後にもほとんど変わっておらず，また熟練技能に対する評価もあいかわらず低いと言えよう．金璟東は，1967年と78年に行った社会調査結果を基に，各職業の社会的地位に対するひとびとの評価と，経済発展への貢献度に対する評価との間にはまったく相関がないという事実を明らかにしているが（金璟東［1979］），以上の考察結果はこのような指摘とも合致するものであろう．

しかしながら，具体的に各職業の威信得点を見ていくと，この間の経済的報酬の変化を受けて，職業威信の序列構造における相対的な位置が少なからず変化している職業も存在する．その中でも特筆すべきは「自営農（自作農）」の位置の変化であろう．62年の時点の威信得点は52ポイントで，一部の専門職とならぶ「高威信職業」であったのに対し，90年にはそれが35.9ポイントまで下落しており，自営および被雇用販売・サービス職と大差ない水準にある．この間の絶対的貧困の解消と，第2次・第3次産業の発展がこのような相対的位置の変化を招いたものと考えられる．

このほか，産業化過程において経済的地位が大きく変化した職業としては，都市自営業を挙げることができよう．前節においても確認したように，本格的な産業化の開始以前の都市自営業は雑業的性格が強く，所得水準も非常に低かったのであるが，経済成長と共に彼らの平均所得は上昇し，事務職や専門技術職と同程度の水準にまで達している．しかし彼らの職業威信は，その経済的報酬水準ほどには上昇していない．90年の職業威信得点を見ると，「スーパー主人」が44.9ポイント，「飲食店主人」が43.4ポイントと，「洗濯所主人（33.4）」を除けば都市自営業者は中威信グループに属すが，それでも多くのホワイトカラー職との間には大きな威信の格差が存在している．

このような事実からも，韓国における職業威信構造は，経済的報酬の変化などに敏感に反応して変化するものではなく，「伝統的職業観」をはじめとする歴史的・文化的要因を背景として，ある程度強い安定性を持ったものであることが理解できるだろう．

職業威信評価の評価者属性効果

このような特徴を持つ韓国の職業威信序列は，社会の構成員にあまねく共有されているものと言えるのだろうか．それとも，社会の下位集団ごとにそれぞれ異なる威信序列が存在し，ここで示された職業威信得点は単なる平均の産物に過ぎないのであろうか．ここでは，評価者の属性が職業威信評価に及ぼす影響を見ていくことで，この問いに答えていこう．

まず，評定者の性別，年齢，教育段階，職業の違いが職業威信評定に及ぼす影響を簡単に検討してみよう．それぞれの属性変数に関するカテゴリー内訳は表 2-10 に示した通りである．まずここで示されている評定者のカテゴリーごとに，これまでと同様に 30 の職業に関して職業威信得点を求め，さらに各属性変数ごとに，そのカテゴリーのすべてのペアに関して威信得点の積率相関係数を算出した．この表 2-10 は，こうして求められたカテゴリーペア間での職業威信得点の相関係数の平均値，ならびにその最低値と最高値を示したものである．この表を見ればわかるように，各属性カテゴリー間での職業威信得点の相関係数はきわめて高く，最低でも 0.98 以上の値となっている．評価者の属性が職業評価に及ぼす影響は，その相関性の次元においては，ほとんど存在しないと言えよう．

また，先に示した「高い」「普通」「低い」の 3 分類に基づき，職業評価の分布自体を職業評定者の属性別に比較しても，各職業に対する評価の分布にはカテゴリー間で大きな違いがない．これは評定者自身の職業に関しても同様であり，自らが就いている職業の威信をとりたてて高く，あるいはとりたてて低く評価する傾向は，前述した「自営農」など限られたケースを除いては，ほとんど存在しないのである．この点でも，韓国における職業威信構造は非常に安定的なものであると言える．

このような職業威信構造の強固さゆえ，販売・サービス・生産関連職を中

表 2-10　各属性変数のカテゴリーと下位集団間相関係数

変　数	カテゴリー		相関係数
性　別	男　性 女　性		0.998
年　齢	20代 30代 40代 50代 60代以上	平均 最高 最低	0.996 0.999 (30代×40代) 0.990 (20代×60代以上)
教育水準	非就学 国民学校 中学校 高等学校 専門大学 大学以上	平均 最高 最低	0.994 0.999 (高校×専門大学) 0.984 (非就学×大学以上)
職　業	専門技術 管　理 事　務 販　売 サービス 生産労務 農林漁業	平均 最高 最低	0.994 0.998 (販売×生産) 0.985 (管理×農林漁業)

(出所) 90年衡平調査データより筆者作成.

心に，多くの非ホワイトカラー職従事者が，自らの就いている職業に対して非常に否定的な評価を下すこととなる．90年衡平調査データに基づけば，生産関連職従事者の83.9％が「工場勤め工員」の地位を「低い」と評価しており，この比率は生産関連職以外の職業に就いている評定者が「低い」と評価する88.5％と大差がない．このような傾向はサービス・販売職従事者にも同様に認められ，韓国では非ホワイトカラー職従事者を中心に多くの就業者が，自らの就いている職業的地位に対して非常にネガティブな評価を与えているのである．このような職業間での大きな威信格差と威信序列の強固さが，自らの職業的地位に対する不満足感を多くのひとびとに抱かせることとなり，結局はそれがひとびとの職業的地位上昇志向を高めてもいると考えられよう．

小　結

　朝鮮王朝末期から今日に至るまでの韓国（朝鮮）社会は，植民地支配，解放後の南北分断と朝鮮戦争，農地改革，さらにはその後の急速な産業化の進展と，まさに劇的な変化を経てきたのであり，この過程において，伝統的な社会構造も急激な変容を遂げてきた．もちろん社会階層構造もこの例外ではない．伝統的な身分構造と農地所有規模とによって規定されていた農村社会の階層構造は，この劇的な変化の過程において大きく弛緩することとなり，社会の流動性は急速に高まった．このような伝統的社会構造の弛緩と社会的流動性の増大は，その後の韓国において，ひとびとの社会的上昇移動競争への汎階層的な参加をもたらす重要な背景要因になっているものと考えられる．
　また，産業化の進展に伴う社会構造の変化はさらに甚だしいものであった．農業従事者の減少，および企業等に雇用されるホワイトカラー職とブルーカラー職従事者の増大は，韓国に限らず産業化過程にある国々において一般的に観察される現象であるが，韓国の産業化は他国よりもはるかに「圧縮」された急速なものであったが故に，このような職業構成の変化もはるかに急激なものとなった．韓国の都市諸階層はこのような劇的な変化の過程を経ながら形成されたものであり，その多くが世代間・世代内移動を経て現階層に到達した「第一世代」なのである（Hsiao [1999]）．韓国の急激な産業構造変動は，ひとびとにきわめて多くの階層移動機会を提供するものだったと言えよう．
　一方，各職業従事者の社会経済的地位も，産業化の過程において大きく変化している．本格的な産業化が始まる以前の時点では，ホワイトカラー職と非ホワイトカラー職の間の賃金格差は相当に大きなものであったが，非熟練余剰労働力の消滅を一因として，賃金格差は1970年代以降徐々に縮小している．また，以前は「都市インフォーマルセクター」として理解されていた都市自営層も，急速な経済成長過程において雑業的性格を次第に失い，平均的にはかなり高い所得を得るに至っている．
　しかしこのような激しい賃金・所得構造の変動にもかかわらず，職業威信

の構造はそれに見合うほどには変化していない．もともと韓国は，伝統的職業観の影響を受け，職業間での威信格差がかなり大きな社会であったが，産業化を経た後の威信構造を見ても，自作農の相対的威信の低下が目につく程度で，専門技術・管理職から，被雇用販売・サービス・生産関連職へと連なるきわめて明確な序列構造と威信の大きな格差自体には，ほとんど変化が見られないのである．職業間での経済的報酬体系の変化に比べれば，職業威信の構造はきわめて安定的なものであると言えよう．韓国の職業威信構造は，依然として伝統的な職業観の影響から完全に解き放たれてはおらず，基本的にはそれを継承した社会構成員相互の「まなざし」によって職業威信の大きな格差が再生産され続けているものと言えるだろう．また，このような威信構造はきわめて強固でかつ安定的なものであるため，現在の韓国社会においても，被雇用非ホワイトカラー職従事者を中心として，多くのひとびとが自らの職業的地位をネガティブに評価している．このような，自らの職業的地位に対する「不満足」が，ひとびとの職業的地位上昇意欲を汎階層的に高める一因となっているものと考えられる．

　以上の分析を通じては，韓国社会においても，やはりひとびとの職業が個人の階層的地位を大きく左右しているという事実が認められた．第II部の実証分析においては，本章において明らかにされた韓国の職業構造の特徴，あるいは職業威信構造の特徴が，ひとびとの社会経済的地位達成メカニズムとそれに関する諸行為にどのような影響を与えているのかにも十分に考慮しつつ，分析を行っていかねばならないだろう．

1） ただし，多くの両班は，経済階層としては（実質的）地主であり，大きな経済力を有していた．
2） 特に1930年代前半から1940年代後半の時期においては，朝鮮の「兵站基地化」策によって，工業部門が一定の成長を示し，工業部門就業者数もある程度増加している．しかし，基本的にこの時期の「工業化」はどちらかといえば資本集約性の高いものであったため，やはり十分な雇用吸収力を持ちうるものではなかった．
3） 韓国では，建設業が第3次産業に含められることもあるが，ここでは日本の慣例に従い，第2次産業に含めている．

4） ただし，農林漁業従業者の絶対数自体が減少に転じたのは，1970 年代後半以降のことである．
5） 専門技術職従事者の増大は，次章で扱う爆発的な教育拡大に伴って「教育関連専門職」が大きく増加したことにも起因する．
6） 洪斗承のモデルでは「階級」という語が用いられているものの，その中身は日本の社会学における「階層」概念に近い．
7） この「社会階層と階層移動に関する調査」は，ソウル・大邱・全州に居住する男子世帯主675名を対象としたものである．サンプルに農業従事者は含まれない．
8） 本調査の詳細に関しては，黄一清［1992］を参照のこと．なお，原データの入手に関しては，車鐘千教授（成均館大学社会学科）のご尽力とご配慮を頂いた．この場を借りて深く感謝したい．
9） この表において，販売職従事者の賃金の変動幅が大きいのは，彼らのサンプル自体がきわめて小さいこと（全体の1％未満）による．これは，韓国における販売職従事者の大半が自営業者，あるいは零細商店の被雇用者であったためである．
10） しかしその後のグローバル化の進展は，韓国における非熟練労働者の賃金を，ルイス・モデルが想定したほどには大きく引き上げなかった可能性がある．
11） ただし，この時期の生産職従事者の賃金上昇は，背景に熟練・非熟練技能労働力の不足，あるいはそれを受けての大企業を中心にした内部労働市場の形成などの要因が存在してはじめて生じたものとも考えられる．この時期の大企業を中心とした内部労働市場形成に関しては，丁怡煥［1992］，横田［1994］を参照のこと．
12） ルイス流の二重経済モデルにおいては，資本装備率が高く労働生産性の高い「都市フォーマル部門」と，限界労働生産性が著しく低く，賃金が生存費レベルにある「農村部門」の2セクターが存在するものと想定されていた（Lewis［1954］）．都市インフォーマルセクター・モデルは，このような二重経済モデルに対する批判と修正の上に成り立つものである．トダロやフィールズらは，都市部門を「都市フォーマル部門」と，この都市フォーマル部門への就業を望む労働者が就職活動をしながら一時的に就業する「都市インフォーマル部門」とに区分した（Todaro［1969］，Fields［1975］）．彼らによれば，都市インフォーマル部門は，参入障壁が低く限界労働生産性も非常に低い部門であり，この部門への就業者は一種の「仮装失業者」として捉えられる．
13） 1962 年調査において，自営層が多くを占める販売職従事者の収入は，ごく一部の高収入者を除けば，非熟練職従事者と大差がないという事実も，都市自営層の雑業性を示すものであろう．

14) 実際,販売・サービス・生産関連職自営者の収入の散らばりはかなり大きく,本人月所得の標準偏差は,販売職自営で66.0万ウォン,サービス職自営で57.8万ウォン,生産関連職自営で38.2万ウォンとなっている.
15) ちなみに,前者の月平均所得は53.9万ウォン,後者のそれは88.5万ウォンとなっている.
16) 職業威信構造に対する伝統的職業観の影響は,1967年の威信調査結果に基づいた金環東[1970]においても指摘されている.ただし,伝統社会においては,専門技術職官僚集団である「中人」が「両班」よりも一段低く位置付けられていたのに対し,この調査において医師,技師などの専門技術職はきわめて高い評価を受けており,1960年代初頭の職業威信構造が伝統的な職業観を完全に反映したものではない,という点には注意したい.
17) 「社会階層と社会移動(Social Stratification and Social Mobility)調査」の略称.この調査は,日本の社会階層構造と階層移動機会を把握することを目的として,1955年より10年おきに行われている大規模な全国社会調査である.2005年には,韓国,台湾においても日本とほぼ同様の調査票を用いた調査が行われている.
18) 職業サンプル数を確保するため,一方がもう一方の下位範疇となっているような職業タイトル同士(例えば「自営農」と「農業」)も同一職業として分析対象に含めている.

3章　韓国の学校教育制度と選抜システム

　韓国の学校教育制度は，一見すると日本のそれとかなり似通っているような印象を受ける．両国ともに，解放（終戦）直後の教育制度改革をアメリカが主導し，6-3-3-4制を軸とした単線型学校制度が敷かれていることもその一因であろう．しかし仔細にその中身を見ていけば，韓国の学校教育制度にはさまざまな特徴的な性格が認められ，日本などとはまったく異なる選抜システムが形成されていることがわかる．

　これは，韓国の学校教育制度に対して，政府が非常に積極的な介入を重ねてきたためでもある．本章で詳しく見るように，韓国政府は1960年代後半以降，非常に特徴的な中等・高等教育政策を履行しており，これらの政策によって韓国の教育・選抜システムは独自の特徴を帯びるに至っているのである．

　ある社会における学校教育制度とその選抜制度は，教育機会を誰にどのように配分するかを決定付けるという点で「教育機会や社会移動の機会を構造化する重要な構造変数」（藤田［1997：167］）であると考えられる．また，教育システムと選抜システムの具体的なあり方は，学校教育体系が産み出す個々の「学歴」の価値を定めることで，その社会経済的地位規定効果を左右し，ひいては，ひとびとの教育達成意欲や，教育を通じた地位達成意欲自体にも影響を及ぼす可能性がある．

　このような観点から本章では，韓国政府によって履行された中等・高等教育政策を詳細に見ていくことで，これらの政策によって韓国の選抜システムがどのような特徴を持つに至ったのかを考察する．また，それらの諸特徴は，韓国における教育機会配分や学歴効用自体にどのような影響を及ぼすもので

あるのかを検討し，次章以降の実証分析とその結果の解釈をより妥当なものにするための知見の導出を試みる．

1. 韓国の学校体系とその変遷

韓国の教育・選抜システムの特徴に関する議論に入る前に，まずは韓国の学校体系とその変遷を簡単に確認しておこう[1]．

現在の韓国における学校制度は，図 3-1 のように「6-3-3-4 制」を基調とするものとなっている．このうち，憲法が「教育費の無償化」をその条件として定めている義務教育は，国家財政上の問題から初等学校段階のみにおいて実施されていた．中学校に関しては，1980 年代より段階的な無償化が進められていたが，2004 年度にいたってようやく全学年・全地域での義務教育化，すなわち教育費の完全無償化が達成されている．

初等教育

六年制の初等教育機関である初等学校[2]は，そのほとんどを公立学校が占めている．また日本のように，大学までエスカレーター式に進学できるような初等学校も存在しない．

初等学校（当時は国民学校）は，憲法（1948 年）と教育法（1949 年）の制定以来，法的に義務教育段階と規定され，入学金・授業料などの教育費は公的負担によるものとされた．しかし，学齢児童のすべてを就学させるに十分な学校施設と教員を確保し，同時に初等教育の完全無償化を実施するためには，当時の韓国政府の財源はあまりに貧弱であった．このような状況において，国民学校の整備は，その費用の多くの部分を在籍児童の父母が負担することによって進められた．各学校では，教室の新設費用はもちろん，場合によっては経常経費や教員の厚生費などに関してもその多くが，父母から集められた「師親会費（PTA 会費）」によってまかなわれたのである（韓国教育十年史刊行会［1959:117］）．

このような状況にもかかわらず，解放直後より国民学校への就学児童数は急速に増加し，1950 年代後半にはすでに，国民学校就学率が 90 % を超えて

図 3-1　韓国の学校制度

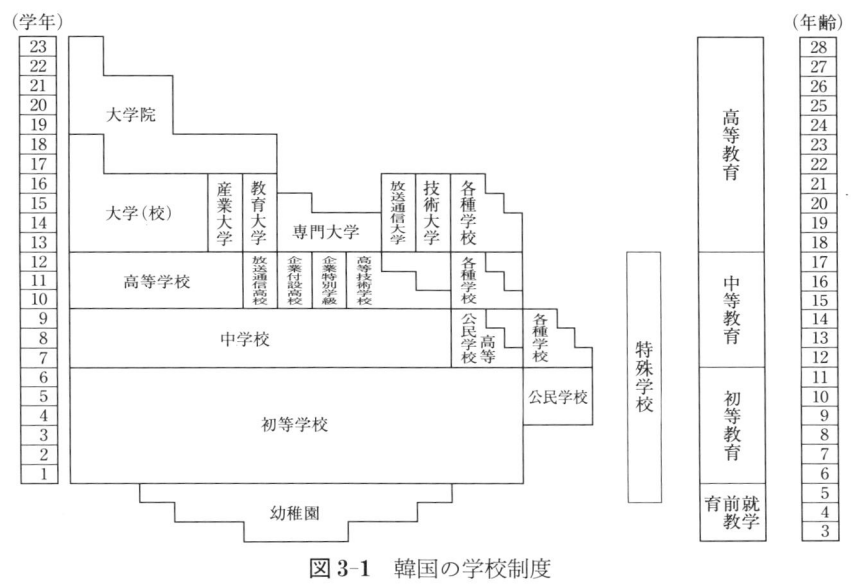

(出所) 教育部『教育統計年報』2000年版：23.

いる (文教部 [1958:51-52])[3]. 1人あたり GNP が 100 ドルに満たない状況で，韓国はすでに先進国に近い水準の初等教育就学率を達成していたことになるのである．このような急速な初等教育拡大は，もちろん政府の義務教育完成努力によるものであると同時に，やはり国民の側の高い「教育熱」に支えられたものでもあると言えよう．

中等教育

「高い教育熱を背景として，受益者の費用負担によって急速な教育拡大が成し遂げられる」という教育の拡大パターンは，中等教育及び高等教育に関しても同様に当てはまる．中学校教育の完全無償化は，早い時期からその方針こそ示されていたものの，実際に島嶼・僻地地域の教育無償化が部分的に実行されたのは 1985 年になってからに過ぎない．1970 年代末の時点でも，国公立中学の教育費の 7 割以上を生徒の父母が負担していたのである (尹正

図 3-2　教育段階別就学率

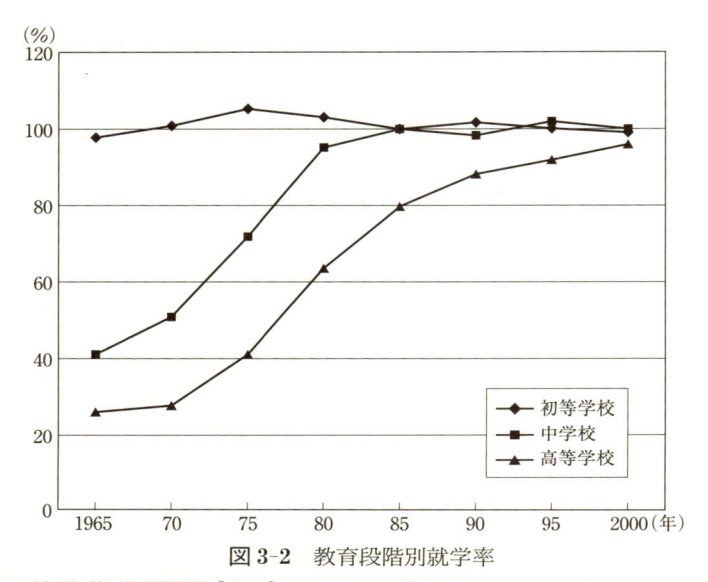

（出所）韓国教育開発院［1997b］および統計庁『韓国の社会指標』各年版より作成.
（注）この図の就学率は，「就学適齢人口」を分母，「実際の在籍学生数」を分子として算出されたものである．このため，就学適齢外の児童・生徒が在籍することによって，就学率も 100％を超えうる．

一［1985:93］）．

　このため，子女が中学校に進学することに伴う各家計の経済的負担は非常に大きなものとなり，1965 年の段階では学齢人口の半分も中学校に進学していない状況にあった（図 3-2）．しかし，その後中学校への就学率は急速に上昇し，わずか 15 年後の 1980 年には 95.1％，さらに 5 年後の 85 年には 100％に達している．義務教育化の実施以前にすでに皆就学がほぼ達成されていたことになるのである．中学教育財政における国庫支出比率の低さを考えれば，このようなきわめて急速な教育拡大は，やはりこの間の所得増大によって，生徒の父母の側の進学費用負担能力が増加したことに起因するものであろう．

　後期中等教育機関である高等学校は，上級学校への進学準備を主に行う一般系高校（以前は人文系高校と称され，日本の普通科高校に相当する）と，

職業教育を行う実業系高校とに大別される．製造業を主軸とする経済開発が強く志向されていた朴正熙政権期には，工業高校の拡充に力が注がれ，その結果実業系高校の生徒数の方が一般系高校を上回る年もあった．しかし，高等教育進学希望率が高まるにつれ，大学進学に有利な一般系高校への進学希望者が大きく増加しており，近年では一般系高校の生徒数が全体の60数％を占めている．

韓国の高等学校にはこれらのほかに，少数の特殊目的高校が存在する．特殊目的高校は，専門領域に関する高水準の少人数教育を通じて，特殊な素質を持った生徒の才能を早期に開花させることを目的としたエリート校で，芸術高校，体育高校，科学高校，外国語高校などがこれに含まれる[4]．これらの特殊目的高校の多く——特に科学高校——は，後に詳述する1970年代の人文系高校平準化政策によって公教育を通じた早期英才教育が完全に不可能となってしまったことへの対処策として，科学技術の振興が最優先課題とされた全斗煥政権期に設立されたものである．しかし，これらの特殊目的高校から一般の大学に進学する際には，各高校内における相対評価としての内申成績がそのまま補正されずに用いられるため[5]，内申成績が不利になることをおそれ，特殊目的高校よりも一般系高校への進学を希望する生徒も多い．

当然のことながら，後期中等教育もこの間に大きく拡大している．1960年代から70年代前半までは，高等学校への就学率は比較的低い水準にあったものの，70年代後半より就学率は急激に上昇し，現在では，適齢人口の95％以上が高等学校に就学するに至っている（図3-2）．高等学校におけるこのような急速な教育拡大は，財政的にはやはり生徒の側がその費用を大きく負担することで成し遂げられたものと言える．

高等教育

韓国における高等教育機関には，大きく専門大学と大学（校）とがある．このうち，専門大学は1979年にそれまでの初級大学と専門学校を統合する形で新設されたものであり，産業界における中堅マンパワーの養成を目的とした二‐三年制の実業教育機関である．このため，専門大学は「実学志向」が非常に強く，この点で韓国の専門大学は，日本の短期大学よりも，高専や

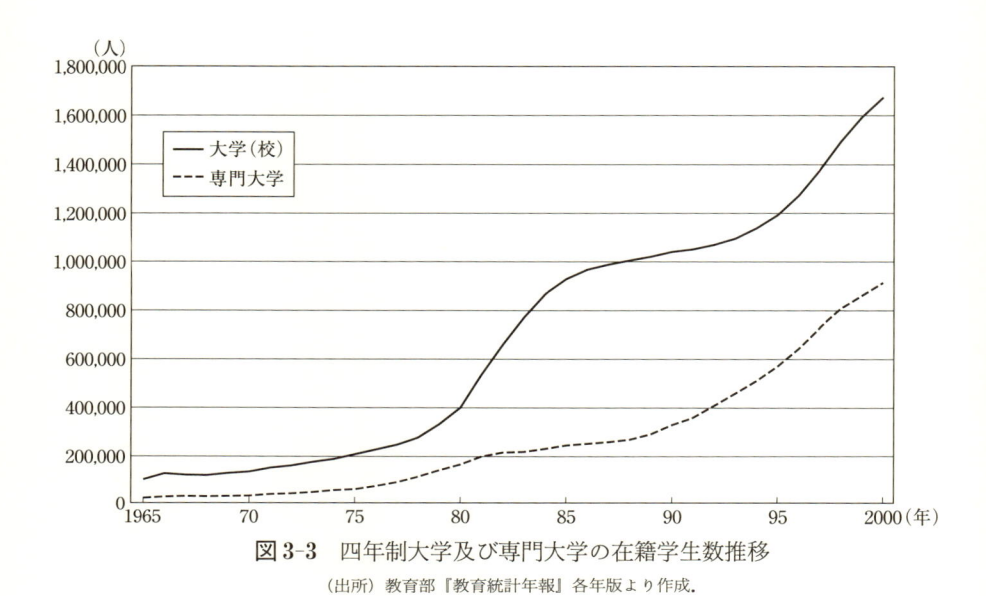

図 3-3 四年制大学及び専門大学の在籍学生数推移
(出所) 教育部『教育統計年報』各年版より作成.

専門学校に性格がより近いものと言えよう.

これに対し大学（校）は，日本の大学と同様，アカデミックな学術・教育活動を担う高等教育機関であり，医学部・歯学部などの一部学部・学科（六年制）を除いて四年制となっている．このほか，教育大学は，初等教育機関における教員養成を目的としたものであり，以前は二年制であったが，1980年代に四年制へと改編された．

図 3-3 と表 3-1 は，これら高等教育機関の在籍学生数及び高等学校からの進学率を示したものである．後述するように，1960年代以降の韓国の高等教育入学定員は，政府によって厳格に統制・管理されてきたため，このような学生数の推移は政府の定員政策の変化を示すものにほかならない．ただし，厳格な定員管理を始めてから近年に至るまで，韓国社会における高等教育進学需要は，常に政府の定めた入学定員を上回ってきた．また韓国の大学教育の大きな部分を担っている私立大学は，学校運営資金のほとんどを在籍学生からの納付金に頼っている（尹正一［1985］，金南淳［1992］）．高等教育学生数の増大は，直接には政府の定員政策の帰結であるにせよ，その背景に受

表3-1 高校卒業者の系列別高等教育進学率（現役進学者のみ）
(%)

年	一般系	実業系	全体
1965	38.6	14.9	28.9
1970	40.2	9.6	26.9
1975	41.5	8.8	25.8
1980	39.2	11.4	27.2
1985	53.8	13.3	36.4
1990	47.2	8.3	33.2
1995	72.8	19.2	51.4
2000	83.9	42.0	68.0

（出所）教育部『教育統計年報』各年版より作成．

益者の費用負担意志が存在してこそ可能になったものと言えよう．その点では高等教育の拡大も，やはり受益者の側が財政負担を負うことで実現したものと言える．

　このように，解放後の韓国における急速な教育拡大は，財政的側面に限って言えば，政府主導によるものというよりは，民間サイド，特に実際に教育を受ける生徒・学生の側の費用負担によってはじめて可能となったものであった．しかし，この事実は，韓国の教育制度が政府の手を離れた形で構築されたということを意味するものではない．むしろ逆に，1960年代以降の韓国政府は，強力な権力を背景にして，私立学校を含めた学校教育システム全般に深く介入し，きわめて強い管理と統制を行ってきたのである．次節においては，このうち，学生定員や入学者選抜方式などに対する政府の介入について，詳細に検討していくこととする．

2．中等・高等教育政策と選抜システムへの影響
　　——大学進学段階集中型・国家管理型・一元的選抜システムの形成

　1960年代以降，韓国政府は中等・高等教育制度に関して非常に独特な政策を取り続けており，このような政府の積極的な関与によって，韓国の選抜システムはきわめて特徴的な性格を持つに至っている．

　結論を先取りして言えば，それぞれが独自の政策意図に基づく特徴的な中等・高等教育政策によって，韓国の選抜システムは，大学進学段階集中型・

国家管理型・一元的選抜という特徴を持つ．このような選抜システムの特徴は，1960年代後半より徐々に明確な形で表われ始め，その後も若干の変動を経ながら，基本的には現在に至るまで維持され続けている[6]．

(1)　中等教育政策と選抜システム

1960年代以降の中等教育政策のうち，韓国の選抜システムの骨格形成にもっとも大きく影響したのは「中学校無試験進学制」と「人文系高校平準化措置」の2つである．これらについて，その背景・内容・帰結を検討していこう．

中学校無試験進学制

韓国の中学校はもともと義務教育ではなかったため，1960年代末まで，中学校への進学希望者はかなり自由に進学対象校を選択することができ，人気の高い一部の中学は，公立校であっても進学希望者に入学試験を課し，その成績によって入学者を選抜することができた[7]．1950年代以降，初等教育が拡大するにつれて中学校への進学希望者数も増加していったのであるが，これを受けて新設された中学校には財政基盤の脆弱なものが多く，新設校と伝統校の間には学校施設や教師の質などの教育条件面，あるいは高校への進学実績において大きな格差が存在していた．このため，高校，大学への進学を有利にしようとする児童は「一流校」として位置付けられる一部の伝統中学にこぞって押し寄せ，非常に激しい受験競争が繰り広げられることとなったのである（阿部［1971］）．

中学受験競争の激化は，さまざまな「社会問題」を引き起こした．初等教育の「暗記教育」化や，近眼児童の急増をはじめとする児童の肉体的・精神的発育への悪影響が問題視されるとともに，1960年代には，中学校入試問題の正答をめぐって受験生の父母による集団籠城事件や集団訴訟が生じるなど，中学入試に関してかなりの混乱が生じるようになっていったのである[8]．

このような状況において，韓国の教職員団体，大韓教育連合会が中学校入試の完全撤廃案を作成・発表[9]したことなどを受け，文教部（現在の教育人的資源部の前身）は1968年，中学入試競争の解消を目的とした「無試験抽

選学校群制」を発表した．これは，1969年より中学入学試験を全面廃止するとともに，すべての進学希望者を中学校に進学させ，また進学者は抽選によって学区内の中学に振り分けることを骨子とした制度であった．さらに，一部の伝統ある「一流校」を廃校処分とすることで，受験生の間に浸透していた「一流校」観念の払拭が目指された．ここで注目すべきは，この中学無試験進学制度は公立中学のみならず，すべての私立中学をも対象としたものであったという点である．これにより私立中学校の入学者選抜権，ならびに中学校進学希望者の学校選択権はいっさい認められないこととなったのである[10]．

1969年度にソウル特別市において，また70年度にはその他9大都市において実施されたこの中学無試験進学制度は，71年度には全国に拡大実施され，これにより中学校進学段階における入試競争は完全に沈静化されるに至った．

人文系高校平準化措置

中学無試験進学制の導入とそれに伴う中学進学者の増大によって，今度は高校進学段階において激しい受験競争が繰り広げられ，同様の問題が引き起こされることとなった．従来，高校進学を希望する生徒は，自らの居住する市・道のいかなる高校にも自由に志願することができ，また学力試験の結果などを基準に各学校が独自に入学者を選抜していたため，中学入試の場合と同様，「一流」人文系高校への進学機会をめぐって熾烈な競争が展開されていたのである．

文教部の諮問機関として1972年に組織された「入試制度改革協議会」は，当時の高校入試競争に関する問題点として，(1)過重な学習負担による生徒の身体的・精神的発達の阻害，(2)入試に対する強迫観念に基づく生徒の緊張と不安の増大，(3)中学校教育の「暗記偏重主義」化，(4)利己的な競争意識の増進，(5)学校間・地域間教育水準格差の拡大，などの教育的問題と，(1)過重な学校外教育費用支出による家庭・国家経済への打撃，(2)父母の過剰な教育関与とそれによる入試騒動の発生，(3)学校外教育の盛行に伴う学校教育への不信感蔓延，(4)問題のある塾・予備校や家庭教師の広がり，(5)出身学校によっ

て人間を評価する学閥・門閥意識の蔓延, などの社会経済的問題とを指摘している (徐明源 [1973])[11]。

　高校入試競争の過熱化と, それによって生じるこれらの「問題」に対処するため, 文教部は1973年, この入試制度改革協議会の建議を基に, 「人文系高校平準化措置」を発表した. この措置は, それまで行われていた人文系高校の学校単位での入学者選抜を全廃し, まず学区全体で人文系高校への進学者を一括選抜した後, 選抜に通過した進学者は学区内の高校に抽選で振り分けるという非常にラディカルなものであった.

　この「人文系高校平準化措置」は, 1969年より実施された中学無試験入学制と制度上の同型性を持つ. さらにいえば, この措置は, 70年代に東京都で実施された都立高校の学校群制度ともある程度似通ったものである. しかし, 東京都の高校入試改革と比較した場合, 韓国の人文系高校平準化措置は, (1)高校進学希望者の学校群選択権は認められず, 居住する学区によって機械的に進学し得る学校群が決定されてしまう点, (2)国公立高校のみならず, すべての私立人文系高校もその対象とされ[12], 大学進学準備教育を受けようとする高校進学志願者の学校選択権はほぼ完全に喪失されてしまったという点において, はるかに徹底したものであったと言えよう.

　この平準化措置は, 1974年にソウル特別市において実施されたのを皮切りに, その後, 対象地域が全国21の大都市および中都市にまで拡大され, 基本的には現在まで踏襲されている[13]. もちろん, 小都市及び農村部に位置する人文系高校はこの措置の対象外ではあるものの, それまで存在していた「一流高校」のほとんどが大・中都市部に位置するものであり, また韓国では一般に都市部の学校ほど「水準が高い」と認識される傾向があるため, このような都市部を中心とした平準化措置によって, 高校入試段階における受験競争はほぼ沈静化し, 当初の政策意図は十分に達成されたと言える.

平等主義的中等教育政策の意図

　これら2つの選抜制度改革は, これまで説明してきたように, 当時大きな社会問題となっていた「入試競争の過熱化」への対処を直接の目的としたものではあった. しかし, この2つの入試改革の背後には, それ以外の政策意

図も存在していたものと考えられる．そして，それらの政策意図——あるいはそれと並行しての中等教育の位置付け自体の変化——が存在することによってはじめて，この時期の中等教育入試改革がこれほどまでに徹底したものになったと考えられるのである．

　まず中学校無試験進学制の導入に関しては，「義務教育期間の延長」との関連が強く意識されていたものと考えられる．当時，近隣諸国においては，日本はもちろんのこと，台湾でも前期中等教育の義務化が実現されており，韓国政府にとって中学校の義務教育化は悲願とも言うべき課題であった．しかし，義務教育化に必要な「教育の無償化」を実現するだけの財政上の余裕を欠く当時の状況において，中学校無試験進学制の導入は，中学校義務教育化への第一歩として，すべての国民が均等に中学校教育を受けられる権利を保障するための条件整備でもあったのである（馬越［1981：63］）．

　さらに，人文系高校の平準化措置も，後期中等教育の位置付けの転換を受けて実施に移されているものであることがわかる．当時の文教部長官の回顧録によれば，この改革案を立案した入試制度改革協議会では「人間は出生時より競争の連続であり，善意の競争は不可避的なものである」ことを前提に高校入学段階における競争を肯定的に捉える意見や，平準化が招来する全般的な学力低下を強く危惧する意見など，従来の能力主義的，競争主義的な高等学校観に基づき，人文系高校の平準化に反対するものも多かったという．しかし，「高等学校とは，貧富の差や家柄の相違，頭の良し悪しなどを問わず，皆が一所に集まって一般素養を習得するという，人間的価値を尊重する高等普通教育機関であるべきである．高校教育は，知的偏重主義的教育から，人間形成を重視する人間教育へと転換されなければならない」という非常に理想主義的な高等学校観に基づいた賛成論が反対論を押し切る形で，平準化措置が立案・施行されるに至ったという（閔寛植［1975：75-76］）．前に提示した図3-2からは，高等学校への就学率が1970年代半ばより急激に上昇していることがわかるが，これは，以上のような高等学校の位置付けの転換に伴い，高等学校の入学定員自体も徐々に拡大されてきたことの結果でもある．

　さらに，中等教育の普遍化に対する韓国政府の熱意は，「経済開発に必要なマンパワーの育成」という意図によって一層強まっていたものと推測され

る．人文系高校平準化措置のとられた 70 年代前半は，中堅技術者養成のための短期高等教育機関である専門学校（専門大学の前身）が数多く新設された時期でもある．国家の基幹産業が軽工業から重化学工業へとまさにシフトしつつあるなか，より高度な技能を持った労働力を育てるために，国民の教育水準を全般的に底上げし，中等・高等教育段階において必要な技能教育を行いたいという意図が，これらの平等主義的，開放主義的な中等教育政策の根底には存在していたものと考えられるのである．

　また，「先成長，後分配」というスローガンに如実に示されているように，当時の政権は経済開発を最優先課題としており，分配問題の解決のために十分な政策を履行してはこなかった．このような状況において，中等教育の入試制度と学校体系の改革による「教育機会の形式的平等化」は，当時の朴政権にとってきわめてわずかなコストで，そして経済開発という最優先課題と齟齬無く履行しうる「分配の平等化」政策だったのである．当時の韓国社会において，すでに教育を通じた社会的上昇移動に対する熱意がある程度存在していたことを考慮すれば，これらの平等主義的中等教育政策が持つ社会的資源分配政策としての意義もかなり大きかったものと思われる．

　もちろん，一部の有名中学，有名高校への進学競争が如何に熾烈なものであったにせよ，それまでこの進学競争に参加していたのはその費用を負担しうる一部の層に限られていた．しかしこれらの施策は，その多くが一部の富裕層に占められていた（最終的には「一流大学」，あるいはより「高い」社会経済的地位へと結びつきうる）「一流中学」および「一流高校」への進学機会を社会のあらゆる層に開放する，というアピール効果を持つものであったと考えられる．このような「地位・報酬配分の不平等を，教育機会の格差是正を通じて解決する」という意図が存在してこそ，この時期の中等教育制度改革，特に高等学校入試制度改革がこれほどまでにラディカルな形になったものと考えられるのである．

　中学無試験進学制と人文系高校平準化，およびこれと同時にとられた中学校及び高等学校の定員拡大など，1960 年代末から 70 年代前半にかけての中等教育政策の転換は，韓国の選抜システムを大きく変貌させたと言えよう．これらの措置によって，中等教育段階における選抜の重要度は著しく低下し，

中等教育入学定員自体も徐々に拡大されていったのである．このような「教育機会の形式的平等化」によって，少なくとも中等教育に関する限りは，教育機会分配の不平等自体もある程度縮小されていったと考えることができよう．

(2) 高等教育政策と選抜システム

では，高等教育段階の学校体系とそこにおける選抜制度はどのようなものであったのだろうか．ここでは，学生定員と入試制度に対する政府の関与を中心にみていこう．

解放後の高等教育の拡大

解放後の韓国における高等教育は，初等・中等教育以上に急速な拡大を遂げてきた．植民地期朝鮮における高等教育の機会はきわめて制限されており，学位を授与しうる「大学」としては，ただひとつ京城帝国大学が存在するのみであったが[14]，解放後は，雨後の筍のように大学が新設，あるいは（専門学校から）昇格され，在籍学生数も急速に増加していった．解放時点で8000人ほどに過ぎなかった高等教育学生数は，1960年時点では10万人を超えるまでに至っているのである[15]．当時の米軍政，及び李承晩政権は，このような民間主導の高等教育拡大に対し，基本的にはこれを容認し，特に介入しない姿勢をとってきた．1955年には文教部によって「大学設置基準令」が公布され，大学の新設に一定の制限が加えられたものの，この基準令も58年には大きく緩和されており，高等教育拡大に対する十分な抑制効果を持つものではなかった（馬越 [1981: 147]）．

しかし，このようなあまりに急速すぎる高等教育拡大は，様々な問題をはらむものでもあった．もっとも重要な問題は，高等教育の質的向上が量的拡大に追いつかなかったという点である．「企業化」したいくつかの私立大学は，設備，教育スタッフなどの教育条件がまったく整わないまま，定員を大きく超過する学生を受け入れたため，大学とは名ばかりの水準に過ぎない学校も多かった．さらに，十分な産業化が成し遂げられていない当時の韓国において，経済的なマンパワー需要とはまったく無関係に高等教育の急速な拡

大が進んだため，大学卒業者の就職状況はきわめて悪く，大量の大卒失業者が生じることとなった．このような大卒失業者の存在は，それ自体が大きな社会不安として作用するとともに，高等教育の無軌道な拡大に対する強い批判をもたらした．

このような状況下で誕生した朴正煕政権は，強力な権力を背景に，高等教育制度に対して強い介入政策をとりはじめた．経済開発を第一義とする朴政権下においては，効率主義的観点から高等教育の質の向上と経済開発への寄与が目指され，このために様々な制度改革が実施されていったのである．このうちもっとも重要であるのは，大学学生定員，および大学入学試験の国家管理化であった．

大学学生定員の国家管理化と定員変動

朴政権下で行われた大学学生定員の厳格な国家管理化は，高等教育の選抜システムを根底から変容させるものであった．1960年代前半に至るまでの時期，各大学の学生定員は文教部の認可を受けて決定されることになってはいたものの，経営上の理由から私立大学は定員を大幅に上回る学生を入学させており[16]，事実上大学学生定員は有名無実化していたと言ってよい．これに対し，前述した諸問題への対処を目的に，高等教育の量的拡大を出来る限り抑えようとした朴政権は，1965年に「大学学生定員令」を発布した．この法令は，私立大学を含めたすべての大学の学生定員数を大統領令によって定めることとし，この変更には国務会議の議決を経なければならないと規定したものである[17]．同時に政府は，このように定めた学生定員を遵守させるため，厳しい措置をとりはじめた．すなわち，各大学は入学試験の合格者に対して入学通知を送る前に，事前に文教部長官の確認を受けねばならず，この確認無く入学許可を行った場合，政府は入学許可の取り消しを命じることができるようになったのである（宋光鏞［1989:21］）．

このような法的基盤が作り出されたことにより，私立大学を含めたすべての大学の学生定員は国家の強い管理下に置かれることとなり，また厳格に遵守されることになった．しかし，韓国における大学学生定員政策の中身は，時期ごとに大きく異なっており，これによって高等教育修了者数もかなりの

変動を示している．これを簡単に確認しておこう．

　韓国における高等教育定員の「国家管理化」は，前述したように，解放直後から1960年代初頭までの高等教育の急激な拡大が引き起こした諸問題への対処という目的からなされたものであった．このため，「国家管理化」が進められた当初の定員政策は，当然ながら全般的な定員抑制を基調とするものとなった．図3-3からもうかがえるように，1960年代の大学学生数は絶対数こそ増加傾向にあったものの，その増加率は50年代に比べると相当に小さなものである．また，それは高等学校卒業者数の増加率よりもさらに小さなものであったため，表3-1に見るように，60年代から70年代前半にかけての新規高卒者の高等教育進学率は低下傾向を示してさえいるのである．

　これに対し，1970年代以降の高等教育政策は，単なる量的抑制のみを政策目標とするものではなく，経済開発政策とのリンケージがより強く重視されるようになっていった．第3次，及び第4次経済開発五カ年計画によって，重化学工業分野の発展が目指されると共に，これを支える技術マンパワーを高等教育機関において養成していくことが大きな課題として浮上していたのである．このため，70年代前半より，理工系を中心として選別的に入学定員の拡大が行われていった．しかし依然として，人文社会科学系学科の定員は抑制されたままであった．

　また，1970年代の高等教育政策においてもっとも重要なのは，産業界における中堅マンパワーの育成を目的として実務教育を行う「専門学校」の設立が積極的に推進されてきたという点である．二‐三年制の短期高等教育機関である専門学校[18]は，1970年に設立が認められて以来爆発的な拡大を遂げ，1970年代後半には四年制大学入学定員の7-8割程度の定員を有するにまで至っている．1970年代の高等教育定員政策の基調は，四年制大学は理工系学科を除いて依然定員を抑制しつつ，実務教育に特化した専門学校の定員を大きく増員させることで，徐々に拡大していく高等教育進学需要の受け皿を設けようとしたものであった（尹正一ほか［1991：259-261］）．

　しかし，韓国経済が非常に急速な拡大を遂げたことを一因として，60年代初頭とは逆に，今度は大卒マンパワーの不足が深刻な問題となっていった．産業界からは学生定員の拡大を求める声が日増しに強まり，1978年頃より，

文教当局も全般的な高等教育学生定員の拡大に踏み切っていくこととなった．
しかし，この時期の高等教育定員政策のもっとも大きな変化は，「政権交代」
という純粋に政治的な事象によって生じている．次節において詳説するが，
軍事クーデターによって登場し，政権正統性の欠如という重大な問題を抱え
ていた全斗煥政権は，高等教育学生定員を大きく拡大させ，大学受験競争を
緩和させることで，厳しい国民感情を和らげることを目論んだのである．

　また同じ目的から，全斗煥政権は高等教育学生定員の管理方式を，それま
での「入学定員制」から，卒業定員の側を統制・管理する「卒業定員制」へ
と改め，81年度から，四年制大学の場合は卒業定員の30％，専門大学[19]の
場合は15％の学生を余分に入学させることを認めた．本来，この「卒業定
員制」の下では，卒業定員を超えて入学を許可した学生に関しては，大学で
の学業成績を基準として順次脱落させ，最終的には卒業定員数の学生のみを
卒業させることとされていた．しかし，この非常に厳しい制度に対しては大
学内外双方において反発が強かったこともあり，結局数年も経たないうちに
この制度は形骸化し，80年代半ばには，すでに退学させられていた学生に
対する救済策の実施を含め，入学者ほぼ全員を何らかの形で卒業させる措置
が取られていったのである（尹正一ほか［1991：261-264］）[20]．

　これらの政策により，韓国における高等教育入学者数は1980年を前後す
る時期において急激に増加することとなった．1977年から81年までのわず
か4年間で，専門大学（専門学校）入学者数は4万8,924人から10万
6,316人へと約2倍強に，また四年制大学入学者数は6万338人から17万
9,935人へと実に約3倍にまで増加しているのである．

　この後，高等教育学生定員は，80年代末まで大きな変動なく推移してい
たが，その後90年代に入ってからは，文民政権の誕生と共に，再び拡大基
調に転じた．さらに，90年代以降の高等教育学生定員の動向と関連して特
に重要であるのは，年齢別人口構成の変化に起因する就学適齢人口の減少に
よって，高等学校の新規卒業者数も1990年の76万1,922人をピークに減少
しつつある，という点である．このため，90年代以降の新規高卒者にとっ
ては，実際の入学定員拡大傾向以上に，高等教育への進学機会が広がってい
ることになる．近年，韓国における新規高卒者の高等教育進学率が70％近

い水準にまで達しているのも，このような人口学的要因の影響が大きい．

　大学入試の国家管理化

　以上述べてきた学生定員の国家管理化と共に，1960年代以降，政府は大学入学者の選抜方式に対しても強く関与し始め，大学入学試験も国家によって完全に管理されるようになった．このような高等教育の選抜制度に対する国家の関与は，やはり大学の「質的低下」への対処を主たる目的とするものであった．前述したように，解放直後から1950-60年代の時期，多くの私立大学が授業料収入を少しでも増やそうと，入学志願者に対して十分な選抜を行わず，高等教育を受けるには学力水準が不足している学生をも大挙入学させていたのである（馬越［1981:204］）．

　大学進学者選抜を国家管理化しようとする試みはそれまでにも存在していたものの，私立大学側の激しい反発によっていずれも失敗に終わっていた．結局これが実現に至ったのは，定員政策の実施などを経て私立大学に対する政府の統制力が十分に強化された後の1969年のことである．国公立大学のみならず私立大学をも含めたすべての大学進学希望者が，この年より実施された進学資格試験「大学入学予備考査」の受験を義務づけられ，これに合格してはじめて，各大学の行う2次試験に応試する資格が与えられることとなったのである（馬越［1981:204-205］）．

　当初，この予備考査の合格枠は各大学入学定員の総和の150％とされていたが，その後72年には180％，74年には200％へと拡大された．しかしそれでも，全体的な合格率は50％程度で推移しており（文教部『文教統計年報』各年版），この大学入学予備考査は十分な選抜機能を持っていたものと言えよう．また，1979年に専門学校が「専門大学」へと改編されるに伴い，専門大学への進学希望者も大学入学予備考査の受験が義務付けられることとなった．これにより，私学を含め，ほぼすべての高等教育機関の進学希望者に対して同一の選抜試験が課せられることとなり，選抜の「一元化」がより顕著になったと言えよう．

　その後，1982年に大学入学予備考査は「大学入学学力考査」と改称され（さらに1994年からは「大学修学能力試験」と改称），これと共にこの試験

は「大学進学資格者の事前選抜」という性格を完全に喪失し，日本の共通一次試験や大学入試センター試験のように，各大学ごとに行われる入学者の選抜過程においてその得点が合否の判断材料として用いられるのみのものとなっている．しかし同時に，この時期「一部の難関大学の2次試験が難しすぎることによって，受験生の入試準備が過重なものとなっている」との理由によって大学別2次試験（教科別筆記試験）が廃止されたため，基本的にはこの大学入学学力考査の成績と高校内申成績，及び最近ではこれに加えて大学別に行われる論述試験，面接，実技試験の成績のみによって入学者が選抜されることとなっている．このため，国家が行うこの統一学力試験は大学進学者選抜において依然として大きな重要性を占めているのである．

（3）　大学進学段階集中型・国家管理型・一元的選抜システムの形成

中等・高等教育政策の特徴とその帰結

以上の検討から明らかになるのは，朴正熙政権期以降の中等教育政策と高等教育政策とは，完全に方向の異なるものであったという事実である．中等教育に関しては，教育の「効率」はほとんど考慮されず，教育機会の形式的平等性のみがひたすらに追い求められてきたと言えよう．この時期，中等教育修了段階までは生徒の享受する教育機会に出来る限り質的差異を生じさせない，というのが政府の基本方針だったのであり，また中等教育機会自体も急速に拡大されてきた．こうして，中学校あるいは高校進学段階における「選抜性」はきわめて大きく低下することになったのである．

これに対し，国家の技術水準を左右し，中等教育に比べればはるかに多額の費用が要される高等教育に関しては，教育機会の形式面での平等性などは一切考慮されず，徹底して教育の効率性が追求されることとなった．入学定員も基本的には，進学需要に応じてではなくマンパワー需要を根拠に定められ，大学進学希望者に対しては国家がその「修学能力」を問う学力筆記試験を課してきた．大学間での水準の格差も当然ながらそのまま容認された．こうして大学進学段階での「選抜性」は依然として高いものであり続け，結果的に韓国の選抜システムは，高等教育への進学段階までは重要な選抜が行われない「大学進学段階集中型」という性格を持つに至ったのである．

また，朴政権以降の韓国においては，中等・高等教育進学時の選抜方式に関して国家がきわめて強い管理・統制を行うようになった．国家は，私立大学をふくめたすべての大学の定員をも厳格に管理しており，個々の大学が自由に進学者の選抜を行い得る余地は小さい．この「国家管理型」という性格も韓国の選抜システムの重要な特徴である．

　さらに，このような国家管理型選抜は，国公立大学と私立大学，さらには四年制大学のみならず，技能教育を行う専門大学まで含めてまったく同一の枠組で行われているという点で特徴的である．設立主体と設立目的，さらに教育課程もそれぞれ大きく異なるさまざまな高等教育機関への進学希望者が，同一の試験を受験し，同一の選抜手続きを経て，各大学へと進学していくのである．韓国社会における高等教育進学時の選抜は，それぞれの教育機関が他とは異なる独自の基準に基づいて選抜を行うという「多元的」性格を持つのではなく，同一の枠組上で同一の基準に基づいて選抜が行われるという点で「一元的」性格の強いものと言える．ホッパーは教育システムの類型化を行うにあたり，「選抜過程の集権化と標準化」程度をシステム分類の１つの軸としているが（Hopper［1968=1980］），韓国の事例はこの集権化と標準化の程度がきわめて高いものとして捉えられるだろう．

　また，イギリスとアメリカの学校体系の違いをそれぞれの社会においてひとびとに受容されている「上昇移動規範」の相違によって説明するターナー（Turner［1960］）の理念型に即して言えば，「決定的な選抜や分離は出来る限り先延ばしされ，途中で一部の参加者のみを有利に扱うことは避けられる」という点で，韓国の選抜システムはアメリカの競争移動（contest mobility）型により近いものと言えよう．しかし，アメリカにおける競争移動型選抜システムでは，大学段階においてすら選抜の「決定性」が小さいのに対し，韓国では大学進学段階においてかなり決定的な選抜が行われる，という点で異なってもいる．また，アメリカは教育システムの集権化と標準化程度が非常に低いのに対し，韓国は国家の管理が強く，教育・選抜過程も大きく標準化されているがために，「大学進学段階まで教育条件に有利／不利の差をつけない」という政府の方針が，より一層徹底した形で教育現場に貫徹され得たものと考えられる．

韓国型選抜システムのもたらす影響

　このように特徴的な選抜システムは，韓国社会における「学歴」の性格や学歴取得のための競争のあり方にも大きな影響を及ぼしている．

　まず，生徒にとって決定的な選抜が大学進学段階に集中し，中学・高校入学段階の選抜性が大きく低化したことにより，大学進学競争がより一層過熱していくこととなった．これは，中学・高校進学機会自体の拡大によって，大学進学資格所有者が増大したという単なる量的影響のみにとどまらない．中学入学段階における選抜，及び高校入学段階における人文系高校の学校別選抜の廃止によって決定的な選抜が大学入学段階まで先延ばしされることとなったため，中学生・高校生の教育達成意欲が「冷却」される契機も必然的に減少し，全般的な大学進学意欲の昂進がもたらされているのである[21]．金榮和らは次のように指摘している．

　　1969年の中学校無試験進学制と1974年の高校平準化政策の実施以降，我が国では大学入試以外には厳格な意味での教育選抜が存在しないと言える．（中略）したがって学生たちが自らの能力に対して現実的な判断を行う機会が大学入学段階まで延ばされる．途中で教育選抜がなされれば大学へ行くことを放棄した学生たちも漠然とした希望を持って，大学進学の夢を放棄しないのである（韓国教育開発院［1993：102］）．

　このような量的，及び質的要因による大学進学志願者の増大は，1970年代後半の大学入試競争を一層激化させ，多くの浪人生を滞積させることとなった．これは，中等教育段階では平等主義的，開放主義的政策をとりながら，高等教育進学段階では以前と同様の能力主義的，選抜主義的政策を履行してきたことの当然の帰結とも言えよう．

　また，人文系高校平準化措置の実施によって，1つの高校に多様な学力水準の生徒が入学してくることになったのであるが，文教部はより一層の中等教育機会の形式的平等化を推し進めるため，能力別学級編成を禁止する方針を打ち出した[22]．このため，同一学級内における生徒間での学力格差が著しく拡大し，実際の学習指導に大きな困難が生じた．これにより，人文系高

校が本来有していた「上級学校への進学準備」という教育上の機能が大きく低下してしまったのである．

　さらに，韓国の選抜システムの諸特徴は，社会における学歴の性格にも重要な影響を与えている．選別理論の観点に基づけば，中等教育段階における選抜性が大きく低化したことにより，中等教育改革以降の中等教育修了者，すなわち1950年代後半以降の出生者にとっては，高校卒業までの段階において重要な学歴差が発生しなくなり，高等教育段階の学歴こそが真に「有意味」な学歴差となっていったものと考えられるのである．

　このほか，大学入試の国家管理化が大卒学位の価値に及ぼした影響も大きい．同じく選別理論の観点に立てば，1969年より実施された大学入学予備考査は，大学入学者の学力に対して「国家によるお墨付き」を与える役割を果たしたと言えよう．各大学が個別に入学者選抜を行っていた従来と比べれば，国家による統一的な入学資格試験の実施以降の大学入学者は，統一試験によって学力の「底」が保証されるようになったと考えられるのである．このような変化は，大卒学位の「能力証明」としての価値を一層高めるものであっただろう．

　また，79年に専門大学受験者にもこの統一試験の受験が義務づけられ，さらにその後大学別本試験が廃止されると共にこの統一試験の点数自体が各大学における入学者選抜に大きな意味を持つようになる（一元的選抜システムの成立）につれて，高等教育機関の間の序列化が急速に進んだ．本来まったく別の教育機能を担っているはずの四年制大学と専門大学の間にもこのような「序列付け」が進み，総じて四年制大学よりもより低い大学入学学力考査（及び大学修学能力試験）の成績で入学しうる専門大学には，四年制大学よりも一段「格下」の教育機関との評価が定着してしまうこととなったのである[23]．さらに，このような入学難易度の格差は，四年制大学の間でも，主にソウル所在大学と地方大学間の格差という形をとって生じはじめた．

　ここで重要であるのは，このような大学間での入学難易度の格差が，各大学入学のために必要な統一試験の点数というきわめて可視性の高い形で示されるようになったという点である．選抜システムの一元化と統一試験の脱進学資格試験化は，このような大学間序列の可視性を高め，その結果，単に大

学を卒業しているか否かだけでなく,「どの大学を卒業したか」という学校歴がより一層重視されるような状況を作り出したのである.

また, 1980年前後の時期の急速な高等教育拡大は, このようなソウル所在大学と地方大学との間の「格差」をさらに顕在化させた. この時期の高等教育拡大は具体的には, ①入学定員制から卒業定員制への移行に伴う入学者の増大, ②学生定員数の増大, ③大学・学部の新設・昇格, という3つの形態によるものであるが, このうち, ①卒業定員制導入は, 四年制大学の入学者を30％程度増大させる程度の影響を持つにすぎない. したがって, 約3倍にも達するこの時期の四年制大学入学者の増大は, その多くの部分が, ②定員自体の増加および, ③大学・学部の新設・昇格によるものと考えられる. しかし, 首都ソウルへの人口一極集中が問題視されていた当時の韓国では, ソウル, およびその近郊における大学・学部の新設や定員増大はほとんど認められなかった. したがって, この時期の四年制大学の急激な拡大は, 主に地方大学(あるいはソウルに本部を置く大学の地方キャンパス)においてなされたものであった. このような制度的条件に大きく規定された形での高等教育拡大は, ソウル所在大学への入学機会の相対的な稀少性をより一層高め,「ソウル所在大学か否か」の区分に基づいた高等教育機関の階層性をさらに明確なものにしたのである.

このような大卒学歴の持つ能力「弁別力」は, 中等教育機会が拡大し, また家計所得の上昇に伴い大学進学費用負担能力が全般的に高まることで, さらに高まっていった. 大学進学競争への参加者の増大は, 大学入学段階における「能力ふるい分け」システムの対象者の増大を意味し, 必然的にそれは, 大学入学試験の「能力ふるい分け」機能の上昇をもたらすものだからである.

定員政策の変化がもたらす影響

韓国の特徴的な教育政策のうち, 各教育段階の定員政策も,「学歴」の性格に対して重要な影響を与えている. 以上の各節において確認したように, 解放直後から今日に至るまで, 韓国の中等・高等教育は非常に目覚ましい拡大を遂げてきたのであるが, その拡大のスピード, 特に高等教育の拡大スピードは, 各時期の定員政策の変化を受けながら, 相当激しく変動しているの

である．このため，各出生コーホートに対して開かれていた教育機会も量的にかなり異なるものとなっている．表3-2は2000年の人口センサスデータを基に，出生年コーホート別に教育水準の構成比を示したものであるが，この表によれば，男女とも高等教育修了比率，その中でも特に四年制大学以上の学歴（在学・中退を含む）を持つ者の比率に，コーホート間での大きな相違が存在していることがわかる．四年制大学以上の学歴を持つ者の比率は，1941-45年，46-50年，51-55年出生コーホートまではそれほど大きな相違が存在せず，男子は20％未満，女子は数％程度にとどまっているのに対し，定員の部分的拡大期にちょうど大学進学適齢期を迎えた1956-60年出生コーホートではこの比率が男子で24.3％，女子で10.2％と上昇し，さらに大幅な定員拡大期以降に進学適齢期を迎えた1961-65年，およびそれ以降の出生コーホートでは，男子で30％から40％，女子で10数％から30数％にまで急激に上昇しているのである．

1歳刻みの出生年コーホート別に高等教育就学比率（専門大学含む）を見た場合，出生年別の教育機会の違いがさらに如実に示される．図3-4を見ると，1950年代初頭生まれコーホートまでは高等教育進学率の伸びが比較的ゆるやかであるが，1952，53年出生コーホートにおいてまず急激に上昇し，その後，1950年代後半から60年代初頭出生コーホートにおいてさらに大きな上昇を遂げている．これにより，1958年出生コーホート（男子33.7％，女子14.9％）と1963年出生コーホート（男子45.0％，女子26.4％）の間には，出生年がわずか5年しか違わないにもかかわらず，高等教育就学率に10ポイントもの大きな開きが存在しているのである．このような高等教育就学率の急上昇は，言うまでもなくこの時期の高等教育定員政策に起因するものである．1952，53年出生コーホートにおける高等教育進学率の上昇は，1970年代初頭，政府がそれまでの定員抑制政策を部分的に緩和する方向へと転じ，中堅技能者を養成する「専門学校（専門大学の前身）」が数多く設けられたことによるものであり，50年代後半から60年代初頭出生コーホートにおける進学率上昇は，言うまでもなく1980年を前後する時期の大学入学定員の拡大によるものと考えられよう[24]．

政府の定員政策に起因するこのような出生年コーホート間での教育水準の

表 3-2　出生年コーホート別教育水準（2000 年センサス）

(%)

出生年	年齢	初等	中学	高校	専門大学	四年制大学	大学院	不就学
男 子								
1976-80	20-24	0.2	1.6	29.3	27.1	41.0	0.5	0.1
1971-75	25-29	0.5	2.7	42.6	19.5	30.0	4.5	0.2
1966-70	30-34	0.9	3.8	46.3	15.4	28.4	4.9	0.3
1961-65	35-39	2.9	7.7	44.9	12.6	26.2	5.3	0.4
1956-60	40-44	6.0	14.3	45.0	9.8	19.1	5.2	0.6
1951-55	45-49	11.3	19.4	42.5	6.3	14.7	4.7	1.0
1946-50	50-54	17.0	22.0	37.6	4.6	13.4	3.6	1.8
1941-45	55-59	24.3	22.6	30.4	3.7	12.4	2.9	3.7
1936-40	60-64	31.4	19.3	25.2	3.4	11.5	2.3	6.9
1931-35	65-69	36.0	16.0	19.9	3.5	10.6	1.7	12.3
-1930	70-	36.5	12.3	9.7	2.8	5.7	0.9	32.1
女 子								
1976-80	20-24	0.2	1.3	35.9	28.3	33.0	1.1	0.1
1971-75	25-29	0.4	2.1	51.1	19.8	23.4	3.0	0.2
1966-70	30-34	1.2	5.4	57.8	13.3	19.8	2.4	0.3
1961-65	35-39	4.5	14.9	54.4	8.8	15.3	1.7	0.4
1956-60	40-44	11.5	25.1	46.9	5.3	8.9	1.3	0.9
1951-55	45-49	22.9	29.4	34.8	3.4	6.6	0.9	1.9
1946-50	50-54	35.9	26.7	24.3	2.4	5.2	0.6	4.9
1941-45	55-59	46.8	19.7	15.2	1.5	3.5	0.3	13.0
1936-40	60-64	49.3	13.0	9.5	0.9	2.0	0.2	25.2
1931-35	65-69	43.3	8.1	6.4	0.6	1.0	0.1	40.5
-1930	70-	25.8	3.0	2.7	0.4	0.4	0.0	67.6

（出所）統計庁『人口住宅総調査報告書』2000 年版より作成．
（注）在学・中退者含む．

不均一は，同一教育水準の「学歴」であっても世代間でそれがもたらす社会経済的便益を大きく異ならせている可能性がある．特に，1980 年前後に生じた高等教育定員の大幅な拡大は，新規労働力の学歴構成に非常に大きな変化をもたらしており，労働市場に対してかなりのインパクトを与えているものと予想される．この時期の急激な高等教育定員の拡大は，第 1 章で扱った「教育拡大の帰結」の問題を実証的に検討するための格好の素材を提供してくれるのである．この問題の検討は，次章以降において詳細に行っていくこととしたい．

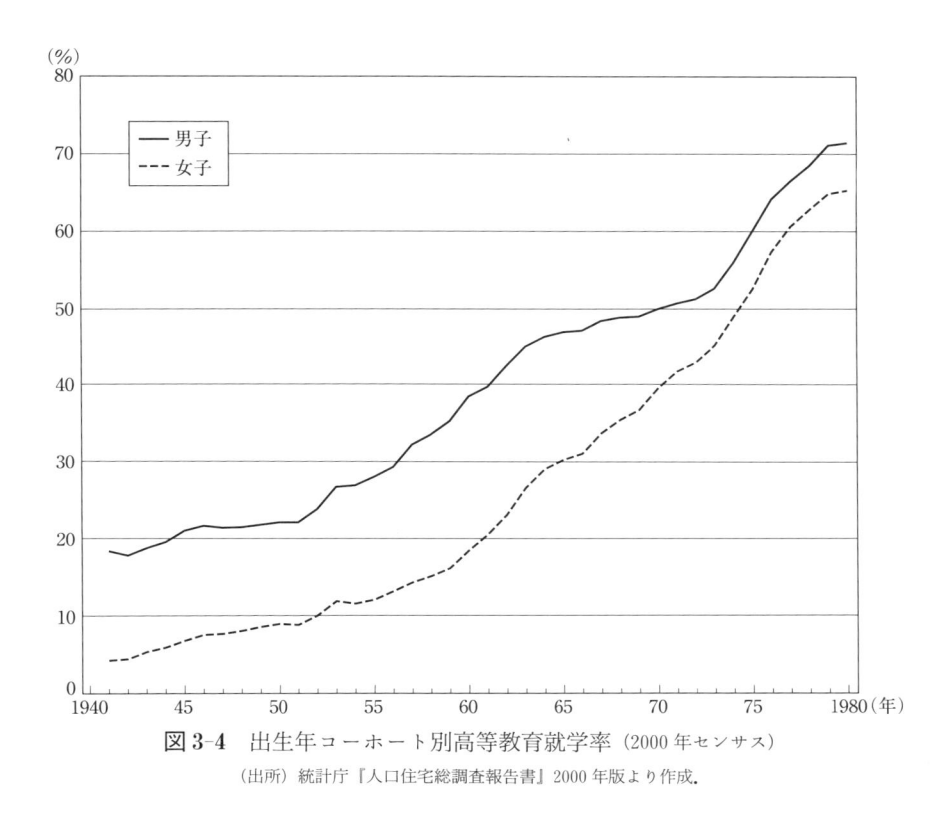

図 3-4　出生年コーホート別高等教育就学率（2000年センサス）
（出所）統計庁『人口住宅総調査報告書』2000年版より作成．

3. 課外授業問題と 7.30 教育改革
　　――韓国における大学進学競争の「公正性」

　人文系高校平準化措置の実施と，それに伴う人文系高校の進学準備教育機能の低下は，中等教育修了者の拡大によって一層過熱化する大学進学競争に1つの重要な性格を与えることとなった．正規の高校教育に対する不信感を抱く大学進学希望者は，進学準備のために家庭教師や塾・予備校などの学校外授業（課外授業）をこぞって受講するようになり，こうして大学進学競争は「課外授業受講競争」へと転化することとなったのである．
　軍事クーデターによって政権の座についた全斗煥政権は，当時大きな社会問題となっていたこの「課外授業」を一切禁止するというきわめてドラステ

ィックな対処を行った．本節では，この「課外授業問題」の性格を詳細に検討すると共に，学校外授業受講というきわめて私的な教育行為に対して国家はどのような論理をもってどのように介入し，それによって大学進学競争の構図がどう変化したのかを考察していく．

もちろん，これらに大きく関わっているのは，大学受験競争の「公正性」の問題である．本節において行う以上の問題の考察は，韓国社会における教育機会の平等性に関してひとびとがどのような意識を抱いており，また，政府がこれをどのように確保しようとしてきたのかを理解するための試みでもある．

「課外授業問題」の発生

前述したように，人文系高校平準化措置は，人文系高校における効率的な授業実施を困難にし，このため多くの高校生が進学準備のために課外授業を受講するようになった．韓国教育開発院の調査によれば，1980年の時点での課外授業受講生徒の比率は，大都市部人文系高校生で43.9％，実業系高校生で23.2％程度になっていたという（韓国教育開発院［1981］）．表3-1に見るように，当時の高校生の（現役）高等教育進学率が人文系で4割弱，実業系で1割強であったことをふまえれば，大学受験を考える高校生の多くが実際に課外授業を受講していたものと考えられるだろう．

当時の新聞・雑誌には，この時期の熾烈な課外授業受講競争の様相を描写する記事が数多く掲載されているが，その中でも特に多くの紙面が割かれているのは，一部富裕層の課外授業受講の実態についてである．『新東亜』1979年5月号に掲載されたあるルポルタージュ記事によれば，課外講師の中でも指導実績が優秀であると認められたものは「特A講師」と呼ばれ，彼らはマンツーマンで週2回90分の授業を行い，月に20万ウォンから25万ウォン程度の報酬を受け取るという．これは当時の勤労者の平均月収に相当する高額であるが，それでも「特A講師」から指導を受けようとする中・高生の父母からの依頼が後を絶たず，数年後まで授業予約が詰まっている講師も多いという（曺康煥［1979］）．さらに課外授業に対する需要増大によって，翌1980年には「特A講師」の課外授業費が前年比で50-100％上昇しており，

それらの有名講師の紹介費だけでも100万ウォンほど必要とされるほどの状況に至っていたのである（『東亜日報』1980年2月14日1面）．

　もちろん，このような高額な課外授業は，一部富裕層の子女のみが受けられるものであったが，この時期，庶民層の間でも苦しい家計の中から費用を捻出し，子女の進学準備のために課外授業を受講させることがある程度一般化していたようである．『月刊中央』1978年1月号に掲載された記事によれば，ソウル近郊に住む高校3年生K君の家庭は，父親が病に倒れ，化粧品の行商を行う母と工員である姉の収入を合わせた7万ウォン程度で月の生活費すべてをまかなっているという苦しい家計状況にあるが，それでも姉の強い勧めにより，K君は中学2年の弟ともども課外授業を受講しているという．月収入のうち，1万5000ウォンから2万ウォンほどは父親の薬代に充てられ，さらに課外授業費の1万5000ウォンを差し引くと，一家5人の生活はきわめて困難になってしまうのであるが，それでもK君の姉は「父の薬代を削ることができないのと同様，弟たちの課外授業費を削ることはできない」（全擇元［1978:272］）としている．

　このように，1970年代末の韓国社会においては，人文系高校平準化に端を発した学校教育に対する「不信」が課外授業への大きな需要を産むと同時に，多くの現役教師がアルバイトとして私的な課外授業を行うようになり，教師も生徒も正規の学校授業をますますおろそかにしていくという悪循環が生まれていた．新聞・雑誌記事などから判断すると，「（一流）大学に入学するためには，高校の授業のみでは不十分である」との危機感が受験生とその父母に広く持たれていたようであり，また課外授業を行う講師の実力・実績にはかなりの差異が存在するものと認識されていたようである．そのような実力差に敏感な父母らによって，課外授業の「価格」に関して徹底した市場原理が働くこととなり，前述したように一部講師の授業費が大きく高騰していったのである．

　しかし，異常なまでに過熱化していく課外授業受講競争は，次第に社会的批判の対象となっていった．「課外地獄」「亡国病」などの単語が新聞，雑誌記事に登場するようになったのも，1970年代末からのことである．このような学校への不信と課外授業受講の盛行という状況自体が，公教育体制の崩

壊を示すものとして問題視されていたのはもちろんのことながら，当時の新聞・雑誌などにおいては，「過度の課外授業費負担による家計の圧迫」という問題が大きくクローズアップされていた．もちろん，課外授業の受講は受験生とその父母の自由な選択の結果ではある．しかし，前述したような学校授業に対する不信感と，（それによってさらに高まる）課外授業の手段的有効性に対する盲信によって，子女の大学進学を望む父母達は，大きな経済的負担を甘受しながらも課外授業受講を余儀なくされてきたのである．

また，この課外授業受講の過熱化がはらむ問題点として頻繁に指摘されていたのは，高額の課外授業費を負担できる家庭の子女と，そうではない家庭の子女との間に進学機会の不平等が生じてしまい，ひいてはこれがその後の社会的地位達成の格差をも招いてしまう，という階層間での機会格差に関する問題であった．このような批判の内容は，『新東亜』誌編集部が主催した課外授業問題に関する座談会での金仁會・延世大副教授の次の発言によく表されている．

> 課外費がひっきりなしに上がるので，一部の少数だけが特別な課外授業を受けて，良い学校に進学できるようになっているようです．我が国は解放後30年間，どの国よりも，教育を通じた階層の移動が相当に活発な社会であったと言えます．しかし，課外費が高額化し，競争が熾烈化し，また名門大の大学定員がこのまま増大されないままならば，結局は階層の移動が生じなくなってしまいます．このように社会が固定化してしまえば，階層間の不和が生じ，課外を受けられない若い青年達に大変な挫折感を与えることとなり，1つの社会不安にもなってしまうでしょう（『新東亜』編集部［1980：320］）．

このような批判は，課外授業，特に一部「質の高い」とされている課外授業の学力上昇効果を十全に認めた上ではじめて成り立つ論理ではあるが，この点に関してさしたる疑問ははさまれていない．それほどまでに当時，高校教育の形骸化が進んでいたものと言えるだろう．

また，この金仁會副教授の発言にも表れているように，当時の韓国社会で

はすでに教育を通じた階層移動，ならびにその機会の平等な分配に対する期待がかなり強かったと言えよう．高額課外授業問題がここまで大きな社会問題となり，社会的公正の観点からも何らかの対処が必要なほどになったのも，やはり教育を通じた階層移動に対するひとびとの期待の高さゆえのことであろう．

また，このような課外授業受講の過熱化は，国家経済の観点から見れば教育費の大きな浪費にほかならないとの批判も，主に政府関係者から提起されている．社会全体で莫大な金額に達している課外授業費支出は，国家経済にとって非生産的な投資にほかならず，できるならばこれを十分な予算の向けられていない公教育部門発展のために利用したい，というアイディアを当時の政策関係者は持っていたのである（韓駿相［1990］）．

7.30 教育改革措置

1979年12月の粛軍クーデターによって軍内の実権を掌握し，その後，80年5月の非常戒厳令施行，光州事件に対する武力弾圧などを経て政権の座についた全斗煥政権は，当初より政権正統性の欠如という困難を抱えており，国民からの支持もきわめて低かった．このため全政権は，当時の韓国において社会問題化していた「過熱課外授業問題」を解決することで国民からの支持の回復を狙った．大統領の諮問補佐機関（実際には非常戒厳令下での全権的な行政立法機関）として80年5月末日に設置された「国家保衛非常対策委員会（以下，国保委）」でも，国政改革の当面課題として「過熱課外授業問題」の解決が掲げられ，以降国保委文教・公報委員会において早急にこの問題の解決策を立案・施行することが全斗煥常任委員長より指示されたのである．

こうして立案されたのが1980年7月30日に発表された「教育正常化及び過熱課外解消方案」，いわゆる「7.30 教育改革案」である[25]．この改革案は，前述したように，大学入学定員自体を大幅に増員すると共に，卒業定員制の導入によって大学入学機会をさらに広げることで激しい大学進学競争を緩和させること，また，大学別本試験を廃止し合格者判定における高校内申成績の反映比率を高めることで課外授業需要を減じさせ，受験生が正規の高校授

業に熱意を持って取り組むための条件づくりをすることなどをその内容とするものであったが，その中でももっとも重要なポイントは，この改革案が実際に在校生の課外授業受講自体を全面的に禁止しているという点である[26]．
　これらの措置は，発表翌日の8月1日より順次履行され，こうして韓国では学校外における（教師指導型の）補充学習が一切禁止されることとなった[27]．また，このような禁止措置を実効力あるものとするため，密かに行われる課外授業を摘発するための取締活動や申告窓口の設置などもなされ，課外授業を行った現職教師は即刻免職処分とし，課外授業を受けた生徒は退学処分に，またその父母も公職者の場合は免職処分，そうでない場合も雇用主に免職を要請するなどの厳しい処分が科せられたのである．
　しかし，この7.30教育改革は「教育クーデター」と呼ばれる程にラディカルなものではあったものの，激しい進学競争自体を構造的に緩和させるものではなかった．大学入学定員の拡大，大学別本試験の廃止，高校内申成績反映比率の上昇などの措置が実行に移されたとはいえ，中学，高校改革の時のように，高等教育選抜システムの基本構造に手が加えられることはなかったのである．
　実は，この7.30教育改革案の立案過程においては，課外授業問題の解決を最優先課題とする軍部側の要請によって，「大学平準化」の実施が検討されたことがあった．この大学平準化案は，人文系高校平準化案と同様，地域・専攻別に一括して大学入学者を選抜した後，彼らを抽選によって地域内の各大学に振り分けることをその主たる内容とし，これにより大学間格差を解消し，構造的に大学入試競争熱を冷却しようとしたものであった（鄭泰秀[1991:51]）．しかし，この大学平準化案に対しては，「大学教育の質が低下する」など，文教官僚及び教育関係者からの強い反発が寄せられ，結局実施には至らなかった．大学間での序列構造と大学進学者選抜システム自体は大きく変わることはなく，逆に，大学別本考査の廃止によって，大学間の序列構造はかえって強化されることとなったのである．前述したように，統一試験（大学入学予備考査・大学入学学力考査）の成績，ならびに高校における内申等級という一元的な基準によって各大学への入学者選抜が行われることになり，各大学間の入学難易度格差の可視性が大きく高まったためである．

さらに，この教育改革案においては，「課外授業受講の過熱化」のもっとも大きな要因として指摘されていた人文系高校平準化措置に関してはまったく何の言及もなされていないという点にも注目すべきである．これは，この教育改革案の立案過程に多く参与した文教官僚達が過去の政策実績の否定に反対したためと考えられるが，いずれにせよ，これによって韓国教育システムの「大学入学段階集中型選抜」という特徴にはまったく変化がなく，人文系高校における進学準備機能の低下という問題も解決されないままとなった．
　このため，課外授業は禁止されたものの，課外授業受講に対するインセンティブ自体は強く存在し続けることとなり，取り締まりの網をくぐっての秘密課外授業は一定程度存在し続けた．そして，このような秘密課外授業は取り締まりのリスクを負う分，かえって高額化し，一部の富裕層のみが受けられるものとなってしまったのである[28]．
　以上の考察結果に基づけば，1980年の7.30教育改革措置は，「高校卒業時までは教育達成競争の参加者達を出来る限り同じ条件に置いた上で，大学進学時に学力を基準とした一元的選抜を行う」というそれまでの選抜方針の延長線上に位置するものと言えるだろう．課外授業受講の禁止措置は，大学進学時までの教育機会の形式的平等化をさらに強力に推し進め，これにより，大学進学競争の「公正性」を確保しようとした措置であると解釈できるのである．結局，大学進学競争の構造自体はこの改革措置によって大きく変わることはなく，むしろ競争がより純粋な形で行われることが目指された．さらに，国家が教育の私的自由を侵害してまでこの大学進学競争の公正性を確保しようとしたという事実は，この競争に参加することの重要性，そして競争によって得られる「賞」の価値を国家が公式に認定したのと同様の象徴的効果を持つものであった．「より高い学歴を取得してこそ地位達成が可能である」という学歴主義的社会イメージの広範な浸透と，それに基づく大学入試競争への参加者の増大は，国家の手によるこのような「競争の条件整備」がなされてこそはじめて可能になったものと言えるだろう．

小　結

　本章で見てきたように，韓国政府は1960年代以降，自国の学校教育制度に対してきわめて強い統制と管理を加えてきた．その対象領域は，学校体系，入学定員数と入学者選抜方式，さらには塾や家庭教師といった学校外授業にまで及んでいるのである．また，政府による統制と管理は，国公立学校のみならず，私立学校に対してもひとしく加えられた．教育システムに対するこのような徹底した統制と管理は，韓国の国家権力が非常に強いものであったため，また「教育」という領域が公共性の高い領域と考えられていたために可能になったものと言えよう．このように，教育システムへの介入が非常に徹底した形で行われたが故に，政府の特徴的な教育政策が，韓国の教育・選抜システムのあり方にストレートに反映されることとなったのである．
　韓国の選抜システムが，大学進学段階集中型・国家管理型・一元的選抜という性格を強く帯びているのもこのためである．朴正熙政権以降の韓国では，中等教育段階において非常に平等主義的な政策が履行され，教育機会の形式的平等化が徹底して追い求められた．これとは対照的に，高等教育段階では，経済開発との関連から教育の「効率」がひたすら追求され，同時に入学者の選抜方法に対しても国家が強い関与を行うようになった．これらの政策は，国公立学校のみならず私立学校にもひとしく適用されるものであったため，中等・高等教育政策のベクトルの向きの相違に基づいて生じる「選抜の大学進学段階への集中」は，諸外国に比べてはるかに著しいものとなったのである．
　これらの教育政策によって形成された韓国選抜システムの構造的特徴は，大学進学競争に対してより多くの参加者を招き入れる結果をもたらしていると考えられる．中等教育における選抜性が大きく低下したことにより，大学進学段階以前において生徒の大学進学意欲が冷却される契機が失われてしまったためである．また，韓国の選抜システムが「大学進学段階集中型・国家管理型・一元的」性格を持つようになるにつれ，大学受験競争はより一層「競争」の純粋さを増し，さらにこのような変化は「本人の教育達成水準は

純粋に努力と能力に応じて決定される」という業績主義的教育達成観の浸透にも寄与したものと推測される．

　もちろんこのような業績主義的教育達成観の浸透には，公的な教育制度外において発生する教育機会の格差を出来る限り取り除くことで，大学進学競争の「公正性」を確保しようとした政府の努力も貢献していよう．韓国政府は，本来きわめて私的な教育行為であるはずの学校外授業を全面的に禁止するという措置をとり，これによって，出身家庭の経済的条件に基づく教育機会の不平等が生じないよう，否，すくなくとも「出身家庭の如何にかかわらず，教育を通じた地位上昇の機会は平等に開かれている」という社会イメージには致命的なほころびが生じないよう，努めたのである．

　金美蘭は，教育機会分配の不平等感が1980年と「7.30教育改革措置」実施後の1981年との間に大きく改善されたことを指摘し，この理由を7.30教育改革によって高等教育機会が拡大したという点に求めている（金［2000：66-68］）．しかしこのような不平等感の改善が事実であるとするならば，それは大学定員の拡大のみならず，やはりこのような政府の努力，すなわち課外授業受講の禁止による競争の「純化」と「公正化」に起因する部分も大きいと考えられるのである．

　以上のような選抜システムの変化とそれに伴う大学進学競争のあり方の変化は，選抜システムによって生み出される個々の「学歴」の性格にも大きな変化をもたらした．ここで特に重要であるのは，これらの変化はすべて，労働市場における学歴情報の「利用可能性」を大きく高める効果を持つという点である．すなわち，大学入学者選抜の国家管理化と統一試験の実施，さらには大学入試競争への参加者の増大とそこから産出される結果の一元化によって，韓国入試制度の持つ能力弁別力は急速に高まり，各個人の「ふるいわけ」を行うための学歴情報の利用可能性も大きく高まったのである．このような学歴情報の利用可能性の上昇，さらには大学入試競争への参加者増加とそこにおける「公正性」確保のための努力は，能力の代指標として学歴情報を用いることそれ自体を「正当化」する効果も持ったものと推測される．このため，学力筆記試験が職務遂行のために必要な知的能力を適切に弁別し得ると信じられている限り，これらの変化は韓国における学歴と社会経済的地

位との結びつきをより一層強める結果をもたらすだろう．

　また，さらに一点重要であるのは，各教育段階の学生定員が国家の強い管理下にあることを背景として，韓国では各教育段階の卒業生数が時期ごとにかなり大きく変動しているという事実である．その中でも特に，1980年代における大学卒業者数の増加は著しく，わずか数年の間に，その数は3倍程度にまで増えている．このような韓国教育・選抜システムの量的・質的変化が，学歴取得のもたらす社会経済的便益にどのような変化をもたらしたのか，そして何よりもこれらの変化は教育機会分配の平等性にどのような影響を及ぼしたのか．次章以降においては，本章の考察結果をふまえながら，これらの問題を実証的に検討していく．

1）　韓国の学校制度と教育政策の変遷については，尹正一ほか［1991］，尹正一ほか［1996］，韓国教育開発院［1997a］，日本語文献としては馬越［1981］，阿部・阿部編［1972］などが詳しい．
2）　初等学校は従来「国民学校」と称されていたが，この名称は日本による植民地時代の名残であるという理由により，1996年から初等学校と改称されている．
3）　阿部［1972:115］より再引用．
4）　2002年現在，韓国全土には芸術高校24校，体育高校12校，科学高校16校，外国語高校19校のあわせて71校の特殊目的高校が存在する（教育人的資源部・韓国教育開発院『教育統計年報』2002年版）．全国の一般系高校数は1300校ほどにのぼること，また少人数教育を旨とする特殊目的高校の入学定員はかなり少ないことを勘案すると，特殊目的高校への入学が大変な「狭き門」であることが理解できよう．
　　このほか，入学者選抜や授業内容の策定においてかなりの自由度を持った新しいタイプの私立高校（自立型私立高校）も近年設けられはじめている．
5）　このような措置は，後に述べる「大学進学時に至るまで教育機会の有利・不利の差を出来る限り設けない」という政府の方針に基づくものでもある．
6）　ただし，近年に至ってようやく，大学入学定員の決定権が部分的に大学側に移譲されるなど，このような選抜システムにも変化の兆しが表れつつある．
7）　1950年代から1960年代に至るまでの中学校の入学者選抜方式に関しては，韓国教育三十年編纂委員会［1980］，ソウル特別市教育委員会［1981］などを参照のこと．
8）　この入試問題の正答をめぐる裁判に関しては，勝訴した受験生が本来の志

望校である有名中学への転入が認められたどさくさに乗じ，この件にはまったく関与していない一部富裕層が，国会議員のコネなどを利用して子女を無理やり有名中学校に転入させた事実が発覚し，強い批判が寄せられた．
9) 大韓教育連合会中学入試制度研究専門委員会「中学入試制度改善方案——中学校区無試験銓衡制」(1968年4月26日発表)．なお大韓教育連合会は，韓国教員団体総連合会（韓国教総）の前身．
10) 一部の宗教系中学に対しては，例外措置がとられたこともある（阿部 [1971:53]）．
11) 尹正一ほか [1991:42] より再引用．
12) 芸術系高校及び一部宗教系高校は，この措置の対象から除外された．また，その後設立された科学高校などの特殊目的高校も同様である．
13) その後，地域に所在する人文系高等学校数自体が少ないなどの理由によって，平準化措置の弊害が大きく現れていたいくつかの中都市において，この措置が解除されている．
14) このほか，高等教育段階に相当する「専門学校」はいくつか存在していた．
15) 文教部『文教統計要覧』1963年版より．なお，このような急速な高等教育拡大の要因としては，朝鮮戦争時に大学生に対する徴兵保留措置がとられたこと，就職難のため就職口の見つからない新規高卒者が大学進学へと流れたこと，また教育機会の供給側の要因としては，農地改革による土地喪失をおそれた地主層が高等教育機関を設立し，所有農地をその法人財産とすることで土地の没収・分配を逃れようとしたこと，などが挙げられる（馬越 [1981] など）．
16) 1962年を例にとると，各大学の在籍学生数は平均で定員の175％余りに達していた（文教部『文教統計要覧』1963年版）．
17) これ以前にも，朴正熙政権は「学校整備基準令（1961年）」などを通じて，社会のマンパワー需要に合わせて大学学生定員を抑制しようとしていたものの，それらの措置は十分な実効性を持ち得なかった．この時期，私立大学の非常に強い反対を受けながらも，学生定員の国家管理化を推し進めることができたのは，軍事クーデターから数年を経て，朴政権が権力を完全に掌握したことによるものでもあろう．
18) もともと韓国には日本の高専に相当する「実業高等専門学校（五年制）」が存在した．専門学校はこのうちの後半の2年間を独自の高等教育機関として再編したものであった．
19) 1979年に，それまでの専門学校，及び初級大学が「専門大学」へと改編された．
20) 1988年には卒業定員制が廃止され，元の入学定員制に戻されている．
21) この問題に関しては，第4章第4節において，新規高卒者の大学進学希望

率の時系列分析を通じ，詳細に検討していく．
22) その後 1978 年 6 月に至って，文教部は特定科目の授業に関してのみ成績別学級編成を認める方針をとった（稲葉［1993:89-90］）．ただし，下位のクラスに配置された生徒の父母からきわめて強い抗議が寄せられるなど，実際の運用は困難な場合も多かった．
23) このような評価は専門大学に進学した学生自身にも「内面化」されてしまっているようである．ソウルに所在する大学，専門大学の学生を対象に調査を行った金［2000］によれば，一般常識・教養，専門知識，表現力，積極性，責任感，協同性，礼儀，忍耐力の各項目に関して「大学生と専門大生を比べてどちらが優れているか」を問うた質問に対し，一般常識・教養，専門知識，表現力の各項目については大学生のみならず，専門大生自身も「専門大生よりも大学生の方が優れている」と回答する傾向が高く，それ以外の項目でも，積極性と責任感を男子専門大生がやや肯定的に評価しているのを除けば，特に専門大生の方が優れていると評価される項目は存在しないのである．
24) しかし，このような出生年コーホート別高等教育進学率の変化は，各年度の大学入学定員の変化に比べれば比較的なだらかであると言えよう．韓国においては，兵役義務が課せられていることなどもあり，高校卒業直後ではなく，高校を卒業してから数年後に大学に入学するケースも多く見られる．このような大学入学時年齢の散らばりが，出生年コーホート別進学率の推移を大学入学定員の推移よりもなだらかにしている要因であろう．
25) この方案の立案過程とその詳しい内容に関しては，鄭泰秀［1991］，有田［1999］などを参照のこと．
26) 課外授業禁止の翌年，政府は目的税の一種である「教育税」を新設し，公教育拡充のための予算を確保した．これにより「課外授業費を公教育投資に用いる」という当初の目的が達成されたことになる．
27) ただし，浪人生の予備校通学はこの限りではなく，また音楽・美術などの芸術系科目の実技指導や，趣味活動のための教習行為なども事前登録を行うことで許可された．その後，成績不振生徒に対する補習授業が許可されるなど，基本的には課外授業禁止の原則を固持しつつも，限定的な緩和措置がいくつか講じられた（尹正一ほか［1996］）．
28) その後，民主化の達成と共に，教育の自由を剥奪する課外授業禁止措置に対しては批判の声が強まり，1980 年代末以降，課外授業禁止措置は段階的に緩和されていった．また 2000 年には憲法裁判所において課外授業禁止措置は教育権を侵害するものであるとの違憲判決が出され，この禁止措置は完全に撤廃されるに至っている．

II 経済的報酬・職業的地位・社会移動

4章　賃金水準に対する学歴効果とその変化

　新古典派経済学理論を教育の領域に応用させ，個人の進学行為を「投資」と捉える人的資本論の登場以降，個人の進学行為は「進学することによって，将来どれほど大きな金銭的便益が得られるか」という視角から理解されるようになってきた．韓国における際だって高い「教育熱」を説明しようとする諸議論もこの例外ではない．後に確認するように，韓国における学歴間賃金格差――特に大卒者と高卒者間のそれ――は少なくとも1980年代に至るまでそれなりに大きく，このためにひとびとの大学進学意欲が高まっているとの説明が多くなされてきたのである[1]．

　しかし，このような説明を受け入れる前に，第3章において確認した1980年代の高等教育学生定員拡大が韓国における学歴間賃金格差にどのような影響を与えてきたのかを綿密に検討しておく必要がある．第1章において検討したように，新古典派的な労働市場モデルに基づけば，大卒者の増大は彼らの相対的な賃金水準を下落させ，大学へ進学することによる追加的な金銭的便益は低下することになる．しかしその一方で，サローの仕事競争モデルに代表されるように，大卒者の急増は必ずしも新古典派理論が想定するような賃金変動をもたらさず，大学進学に伴う追加的便益が低下しないという可能性を認める議論もある．このように，労働市場における賃金・就業機会の決定メカニズムをどのように捉えるかによって，新規大卒者の増大が彼らの賃金に与える影響についての予測が大きく異なってくるのである．

　これらを考慮するならば，まずは1980年代の大卒者の急増によって韓国の賃金構造にいかなる変化が生じたのかを詳細に検討しておく必要があるだろう．直接的には定員政策の変化を契機としながらも，ひとびとの教育達成

意欲の高さに支えられた形で生じた韓国の大卒者急増が, 労働市場にどのようなインパクトを与え, 学歴と賃金の関係についてどのような変化をもたらしたのか. またそれはひとびとの教育達成意欲にどのようなフィードバック効果を与えるものであったのか. これらの問題の検討は, 韓国における高い教育達成意欲の「持続性」を理解するための, さらには韓国労働市場における学歴と経済的報酬との結びつきの本質を理解するための重要な手がかりを提供してくれるであろう.

本章では, 以上の問題関心に基づきながら, 主に賃金統計資料を用いて大卒学歴の持つ経済的報酬規定効果とその変化に関して実証的に分析していく. 分析対象を大卒学歴に限定するのは, 韓国の選抜システムが「大学進学段階集中型」という性格を持ち, ひとびとの教育達成意欲も実際には「大学進学意欲」とほぼ同義となっているためである[2]. また, 本章の分析対象は, 被雇用者の賃金に限定し, 自営業者を含むひとびとの所得と学歴の関係については第6章において考察する. さらに本章では, 大学進学の金銭的便益の変化が大学進学意欲に対して及ぼすフィードバック効果を検討するために, 大学進学需要の時系列分析を試みる.

1. 学歴間賃金格差の変化——集合データを用いて

先行研究の検討

韓国の学歴間賃金格差に関する研究は, 日本などと比べればそれほど多いとは言えない. 張スミョン [2002], 崔ヨンソプ [2003] など, 学歴間賃金格差の問題を扱った研究はそれなりに存在するが, その多くは一時点の横断面データに基づいたものであり, 格差の変化については十分な考察を行っていない. 金グァンジョ [1995] は1980年と1990年の賃金センサスデータに基づき, 1980年代における学歴間賃金格差の変化の分析を行っているが, 彼の分析は, 学歴間賃金格差の要因分解と「教育プレミアム」の推定に限定されており, この時期の賃金構造の変動がどのような性格のものであったのか, 十分な知見は導き出されていない. また, チョンジンホほか [2004] も, 1982年から2002年までの学歴間賃金格差の変化とその要因についての考察

を試みたものであるが，さまざまな賃金指数の時系列データを提示したにとどまっている．このため，1980年代から1990年代前半にかけての時期における学歴間賃金格差の変動とその教育達成意欲へのフィードバック効果を，賃金構造調査の原データを用いて詳細に検討するという本章の分析は，韓国における教育達成意欲の経済的根拠を理解するために大きな意義を持つのである．

　実は類似した問題意識に基づく研究は，1980年代初頭，朴世逸によって手がけられてはいる（朴世逸［1982］［1983］［1984］）．しかし，彼の先駆的研究の分析対象は1981年までにとどまっており，その後の大卒者急増の影響は十分に検討されていないのである．

　朴世逸の論文においては，韓国における学歴間賃金格差の発生要因についても考察が加えられている．彼は，賃金格差の発生要因として，選別理論および差別的需要独占モデルなどに基づいた市場的要因と共に，韓国固有の歴史的・制度的要因の重要性を同時に認めているが，その1つとして彼が挙げているのが日本による植民地支配経験の影響である．植民地支配下の朝鮮では，労働市場にも「分割支配」の論理が貫徹され，その結果，行政機構や内地から進出した日本人企業の管理・行政職に就いた高学歴者の賃金は，生産職従事者である低学歴者と比して実際の生産性の格差以上に高いものとなった．統治上の理由に基づいて生み出されたこのような賃金体系は，解放後にも大きな修正を加えられることなく政府及び政府傘下の企業・銀行などにそのまま移植され，また大卒労働力供給が比較的制限されていた当時の状況においては，産業化の進展と共に大きく成長した民間企業も，政府部門と同等，あるいはそれ以上の賃金を提示しなければ彼らが必要とする大卒労働力を雇い入れることができず，そのような賃金体系は民間企業にもそのまま受け継がれたと彼は指摘する．こうして，大きな学歴間格差をはらんだ賃金構造が韓国社会全体に根付くこととなった，というのが彼の「植民地遺産仮説」である（朴世逸［1983:34-35］）．

　朴世逸はさらに，ドーアの議論を下敷きにしながら，韓国の産業化の後発性もこのような学歴間賃金格差の発生要因として作用しているとする．韓国では，前近代的な土着の技術・経営技法が発展して近代的な産業及び経営技

術が生み出されたのではなく，それらの技術が主に先進国から高等教育機関を通じて輸入されてきたため，産業化過程において必要とされる近代的技術の消化・適用能力としての「学歴」が労働市場において大きな意味を持ってきたとするのである（朴世逸［1983:35-36］）．

韓国の学歴間賃金格差に対する非経済的要因の影響を認める議論はほかにも多い．教育の収益率分析を行う過程において孔銀培らが「高学歴者を優遇する文化的・制度的影響によって，大卒者が高卒者に比べて，実際の労働生産性よりも相対的に高い賃金を得ている」（孔銀培ほか［1994:173］）としているのもこの一例であろうし，C．ソレンセンも同様に，儒教的価値観が「教育を受けた者」と「受けていない者」との間の大きな賃金格差を生み出す要因として作用していることを指摘している（Sorensen［1994］）．

しかし，仮に学歴間での大きな格差をはらんだ韓国の賃金構造がこれらの制度的要因のみに拠って存立しているとするならば，それはかなり硬直的な性格を持つはずであり，教育達成の経済的インセンティブの水準は，急激な教育拡大などが生じたとしても容易には変化しないこととなる．果たしてそれは事実なのであろうか．

学歴間平均賃金比率とその推移

ここではまず，多くの先行研究において経済的な学歴効用の根拠として示されていた平均賃金の学歴間比率とその推移について確認しておこう．第2章でも扱った韓国労働部発行の『賃金構造基本統計調査報告書』（1991年までは『職種別賃金実態調査報告書』）に基づき，高卒者の平均賃金に対する各学歴集団の平均賃金比率（男子）を示したものが図4-1である[3]．この調査は，1968年より実施されているものであるが，初期の調査に関しては，報告書の体裁上の不備や，学歴カテゴリーが現在のそれとは異なっているなどの問題があるため，ここでは連続性が担保される1974年以降のみを直接の分析対象とし，また労働市場の構造に著しい変化が発生した1997年の経済危機以降の時期に関しても，分析の機会を次に譲り，ここでは深く扱わないこととする．また，女子サンプル数は相対的に少なく，さらに女子勤労者の就業パターンは男子とは大きく異なっており，男子の場合とはまったく別

図 4-1　学歴間平均賃金比率

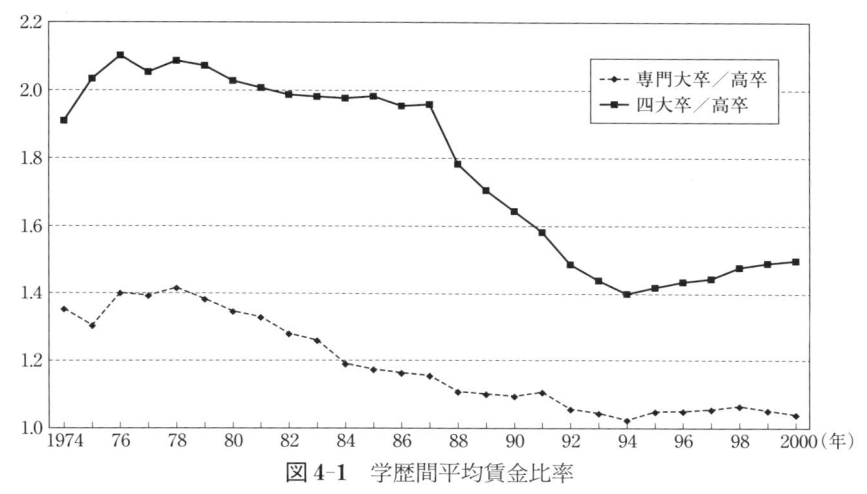

(出所) 労働部『賃金構造基本統計調査報告書』各年版より作成.

種の分析が必要である．女子の分析は改めて行うこととし，ここでは男子サンプルのみに分析対象を限定する．

この図からは，少なくとも 1980 年代前半までの時期，大きな学歴間賃金格差が存在しており，特に，高卒者の平均賃金と四年制大学卒業者（以下，四大卒者）の平均賃金との格差は 2 倍程度にまで開いていたことがわかる．また，図には示していないものの，四大卒者と高卒者の賃金格差は入職したての若年層においてもある程度生じており，四大卒者の賃金がその後大きく上昇するにつれて，両者間の格差はさらに大きくなっているのである．

しかし，それまで 2 倍程度の水準で推移していた四大卒／高卒者間賃金比率は，1980 年代後半から 1990 年代半ばにかけて急激な縮小傾向を示しており，近年では 1.4-1.5 倍程度にまでその差は縮まっていることがわかる．また専門大卒／高卒者間比率は 1980 年代前半から縮小しており，現在では高卒者の平均賃金よりも数％高いのみにすぎない．また，両者とも 1990 年代半ば以降は大きく変動しておらず，一定の水準で推移している．

このような大卒／高卒者間の賃金比率の推移は，この間の新規大卒者数の変化とかなりの相応を示しているように見える．第 3 章で確認したように，

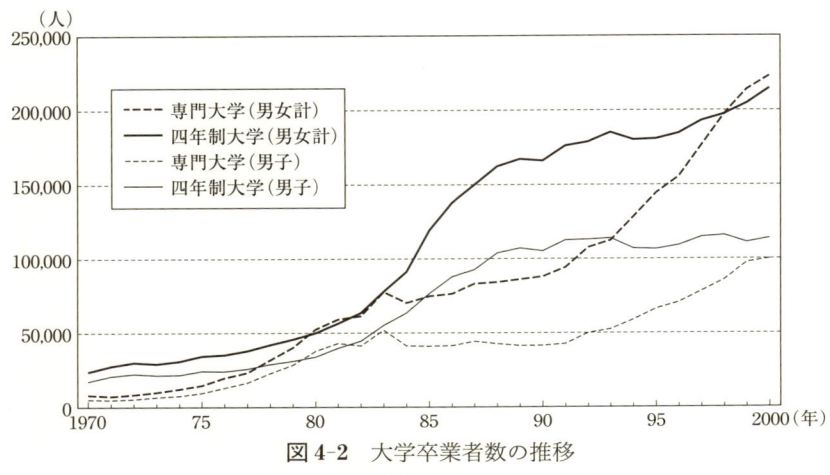

```
(人)
250,000
            ---- 専門大学(男女計)
200,000 ── 四年制大学(男女計)
            ---- 専門大学(男子)
150,000 ── 四年制大学(男子)

100,000

 50,000

      1970   75    80    85    90    95   2000(年)
```

図 4-2　大学卒業者数の推移

(出所) 教育部『教育統計年報』各年版より作成.

　韓国では 1980 年を前後して高等教育定員政策に大きな変化が生じ，高等教育機関の入学者数がきわめて大きく増加することとなった．1970 年代以降の新規大卒者数の推移を示した図 4-2 からは，このような高等教育定員政策の変化を受けて，専門大卒者は 1980 年前後より，また四大卒者は 1980 年代中盤より，急激に増加していることが見てとれる．これは男子のみの場合も同様であり，特に，1970 年代には 2-3 万人台であった四大卒者は，80 年代に 10-11 万人台にまで急激な増加を遂げた後，1990 年代に入って以降は比較的安定した水準で推移している．先に確認した「高位安定→急激な下落→低位安定」という四大卒／高卒者間の賃金比率の変化は，数年のタイムラグは存在するものの，このような「低位安定 (1970 年代)→急激な拡大 (80 年代)→高位安定 (90 年代)」という新規四大卒者数の変化と軌を一にしているのである．同様に，専門大卒／高卒者間の賃金比率が 1980 年代以降徐々に縮小しているのも，この間の新規専門大卒者の増加趨勢に対応しているものと捉えられる．

　ちなみに，当該年度の新規大学卒業者数を同じ年度の新規高卒非進学者数 (高卒者数−進学希望者数) で除した新規大卒／高卒者数相対比と，大卒者と高卒者間の平均賃金比 (1975-97 年) の相関係数をとると，5 年のタイム

ラグを置いた場合，四大卒者のそれは－0.961となっており，彼らの賃金水準は相対的な新規大卒者数ときわめて強く相関していることがわかる．ちなみに専門大卒者の場合，同じく5年のタイムラグ付き相関係数は－0.848となっており，四大卒者のそれよりは劣るものの，それでもやはり相関は高い．これらより，韓国の賃金構造は，新規に労働市場に参入してくる労働力の学歴構成の変動に対してかなり敏感に反応していることがうかがえるのである．

年齢集団別にみる学歴間賃金格差

以上で示してきた学歴別平均賃金，及びその比率は，韓国における学歴取得の金銭的便益の水準を表す指標としてこれまでも多くの文献において提示されてきたものである．しかしこれらの値は，さまざまな属性を持つ多様な勤労者の賃金を単純に各学歴ごとに平均したかなり「粗い」指標であり，他の属性変数をも考慮にいれたもう少し詳細な分析を試みる必要があろう．

ここでまず注目するのは勤労者の年齢である．韓国においても勤労者の年齢が上昇するほど賃金が上昇するという傾向が一般に認められるが，それを前提とした場合，新規大卒者の増加，およびそれによる新規高卒者の減少は，大卒勤労者の年齢分布を若年側（＝相対的低賃金側）に，また高卒勤労者の分布を壮年側（＝相対的高賃金側）へとシフトさせるため，学歴と賃金水準の結びつきにまったく変化がない場合でも，大卒／高卒間での平均賃金の比率を低下させてしまう可能性が存在するのである．

このような「年齢効果」を統制するために，比較の時点間において各学歴別勤労者集団の年齢分布に変動がないと仮定した上で算出した実質学歴間賃金比率の推移を確認しておこう（表4-1の括弧内）．これによれば，四大卒／高卒者間の場合，やはり1980年前半にはほとんど賃金比率が変わっていないのに対し，80年代後半，90年代前半に大きく低下している．また，専門大卒／高卒者間の場合もほぼ同様の傾向を示している[4]．

年齢分布の変化を統制した以上の賃金比率データからは，学歴間賃金比率の変化の「要因分解」が可能となる．1980年から学歴間賃金比率がもっとも低下した1995年までを例にとると，この間，四大卒者と高卒者間の単純平均賃金比は2.023から1.420まで低下しているが（図4-1），この低下分

表 4-1 実質学歴間賃金比率（1980 年の年齢分布基準）

	1980	1985	1990	1995	2000
高　卒	0.944	0.927	0.920	0.929	0.893
専門大卒	1.266 (1.341)	1.170 (1.262)	1.099 (1.194)	1.044 (1.124)	1.019 (1.141)
四大卒	1.910 (2.023)	1.873 (2.020)	1.658 (1.801)	1.446 (1.556)	1.451 (1.625)

（注）上段は勤労者全体の平均賃金を，下段（括弧内）は高卒者の平均賃金を1とした場合の相対賃金．
（出所）労働部『賃金構造基本統計調査報告書』各年版より作成．

(0.603) のうち，純粋な学歴間賃金格差縮小によって説明される部分は，年齢分布不変時の賃金比率減少分である 0.467（＝2.023－1.556），すなわち全低下分の 77.4％であり，残りの 22.6％は年齢構成の変動，およびこれら 2 つの変動の相互作用に帰せられるべきものであることがわかる．これらの点から判断すれば，単純な学歴間平均賃金比率の推移のうち，ある程度は各学歴集団の年齢分布の変化によって説明されるにせよ，しかしその大部分はやはり，実質的な学歴間賃金格差の変化によって生じているものなのである．

次に，勤労者全体の平均賃金に対する各学歴集団の相対的な平均賃金水準の推移を確認しておこう．同じく表 4-1 を見ると，年齢分布の変動を統制した場合でもやはり，専門大卒者は 80 年代前半より，また四大卒者は 80 年代後半より相対的な賃金比率が低下していることがわかる．これに対し，高卒者の全勤労者に対する平均賃金比率は，少なくとも 90 年代前半に至るまで大きく変動していない．特に大卒者の急増が激しかった 1980 年代後半から 1990 年代前半までの 10 年間，高卒者の相対的な賃金比率はほとんど変化していないのである[5]．このような趨勢は，サローの仕事競争モデルに基づいた場合の予測とは大きく異なる．第 1 章で見たように，それぞれに賃金が定められた確固たる「仕事構造」の存在を前提とするサローの仕事競争モデルにおいては，大卒勤労者の増大は，相対的に学歴のより低い高卒勤労者をさらに賃金の低い仕事へと追いやり，結果として大卒勤労者の平均賃金のみならず，高卒勤労者の平均賃金も低下させてしまうものと予測された．しかし，1980 年代後半以降，高卒勤労者の実質的な平均賃金水準は目立って低下しておらず，サローモデルの当てはまりがそれほど良好ではないことを示して

表 4-2　年齢集団別学歴間賃金比率

	年	年齢								
		20-24	25-29	30-34	35-39	40-44	45-49	50-54	55-59	60-
専門大卒／高卒	1980	1.319	1.193	1.184	1.201	1.182	1.357	1.344	1.487	1.598
	1985	1.115	1.077	1.172	1.217	1.205	1.200	1.335	1.384	1.071
	1990	0.952	1.006	1.102	1.185	1.268	1.275	1.204	1.418	1.308
	1995	0.953	0.944	1.044	1.113	1.201	1.146	1.206	1.304	1.427
	2000	0.945	0.959	1.024	1.095	1.187	1.293	1.284	1.318	1.317
四大卒／高卒	1980	1.687	1.530	1.570	1.806	1.884	1.986	1.894	1.979	1.964
	1985	1.492	1.482	1.593	1.764	1.845	1.973	1.961	2.265	1.752
	1990	1.312	1.265	1.412	1.629	1.758	1.875	2.023	2.175	2.315
	1995	1.030	1.075	1.221	1.371	1.513	1.638	1.933	2.124	2.400
	2000	0.996	1.101	1.280	1.428	1.536	1.683	1.844	2.380	2.433

(出所) 労働部『賃金構造基本統計調査報告書』各年版より作成．

いる．

　この時期の賃金構造の変動を年齢集団別にさらに詳しく観察しておこう．表4-2は，賃金構造調査報告書をもとに，各年齢集団の学歴間賃金比率を示したものである．これによれば，1980年代後半から90年代前半にかけての時期における四大卒／高卒者間賃金比率の低下は，若年齢層において特に顕著であることが見てとれる．80年代後半には30歳代までの，90年代前半には40歳代までの年齢集団における格差が大きく縮小しているのであり，それ以上の年齢層ではそれほど大きな変動がみられない．

　韓国では，基本的には20歳以上のすべての男子に対して兵役の義務が課せられているのであるが，大学生の場合，大学在籍中に3年程度休学して兵役を済ませてしまうことが多い．そのため，四年制大学の男子卒業者は，労働市場参入時の年齢が早くとも20歳代後半となってしまう．このような事実をふまえれば，80年代以降，賃金格差が縮小した年齢層とは，高等教育定員政策の変化によって大卒者数が大きく急増したコーホート（および，それと年齢が近いコーホート）であることが理解し得よう．すなわち，80年代後半以降の四大卒／高卒者間賃金格差の縮小は，この時期労働市場に新規参入した大卒者の実質賃金が低下すると共に，彼らの（そして彼らと「代替可能性」の高い近接コーホート大卒者の）賃金がその後も高卒者ほどには上

昇しなかったことによって生じた現象であるものと捉えられる.このような賃金構造の変動は,ある程度の調整期間が必要とされたとはいえ,やはり新古典派経済学理論が想定している労働市場の賃金調整メカニズムにより近いものであると考えられる[6].

2. 賃金関数の推定による学歴間賃金格差の分析

賃金関数の推定とその結果

前節では,1980年代から1990年代前半にかけての賃金構造の変動を集合データを用いて分析した.本節ではこの間の賃金変動についてさらに踏み込んだ分析を行うため,賃金構造調査の原データを用い,賃金関数の推定を行っていく.ここでの分析に用いるのは,前述した賃金構造調査の1980年,85年,90年,95年原データの10％無作為抽出サンプルである[7].

教育の持つ稼得能力向上効果の分析を目的とした賃金関数推定を行う際には,ミンサーの分析において用いられた以下のような関数が使用されることが多い（Mincer [1974:84]）.

$$\ln E_t = \ln E_0 + rs + \beta_1 t + \beta_2 t^2$$

（s：教育年数, t：労働市場における経験年数, E_t：t年後の稼得能力＝賃金）

本節における分析においても,多少の修正を加えながら,基本的にはこの関数式によって賃金関数の推定を行うこととする.この式には経験年数の1次の項（$\beta_1 t$）と2次の項（$\beta_2 t^2$）が含まれているが,これは個人の賃金が一般に「経験年数の増加に伴って上昇するものの,その賃金上昇幅は経験年数の増加につれて次第に小さなものとなる」という傾向を示すためである.以下の分析では,対象者の年齢から,各教育段階の標準的な修了年齢を差し引いた値を経験年数として用いることとする.

また,このミンサー型の賃金関数では1ヵ年の教育年数の増加は教育段階にかかわらず同程度の賃金上昇効果を持つものと仮定されている.しかし,各教育段階別の賃金上昇効果,ならびにその変動を詳細に分析しようとする場合,このような仮定は適さない.そのため,以降の分析においては,教育

年数の代わりに各教育段階に対応するダミー変数を用い，各教育段階の賃金上昇効果をそれぞれ別個に取り扱うこととする．ここでは高校卒業者を基準とした初等学校卒，中学卒，専門大卒，四年制大卒の各ダミー変数を組み入れ，その回帰係数を推定する．また，この関数式を基本モデル（モデル1）とした上で，さらに職種ダミー変数などを必要に応じて付け加えていく．なお本節でも，サンプル数の問題などのため，分析対象は男子に限定することとする．

　表4-3は，1980年，85年，90年，95年の男子勤労者サンプルを対象として，基本モデルであるモデル1，及びそれに各職種ダミー変数（生産関連職基準）を付け加えたモデル2のそれぞれに関して推定を行った結果である．ただし，92年の職業分類変更によりそれ以前の時期との職業比較が困難になっているため，95年サンプルに関してはモデル2の推定は行っていない．この表におけるモデル1の各学歴ダミー変数の係数推定値からは，経験年数を統制した上での学歴間賃金格差の程度とその推移について知ることができる．この回帰分析では賃金総額の自然対数値を従属変数としているため，経験年数統制後の高卒者を基準とした学歴間実質賃金格差は，自然対数の底 e を各教育段階ダミー変数の回帰係数値でべき乗した値として推定されることとなる．これに基づき四大卒／高卒者間の実質賃金格差を推定してみると，80年時点で1.99，85年時点で1.97と約2倍程度の格差が生じていたのに対し，90年で1.60，95年で1.52と，やはり大きく格差が縮小している．また，専門大卒／高卒者間格差も同様に，80年の1.34から，85年には1.27，90年と95年は1.13と低下傾向を示している．このような事実は，前節で得られた知見とほぼ合致するものである．ただし，四大卒／高卒者間格差の実質的な縮小は，90年代前半よりも80年代後半の時期においてはるかに急速に進行したことがわかる．

　次に，前節での検討結果から学歴間賃金格差が特に大きく縮小していることが明らかになった若年層についても，格差の程度とその推移を検討しておこう．表4-4は，新たに労働市場に参入する新規学卒者を多く含む20代から30代前半までにサンプルを限定し，同様の賃金関数推定を行った結果である．この表からは，専門大卒／高卒者間，ならびに四大卒／高卒者間格差

表 4-3 賃金関数推定結果（全年齢）

	1980 年		1985 年		1990 年		1995 年
	モデル1	モデル2	モデル1	モデル2	モデル1	モデル2	モデル1
定　数	11.469***	11.429***	11.952***	11.917***	12.706***	12.748***	13.240***
経歴年数	.072***	.069***	.080***	.076***	.067***	.060***	.078***
(経歴年数)² (×100)	−.118***	−.113***	−.132***	−.129***	−.114***	−.101***	−.137***
初　卒	−.477***	−.387***	−.421***	−.328***	−.325***	−.266***	−.217***
中　卒	−.323***	−.245***	−.295***	−.219***	−.257***	−.206***	−.204***
専門大卒	.294***	.175***	.235***	.097***	.123***	.064***	.124***
四大卒	.687***	.528***	.677***	.499***	.473***	.361***	.416***
専門技術		.221***		.300***		.072***	
行政管理		.414***		.418***		.293***	
事　務		.162***		.154***		.090***	
販　売		−.146**		.038		−.075*	
サービス		−.233***		−.155***		−.325***	
農林漁業		−.237*		.091		−.195***	
R^2	.531	.559	.531	.564	.326	.366	.421
N	18,029		19,456		34,602		28,992

(注) *: $p<.05$　**: $p<.01$　***: $p<.001$.
(出所) 賃金構造基本統計調査各年データ 10％サンプルより筆者作成.

は，全年齢を対象とした場合と同様，80 年代以降に大きく縮小していることがわかる．ただ，モデル1における専門大卒，四大卒ダミー変数の推定係数値を先の表 4-4 のそれと比べてみると，80 年の時点では全年齢層と若年層の間にほとんど差がないものの，時間の推移と共に若年層の四大卒・専門大卒ダミー変数の係数値は，全年齢層のそれよりもさらに小さなものとなっている．これは，この間の実質的な大卒／高卒者間賃金格差の縮小幅が，若年層においてさらに大きなものであったことを表している．実際，これらの推定値から算出した 95 年時点での若年層の専門大卒／高卒者間実質賃金格差は 1.08 倍，四大卒／高卒者間のそれは 1.40 倍と，やはり全年齢層のそれよりも格差はさらに小さくなっているのである．このような分析結果からも，この時期の学歴間賃金格差の縮小傾向は，やはり新規に労働市場に参入した学卒者，あるいは彼らと「代替性」の高い若年層において特に顕著なもので

表 4-4　賃金関数推定結果（20-34 歳）

	1980 年		1985 年		1990 年		1995 年
	モデル1	モデル2	モデル1	モデル2	モデル1	モデル2	モデル1
定　数	11.496***	11.452***	11.900***	11.866***	12.636***	12.641***	13.178***
経歴年数	.067***	.064***	.087***	.083***	.086***	.085***	.099***
(経歴年数)^2 (×100)	−.079***	−.070***	−.136***	−.125***	−.207***	−.205***	−.238***
初　卒	−.504***	−.438***	−.465***	−.406***	−.437***	−.414***	−.302***
中　卒	−.328***	−.264***	−.308***	−.251***	−.255***	−.242***	−.178***
専門大卒	.297***	.208***	.233***	.109***	.098***	.074***	.074***
四大卒	.679***	.561***	.650***	.507***	.415***	.376***	.333***
専門技術		.202***		.261***		.032***	
行政管理		.402***		.416***		.191***	
事　務		.158***		.150***		.049***	
販　売		−.076		.036		−.140***	
サービス		−.163***		−.077***		−.185***	
農林漁業		−.150		.083		−.053	
R^2	.443	.464	.448	.477	.248	.257	.333
N	10,748		11,371		18,063		14,011

(注) *:$p<.05$　**:$p<.01$　***:$p<.001$.
(出所) 賃金構造基本統計調査各年データ10％サンプルより筆者作成.

あったという事実を確認することができよう．

職種別にみる学歴間賃金格差

　1980年代以降の学歴間賃金格差の推移を検討する際には，この時期の職種間賃金格差の変動についても考慮する必要がある．韓国では1987年の民主化宣言以降，激しい労働運動が展開されたのであるが，これは主に，それまで厳しい労働環境に置かれてきた生産職従事者を中心としたものであり，賃金水準を含めた彼らの労働条件の改善がこの運動の目的の1つとされていた．実際，この時期の労使紛争を契機として，生産職従事者の賃金は大きく上昇したのである．

　このような事実を考慮するならば，本章においてその推移を詳細に確認してきた大卒／高卒者間賃金格差の縮小も，直接的には労働運動の成果として

の職種間賃金格差の縮小に起因するのかもしれない．すなわち，生産職には四大・専門大卒者よりもはるかに多くの高卒者が従事しているため，生産職賃金の急激な上昇とそれによる職種間賃金格差の縮小が，数字の上では大卒／高卒者間賃金比率の低下としてあらわれている，という解釈も可能なのである．実際，図4-1に見るように，民主化が達成され，労使紛争が激化した1987年以降，四大卒／高卒者間賃金比率は急激な低下傾向を示している．

　このような職種間賃金格差縮小の影響を統制するために，生産関連職従事者を準拠対象とした各職種ダミー変数をモデル1に追加したのが表4-3および表4-4のモデル2である．この推定結果からは，全年齢層，若年層共に，四大卒ダミーは1980年代後半に，専門大卒ダミー変数は80年代を通じて，その係数推定値が大きく低下していることが見てとれる．賃金関数に各職種ダミー変数を組み入れることによって，各学歴ダミー変数の係数推定値は，経歴年数のみならず，職種間賃金格差の影響をも統制したさらに純粋な学歴間格差の程度を示すものとなるのであるが，以上の結果からは，この間の職種間賃金格差縮小の影響をコントロールしてもなお，四大卒／高卒者間格差は1980年代後半に，専門大卒／高卒者間格差は80年代を通じて急速に縮小しているという事実を見てとれる．すなわち，80年代後半における学歴間平均賃金比率の低下は，労働運動の激化を契機とする職種間賃金格差の縮小のみによってもたらされたのではなく，そのうちのかなりの部分が純粋な大卒／高卒者間の賃金格差の縮小に起因しているものなのである[8]．

　とはいえ，モデル2における各職種ダミーの係数推定値からは，1980年代後半における職種間賃金格差の縮小はやはり相当に著しいものであったことが理解できる．このモデルにおいては，生産関連職従事者の賃金に対する各職種従事者の賃金比率が推定されているのであるが，各職種，特にホワイトカラー職である専門技術，行政管理，事務職の係数推定値は80年と85年の間でほとんど変化が無く，80年代前半には学歴と経験年数が等しい場合でも専門技術職に就くことで20-30％の，また事務職に就くことで10数％の賃金上昇を期待できたことになる．しかし80年代後半においてこれらの係数推定値はいずれも大きく低下している．若年層における専門技術，事務職ダミーの係数推定値の下落はさらに著しく，90年にはほぼ0に近い値に

なっている．すなわち90年の時点では，学歴と経験年数が同じならば，(生産関連職に従事した場合と比較して)専門技術職，事務職に従事することによる賃金上昇効果はほとんど存在しないに等しいのである．経済開発の過程において，生産職労働者の賃金は政策的に抑えられてきたのであるが，抑圧的な労働管理政策の弱化に伴い，ようやく他職種(特にホワイトカラー職)との間の賃金格差が消滅しつつあると言えよう．

以上より，確かにこの間の大卒／高卒者間賃金比率の低下は，部分的には，職種間賃金格差の縮小によってもたらされたものであるが，それのみならず，やはり各職種(特に大卒者の多いホワイトカラー職種)内における純粋な学歴間賃金格差の縮小にも多くを負っているものと言えよう．より現実的な解釈を施すならば，「労働者大闘争」は賃金体系の全面的改革の契機をもたらし，このような変化の過程において，新規供給労働力の学歴構成の変化という市場的要因に対応しつつ学歴間賃金格差自体も次第に縮小していったものと考えられるのである[9]．労使紛争が比較的沈静化していった90年代前半においても大卒／高卒者間賃金比率が引き続き低下しているという事実は，このような解釈の妥当性を裏づけるものと言えよう．

決定係数の変化と企業規模効果

賃金構造調査の原データサンプルを用いた賃金関数の推定によると，集合データに基づく平均値の比較分析では十分に扱い得なかった賃金構造のもう1つの重要な側面に接近することができる．すなわち「賃金水準の散らばり」に関する諸問題がそれである．

まずは，表4-3及び表4-4を基に回帰モデルの決定係数の推移を簡単に確認しておこう．表4-3のモデル1の推定結果を見ると，1980年，85年には決定係数は0.53程度であるのに対し，90年のそれは0.326にまで大きく低下している．その後95年データでは0.421へとやや上昇に転じているが，それでも80年，85年の水準にははるかに及ばない．回帰モデルの決定係数とは，被説明変数(ここでは賃金水準)の散らばりのうち，説明変数(モデル1では経歴年数と教育水準)によってどの程度が説明され得るかを示す指標であり，その説明力に応じて0から1までの値をとる．すなわちこのよう

な決定係数の推移は,全勤労者の賃金水準(対数値)の散らばりのうち,80年と 85 年には経歴年数と学歴によってその 53％程度が説明されていたのに対し,90 年にはその説明力が 33％にまで低下したことを示している.また,若年層の場合も決定係数の低下は著しく,80 年,85 年には散らばりの 45％程度が説明されていたのに対し,90 年にはそれが 25％にまで落ちている.

このように,1980 年代後半の学歴間賃金格差の縮少傾向は,賃金水準の散らばりに対する経歴年数および学歴という 2 つの変数の決定力減少傾向でもあったのである.では,これらの変数の代わりに,賃金水準の決定により強い作用を及ぼすようになった変数は存在するのであろうか.

ここで着目するのは「企業規模」の影響である.80 年代後半の激しい労働運動は,主に大企業生産職従事者を中心としたものであったため,この時期,企業規模間での賃金格差が拡大したとの指摘がなされている(南奇坤 [1999] など).ここでは,この企業規模変数の影響に着目しつつ,賃金変動が特に激しかった 1980 年代後半の賃金構造の変化を分析してみよう.

1985 年と 90 年の賃金構造調査データには調査対象者が勤務する企業規模に関する情報が含まれている.この変数[10]をモデル 1 に付け加えたのが表 4-5 のモデル 3 である.このモデルの推定結果をみると,まず 85 年データに関しては,新たに追加した企業規模変数にこそ正の有意な影響が認められるものの,表 4-3 及び表 4-4 のモデル 1 の推定結果と比較すると,決定係数は全年齢層の場合 0.531 から 0.557 へ,若年層の場合 0.448 から 0.478 へと上昇しているに過ぎず,その上昇程度はそれほど大きなものではない.これに対し,90 年データに関しては,企業規模変数を追加することによって全年齢層の決定係数は 0.326 から 0.486 へと非常に大きく上昇している.また若年層の場合は,0.248 から 0.442 へとさらに大きく上昇しており,これによって決定係数の絶対水準自体も,85 年データとそれほど変わらないものとなっている[11].また,企業規模変数の係数推定値自体も上昇しており,この間,企業規模間での賃金格差が拡大していることが理解できる.

以上より,1980 年代後半における賃金構造の変動は,経歴年数および学歴の全般的な賃金規定力の低下過程であると共に,企業規模という変数が賃金水準を強く規定するようになっていった過程でもあると言えよう.また,

表 4-5　企業規模変数を含めた賃金関数推定結果（全年齢層，若年層）

	1985 年 モデル 3		1990 年 モデル 3	
	全年齢	20-34 歳	全年齢	20-34 歳
定　　数	11.697***	11.665***	12.396***	12.363***
経歴年数	.078***	.087***	.062***	.078***
(経歴年数)² (×100)	−.128***	−.140***	−.101***	−.002***
初　卒	−.397***	−.417***	−.284***	−.314***
中　卒	−.271***	−.277***	−.225***	−.178***
専門大卒	.247***	.240***	.168***	.140***
四大卒	.675***	.642***	.460***	.391***
企業規模	.050***	.045***	.087***	.080***
R^2	.557	.478	.486	.442

（注）*: $p<.05$　**: $p<.01$　***: $p<.001$．
　　　サンプル数は表 4-3, 表 4-4 と同一．
（出所）賃金構造基本統計調査各年データ 10％サンプルより筆者作成．

このような変化は若年層においてさらに顕著なものだったのである．

学歴別にみる企業規模効果

　では，このような企業規模効果の上昇傾向は，同時期の大卒者の急増現象，あるいはそれによる学歴間賃金格差の縮小趨勢とどのような関係にあるのだろうか．この点を検討するため，学歴集団別に賃金水準の回帰分析を行い，この間の賃金構造の変化をさらに詳細に分析してみよう．

　まず，85 年と 90 年の賃金データのサンプルを学歴によって分割し，高卒，専門大卒，四大卒の各学歴集団に対して経歴年数および経歴年数の 2 乗のみを独立変数とした回帰分析を行った．この回帰式は，モデル 1 から，学歴別に分析を行うことで意味を失ってしまう学歴ダミー変数を除いたものであり（以下，モデル 1′），この回帰モデルの誤差分散は，経歴年数を統制した後の各学歴集団の賃金水準の散らばりを示すものとなる．分析結果の提示は省略するが，いずれの学歴集団においても，この誤差分散の推定量は 85 年から 90 年の間に大きくなっている[12]．これは若年層（20-34 歳）の場合も同

様であり，この時期，経歴年数のみによっては説明され得ない賃金水準の散らばりが，高卒者のみならず大卒者においても増大していることがわかる．

次に，このモデル1'による回帰分析の決定係数を，モデル1'に企業規模変数を追加したモデル3'[13]の決定係数と比べることで，企業規模変数の賃金決定力を学歴間で比較してみよう．まず1985年データの場合，モデル1'からモデル3'への決定係数の上昇は，高卒者（0.363→0.412），専大卒者（0.380→0.433），四大卒者（0.464→0.480）ともにそれほど著しいものではない．これは若年層でも同様であり，特に四大卒者（0.322→0.339）では上昇幅はさらに小さい．これらから1985年時点においては，企業規模変数の賃金決定力はそれほど大きなものではなかったと言えるだろう[14]．

これに対し，90年データでは，全年齢を対象とした場合，高卒者（0.217→0.413），専大卒者（0.291→0.424），四大卒者（0.368→0.466）ともに，企業規模の追加によって決定係数が大きく上昇している．この傾向は若年層において特に著しく，若年層の場合，高卒者（0.156→0.420），専大卒者（0.257→0.395）のみならず四大卒者（0.190→0.339）でも決定係数の上昇が大きい．これは四大卒者の中でも特に若年層において，企業規模の賃金規定力が大きく高まっていることの表れとして理解されるだろう．

さらにこの若年層に関して，企業規模の賃金上昇効果を具体的に見ておこう．モデル3'における企業規模変数の係数推定値を用いて，小企業（10-29人）と大企業（1000人以上）との間の賃金格差を算出してみると，高卒者の場合，85年にはその比率は1.32となっており，大企業に就業することによって小企業に就業するよりも32％増の賃金を受け取れたことになる．これに対し，1990年にはこの賃金上昇効果が51％（賃金比1.51）にまで増加しているのである．このような企業規模効果の増大は，四大卒者に関しても同様に認められる．この企業規模間賃金比は85年の1.17から90年には1.40にまで上昇しており，大企業に就業することによる賃金上昇効果は90年には40％にまで達しているのである[15]．

1980年代後半以降の企業規模間賃金格差の拡大に関しては，これまでこの時期に頻発した労使紛争との関係において理解されることが多かった．前述したように，南奇坤が「1980年代以降の大企業を中心とした労働運動，

そしてこれによる労働組合の脅威効果という制度的要因は，大企業労働者の賃金を相対的に大きく引き上げることで，規模別賃金格差を引き起こした」（南奇坤［1999：187］）と仮説的に述べているのもこの一例であろう．しかし，生産職従事者を中心とした労働運動が規模間格差拡大の主たる要因であるのならば，生産職従事者の少ない大卒者に関しては，この時期そこまで大きな規模間格差の拡大は生じないものと考えられる．しかしながら，本節の分析から明らかになったように，同一学歴集団内における賃金水準の散らばりの増大と，企業規模間賃金格差の拡大は，生産職に多く従事する高卒者のみならず，大卒者，特にそのほとんどがホワイトカラー職に従事する四大卒者においても同様に生じているのである．また四大卒者の場合，若年層において企業規模変数の賃金決定力が特に高まっているという事実と考えあわせるならば，この時期の大卒者の企業規模間賃金格差の拡大は，やはり大卒労働力の急増に起因している部分が大きいものと考えられる．すなわち，大卒者が稀少であったそれ以前の時期において，大卒者の賃金は企業規模にかかわらず比較的似通った水準であったのに対し，新規に労働市場に参入する大卒者の急増は，中小企業を中心として大卒若年者の賃金を相対的に低下させ，このようにして生じた企業規模間での賃金格差に対応する形で，大卒勤労者内での賃金水準の散らばりも増大していったものと推測されるのである[16]．前節で確認した高卒者との間の平均賃金比率の縮小も，以上のような中小企業を中心とした大卒若年者の相対的な賃金低下を一因とするものと考えられよう．

　このような大卒者の増大による若年大卒者の賃金分散の上昇，および企業規模間格差の拡大が，具体的な新規大卒者のジョブ・マッチング過程とどのように結びついているのかについては，新規大卒者の就職行動を扱う次章において，引き続き検討していく．

3．高等教育進学の私的収益率

　韓国社会における大学進学の金銭的便益は，ひとびとの大学進学意欲の高さを説明し得るほどに高いものなのだろうか．またそれは，1980年代以降

の賃金構造変動を受けてどのように変化しているのであろうか．この問題を検討するために，本節では「教育投資の内部収益率」の分析を行っていく．

教育投資収益率の概念と進学需要

人的資本論のキー・コンセプトでもある教育投資収益率とは，その名称が示している通り進学行為を「投資」と見た場合の収益率であり，学校納付金，放棄所得など，教育機関への通学に要される費用の総額と，その段階の教育機関に通ったことによって卒業後に得られる所得の増分とによって算出される（Becker［1964］など）．より具体的に言えば，教育投資収益率とは，当該段階の教育に関する各年の費用の総額と便益の総額[17]とを一致させるような（時間的）割引率の水準であり，これが高ければ高いほど，進学することによって得られる追加的な金銭的便益が大きいことになる．

またこの教育投資収益率には，教育を受ける側の個人が支出する費用と享受する便益とに基づいて算出される「私的収益率」と，社会全体でみた場合の費用と便益に基づく「社会的収益率」の大きく2つがあるが，個々人の教育行為を解明する上で重要なのは，もちろん前者，すなわち私的収益率である．第1章においても触れたように，教育機関への進学を投資行為とみる人的資本論の文脈においては，個々人は当該教育段階の私的収益率を市場利子率や他部門における投資収益率と比較しつつ，教育投資を行うか否かを決定するものと想定される．教育投資の私的収益率が相対的に高ければ，より多くの人々が教育投資を行おうとし，その結果進学需要も高まることとなる．

もちろん個人の進学行為に対するこのような想定は，実際の意思決定の非経済的側面をすべて捨象した上での「単純化」に過ぎないのであるが，韓国社会における高い教育達成意欲もその金銭的便益の大きさとの関係において説明される場合が多いという事実を考慮するならば，まずは韓国における教育達成の経済的インセンティブの水準について十分な考察を加えておくべきであろう．教育投資の私的収益率は，このインセンティブ水準を測るための指標として非常に大きな有用性を持つのである．

本節では，高等教育段階における教育投資の私的収益率の時系列比較と国際比較を通じて，韓国における大学進学の金銭的便益に関する考察を行う．

これまで確認したように，韓国における大卒／高卒者間賃金格差は1980年代以降急速に縮小しているのであるが，その縮小幅は，高等教育の私的収益率という指標で測った場合，どの程度大きなものなのであろうか．また大卒者の増加によって学歴間賃金格差が縮小した後の韓国における私的収益率，すなわち高等教育へ進学することによる金銭的便益は，諸外国と比較した場合，依然として「十分大きなもの」と言い得るのであろうか．

韓国における大学進学収益率とその比較

韓国教育開発院の孔銀培らは，大学に支払う学校納付金や放棄所得のみならず，教材費・学用品費をはじめとするあらゆる教育費データをアンケート調査によって補捉し，費用と便益の測定に細心の注意を払った上で，各教育段階別の私的収益率を算出している[18]．

孔らが行った教育収益率分析結果のうち，1985年時点の高等教育の私的収益率を見ると，四年制大学の私的収益率は男子が14.8％，女子が11.6％であり，専門大学に関しては男子が14.1％，女子が16.2％となっている（孔銀培ほか［1985］）．しかし，彼らが算出した1994年時点の高等教育の私的収益率を見ると，四年制大学の場合は男子が7.0％，女子が6.9％，専門大学の場合は男子が5.1％，女子が9.4％とそれぞれ大きく下落しているのである（孔銀培ほか［1994］）．このような教育収益率の下落傾向は，筆者がミンサーの簡便方式[19]を用いて行った推計結果からも同様に示されており，この間の賃金構造変動によって，大学進学の教育収益率は大きく低下していることがうかがえる．

では，孔らが詳細なデータを用いて推定した賃金構造変動後（1994年）の大学進学収益率は，他部門における投資と比較してどの程度高いものと言えるのだろうか．この問題に対して孔らは，1993年時点におけるいくつかの貯蓄性預金の利子率（8.5-15.0％）と1991年から1994年までの国債・社債の年平均利子率（13.5-14.4％）から，同期間中の年間平均物価上昇率（6.87％）と利子に対する税率（10-25％）とを差し引き，個人の小資本金融資産に対する実質平均利子率をマイナス2.5からプラス6.6％程度と推定している．そして，この利子率と比較することによって，「私的投資収益率

の場合，専門大男子を除いては，すべての学校級における教育投資が，他部門における投資よりも収益性が高い」(孔銀培ほか [1994:168]) と判断するのである．

確かに，教育投資収益率を算出する際に根拠としている賃金水準は当該時点における横断面での年齢別データに基づくものであり，事後的な学歴間賃金差は物価上昇に比例して拡大することが予想されるため，教育収益率を市場利子率と比較する際に名目金利ではなく実質金利を比較の対象にする，という彼らの判断も妥当なものと言えよう．ただしこの場合，これまで物価上昇率の高かった韓国では，名目利子率はそれなりに高くとも，物価上昇率で差し引いた後の実質金利は低い水準にとどまり，結果としてほとんどの教育段階の私的収益率が実質利子率を上回ることになるのである．こうして孔銀培らは，韓国におけるひとびとの高い大学進学意欲は経済的な根拠に支えられていることを示した上で，「労働市場における学歴間賃金格差が引き続き縮小していけば，大学教育に対する過需要も低下していく可能性がある」(孔銀培ほか [1994:177]) と述べる．

しかし，韓国における人的資本投資の収益性の高低を論じるためには，彼らの行ったように制度的な金融市場における実質金利を比較の対象にするだけでは不十分である．人的資本に対する投資は，その懐妊期間が長いこともあってかなりのリスクを随伴するものであるため，収益性比較の対象にも，よりリスクの大きな投資対象を含める必要があるだろう．

韓国においては，銀行などによる金利の低い正規の制度金融の他に，インフォーマルな私金融市場が広く存在しており，これへの接近可能性はかなり高い．多くの民間企業が資金調達においてこれらの私債に依存しているだけでなく，一般市民の多くが「契」[20]資金や不動産保証金などのこれらの私債市場への流入を通じて私金融市場の高金利の恩恵を享受しているのである．当然これらの私金融市場における利子率は制度金融におけるそれよりもはるかに高い．

韓国における不動産の貸借方式としては，借り主が大家に一定の保証金を預け，金融市場——多くの場合は私債市場——におけるその運用益を賃貸収入にあてるという「伝貰（チョンセ）」制度が一般的である．多くの場合，

この「伝貰金」の一部は，月々大家に払い捨てる「月貰（ウォルセ）金」によって代替することも可能であるが，1990年代半ばの時期，この「伝貰金」と「月貰金」との代替比率は一般に「伝貰金」の2％とされていた[21]．このような慣行から，当時の韓国社会の私金融市場における金利は，少なくとも月利2％，すなわち年利24％程度の水準にあったことがうかがえるのである．私金融市場におけるこのような高金利は一般のひとびとも容易に接近し得るものであり，逆に金利の低さゆえに制度金融内での預金率がこれまであまり高くなかったことなどを考慮すれば，教育投資収益率の相対的な高低を論じる際には，制度金融における利率だけではなく，これらの私金融市場における利子率をもその比較の対象に含めるべきであろう．そして，この私金融市場における利子率は，前述の物価上昇率を差し引いても最低で10数％から20％近い水準に達しているのである．この実質利子率は孔銀培らが推定した1994年時点における各教育段階の私的収益率よりもはるかに高い．これらの事実からは，少なくともその収益率が大きく低下した1990年代においては，韓国における高等教育投資の純然たる投資としての魅力はそれほど大きくなかったものと結論付けられるだろう．

　さらに，孔銀培らの推定した教育投資収益率は，その算出の際に置かれた前提の不適切さゆえ，実際の収益率よりもさらに低くなってしまう可能性が存在する．孔銀培らは，国民学校（当時），中学校，高等学校の児童・生徒が受講している課外教育の費用を，それぞれが現在在籍している教育段階に必要な「教育費」と捉えた上で，各学校級別の私的収益率を算出している．しかしながら，第3章における考察からも明らかになったように，中学・高校入試制度の改革の結果，韓国においては大学進学時の選抜がもっとも重要な「選抜」となっているのであり，高校生はもちろんのこと，国民学校生，中学生が受講している課外授業も，将来の大学進学競争に向けて行われているという面が強い．このような事実を考慮すれば，「大学進学」のために費やされている教育費には，これらの大学進学以前に受講した課外授業費もある程度含められねばならないものと考えられる．さらに，「高額課外授業」に対する批判の強い韓国では，孔らの行ったような政府系研究機関の調査に対して，課外授業教育費支出を実際よりも少なめに回答してしまうケースも

多いものと推測される．これらの点から判断すれば，韓国において高等教育進学に要される「費用」は，孔らの推定よりもさらに大きなものである可能性は高い．仮にそうだとすれば，韓国における実質的な高等教育投資の収益率はさらに低下してしまうのである．

収益率の国際比較

では，韓国における高等教育の私的収益率は，他国と比較して，どれほど高い水準にあるのであろうか．G. サカロポロスは世界数十カ国の教育段階別収益率データを収集し，その比較を行っている（Psacharopoulos［1985］［1994］）．これによれば，各国における収益率の算出方法には若干の相違が存在してはいるものの，概して途上国よりも，高等教育のある程度普遍化している先進国の方がその私的収益率は低い．しかしそれでも，多くの国において高等教育の私的収益率は10％以上の水準にある．高等教育私的収益率の地域別平均値は，サブサハラ＝アフリカで27.8％，中南米で19.7％，OECD加盟国以外のアジアとヨーロッパ・中近東・北アフリカではそれぞれ19.9％および21.7％となっており，いずれも相当に高い値を示している．これらに比べれば，OECD加盟国における収益率はかなり低いが，それでもその平均値は12.3％に達しており，1994年の韓国よりもかなり高い（Psacharopoulos［1994］）[22]．

また，島が行った日本の高等教育収益率の算出結果によれば，日本では（四年制）大学の私的収益率が，1980年から95年に至るまで，6.5％前後とほぼ一定の値をとっている一方，短期大学のそれは1975年の6.7％から徐々に低下し，95年には3.3％という水準にあるという（島［1999:108］）．これと比べるならば，韓国における高等教育収益率は，日本よりも少々高い．しかし大学進学に伴う金銭的便益がかなり小さな部類に属する日本と比較した場合でも，もはやその差は非常に小さいという事実にこそわれわれは注目すべきであろう．これらから総合的に判断すれば，韓国における高等教育進学の私的収益率は，1990年代以降，諸外国に比べてむしろかなり低い水準にあると言える．

以上の考察より，韓国における高等教育投資の私的収益率は，1980年代

後半以降の激しい賃金構造変動の影響を受けて大きく低下しており，その純粋な投資としての収益性は他の投資部門と比べてそれほど高くないと結論付けられよう．また，韓国における高等教育の私的収益率は，諸外国におけるそれと比較した場合でも，ひとびとの「教育達成意欲」の高さに見合うほど際立って高いものではないのである．

4. 大学進学需要の時系列分析——賃金構造変動の影響を中心に

　以上のように，大学進学によって追加的に得られる金銭的便益の水準は，大卒者の急増によって大きく低下しているのであるが，このような変化は，大学進学需要に対しても何らかの影響をもたらしているのであろうか．もちろん，「高等教育進学の目的は金銭的便益の享受のみにある」との仮定は極端であるとしても，一部にでもそのような意図が存在するのならば，教育投資の私的収益率が大幅に下落した場合，大学進学機会に対するひとびとの需要は多少なりとも減ぜられることが予想される．本章の各節において明らかにしたように，韓国の労働市場は大卒者の急増に対して均衡論的とも見なすべき反応を示しているのであるが，大学進学機会市場においてもそのような「均衡論的」なフィードバックメカニズムが十全に働いているのであろうか．
　大学進学需要に対しては，大学進学の金銭的便益の水準以外にもさまざまな経済的・非経済的要因が影響を及ぼしていることが予想されるため，この問題を検討する際には，それらの影響を統制した上で両者の関係を見定めなければならない．ここでは，大学進学需要の時系列分析を通じて，幅広い視角から進学需要規定要因の考察を行うことで，上述した問題を検討し，韓国におけるひとびとの教育達成意欲の性格を究明していく．

変数の選定

　まずは「大学進学需要」をいかに計測するか，という問題の検討から始めねばならない．これまで諸外国の事例に関して行われた進学需要分析には，各年の進学需要水準を，実際の進学者数によって測っているものと，進学志願者数によって測っているものとが存在する[23]．しかし，第3章において

確認したように，韓国における高等教育機関への進学者数は基本的に政府によって定められ，当該年度の進学需要の影響を受けるものではないため，韓国の大学進学需要は実際の進学者数ではなく志願者数によって測られねばならない．

ここで用いるのは教育人的資源部（以前の文教部・教育部）が毎年発行している『教育統計年報』[24]に掲載された「新規高卒者中の大学進学希望者数」である．このデータは，大学側ではなく，高校の側における調査結果に基づいた全数データであり，新規高卒者のうち，一校以上の上級学校を志願した生徒数を示している．これには四年制大学，専門大学別の志願者数を知り得ないという短所がありはするものの，この間の入試制度変化の影響を受けない唯一信頼し得るデータであるため，この進学希望者数を新規高卒者数で除した「新規高卒者の大学進学希望率」を，各年の進学需要を表す変数として用いることとする[25]．図4-3は分析対象期間におけるこの進学希望率を示したものである．

これを説明する独立変数のうち，まず，進学によって追加的に得られる金銭的便益の水準を表す変数としては，大卒／高卒者間の平均賃金比率というきわめてシンプルな指標を用いる．これは，分析対象期間の大学進学私的収益率を各年ごとに求めるのは資料の制約から非常に困難であり，また本章における分析によってこの指標は大卒／高卒者間賃金格差の程度をそれなりに適切に示すことが確認されているためである．本節の分析においては，各年の『賃金構造調査報告書』に示されたデータからこれを算出する．

進学費用としてはまず，授業料をはじめとする学校納付金水準の影響を検討する．ここでは，『教育統計年報』に示された各年の四年制大学入学金，授業料，及び期成会費[26]のそれぞれ最高値と最低値の平均額を足し合わせたものを直接的な進学費用を表す変数とし，実際にはこれを消費者物価指数によってデフレートした値を用いる．このほか，これらの諸費用の負担能力を表す変数として，実質世帯所得をモデルに加えるが，この変数は，教育を「投資」ではなく「消費」と捉える場合にも，大学進学需要にきわめて大きな影響を及ぼすことが予想されるものである．なお，本来ならば，進学に要される費用として放棄所得も考慮すべきであろうが，資料上の制約などの問

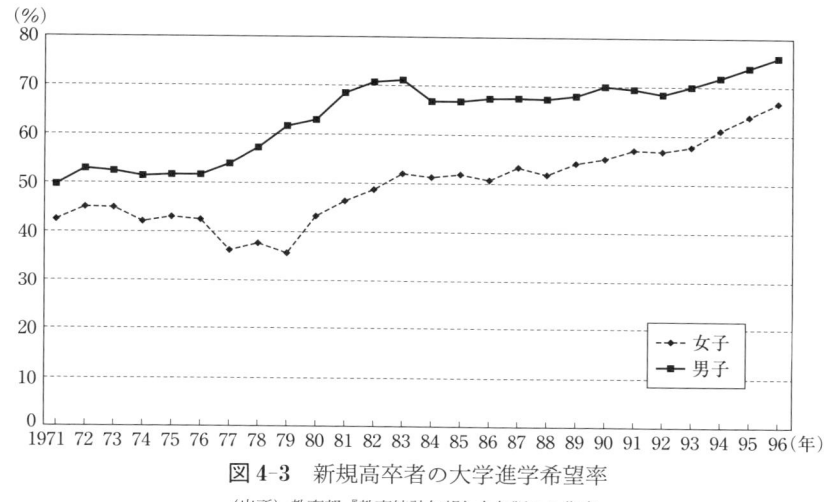

図4-3 新規高卒者の大学進学希望率
(出所) 教育部『教育統計年報』各年版より作成.

題から，本分析では扱わない[27]．

　このほか，教育機会市場に対する制度的条件の作用が強い韓国の事例を適切に分析するためには，それらに関する非経済的変数の影響についても考慮していく必要がある．

　韓国の進学需要に大きな影響を及ぼし得る非経済的変数として，まず政府の決定する入学定員が挙げられる．第3章において詳しく論じたように，1960年代から1990年代中盤までの時期，韓国では政府が私立大学をも含めたすべての大学の入学定員を決定し，それを厳格に統制してきた．そして韓国における大学入学定員は，主にマンパワー需要という経済的要因や，その他の政治的要因によって定められてきたのであり，当該年度の新規高卒者中の大学進学希望者数がその年の大学入学定員に反映されることはまったくなかった．とすれば逆に，「政府によって決定された大学進学機会供給量が，進学需要そのものに影響を及ぼす」可能性について検討されねばならないだろう．すなわち，大学進学を望みながらも学業成績が振るわない生徒の場合，事前にアナウンスされる当該年度の入学定員に鑑みて，合格可能性が低いと判断すれば大学志願を諦めたり，逆に可能性が高まれば一度は諦めていた進

学を再び志すなど，相対的な定員水準の変動が潜在的な進学希望者の「自己選抜結果」に影響を及ぼし，これによって各年の進学希望率が変動する可能性があるのである．このような仮説の当否を検討するため，本分析では各年度の高等教育機関入学定員を新規高卒者数で除した相対的な入学定員比率を定員変数としてモデルに組み込む[28]．

　また，大学進学需要に対する政策効果としてもう１つ考慮しなければならないのは，人文系高校平準化措置の影響である．第３章においても論じたように，高校段階における選抜の弱化は，結果的に高校生の進学意欲を高め，社会全体での大学進学需要拡大を引き起こしている可能性が存在する．この高校平準化措置は，1974 年にソウル，釜山においてまず実施され，以降徐々にその他 18 の都市に拡大されていくのであるが，対象となった地域のうち，ソウル，釜山両市の高校生数比率が群を抜いて大きいものであるため，この両都市における実施年度を基準とし，この年に入学した高校生の卒業年度である 1977 年以降を１とするダミー変数を導入することとする．

　なお，大学への進学志願は，実際の進学の前年に行われるものであるため，世帯所得，賃金格差変数に関して１年のタイムラグを置く．入学定員及び学校納付金に関しては，実際に志願する際にすでに翌年度の定員数及び納付金水準の概略が発表されているため，タイムラグは設けない．

　資料の制約から分析対象期間は 1972 年からとする．また 1997 年頃より大学入学定員決定権が徐々に大学の側に移譲されはじめているため，対象期間は 1996 年までにとどめる．

大学進学需要規定要因の分析結果

　韓国における大学進学需要の規定要因は，男子と女子とでかなり異なることが先行研究によって明らかにされてきた．ここでもこれらの知見に基づき，男女別に分析を行う．

　表 4-6 の左半部は，男子新規高卒者の進学希望率を従属変数とした重回帰分析結果である．大学入学定員，世帯所得，学校納付金，大卒／高卒者間賃金格差，平準化ダミーの各変数を独立変数に含むモデル１の回帰結果を見ると，賃金格差変数を除いて各変数の係数推定値の符合はいずれも事前の予想

表 4-6　新規高卒者大学進学希望率の回帰分析結果

	男　子		女　子	
	モデル 1	モデル 2	モデル 1	モデル 2
定　数	.512**	.368**	−.111	−.035
大学入学定員	.380**		.324**	
四大入学定員		.645**		.576**
世帯所得	.004+	.010**	.031**	.027**
学校納付金	−.051+	−.029	−.037	−.021
大／高賃金格差	−.006	−.003	.176**	.127**
平準化ダミー	.076**	.061**	−.142**	−.122**
R^2	.944	.968	.917	.947
D.W.比	1.288	1.964	1.499	2.030

(注) +: $p<.10$　*: $p<.05$　**: $p<.01$.
(出所) 教育部『教育統計年報』，統計庁『韓国統計年鑑』，労働部『賃金構造基本統計調査報告書』各年版より筆者作成．

に合致しており，いずれもその影響は有意である．すなわち，入学定員が増えるほど，また世帯所得が増えるほど進学希望率は上昇し，学校納付金が高くなるほど進学希望率は減少しているのである．

　ここで注目すべきは，平準化ダミー変数に有意な正の効果が認められることである．第3章でも触れたように，人文系高校平準化は高等学校教育の開放化・普遍化政策の一環として履行されたものであり，同じ時期，高校入学定員自体も大きく拡大している．実際，1977年以降，新規高卒者数が大きく増加しているのであるが，このような新規高卒者の大幅な増加それ自体は，本来新規高卒者の進学希望率を低下させる方向へと作用する．新規高卒者の増加は，従属変数である進学希望率の分母の増大にほかならないためである．にもかかわらず，このダミー変数には正の有意な影響が認められる．すなわち，高校平準化による進学意欲の上昇効果はそれにも増して大きかったものと考えられるのである．このような結果は，「中等教育段階における選抜の弱化が大学進学意欲の上昇を招き，競争の激化を引き起こす」という第3章において提起した仮説の妥当性を支持するものと言えるだろう．

　さて，この分析結果においては，政策的に定められる大学入学定員が新規高卒者の進学希望率に有意影響を及ぼすことが明らかになっているが，こ

の大学入学定員は四年制大学と専門大学の入学定員を合算して算出したものである．しかし，四年制大学の入学定員と専門大学の入学定員はこの間それぞれ異なる動きをしていること，また第３章において論じたように，専門大学と四年制大学との間には垂直的な選好関係が成立してしまっていることなどを勘案すれば，新規高卒者の進学希望により強い影響を及ぼすのは，高等教育全体での進学機会量ではなく，その中でも特に四年制大学のそれである可能性が存在する．この点を検証するために，高等教育全体の入学定員に代えて，四年制大学の入学定員を組み込んだものがモデル２である．このモデルの推定結果を見ると，モデル１に比べて，モデル２の方が決定係数はより大きく，モデルの当てはまりが良好であることが理解できる[29]．また，大学定員変数の係数推定値も，モデル２の四年制大学入学定員のそれの方が大きい．これらの結果から，新規高卒者の進学希望により大きな影響を及ぼすのは，高等教育全体での入学定員ではなく，四年制大学の入学定員であるものと考えられる．

　このような結果は，韓国高校生の大学進学に関する意識の特徴を如実に示してくれるものであろう．新規高卒者の進学希望率が四年制大学の入学定員の変化により敏感に反応するという事実は，それだけ四年制大学への潜在的な進学希望が強いということであり，この点で，四年制大学に比べて専門大学への進学機会は「次善の進路」となっている可能性がある．朴正熙政権は1970年代，四年制大学の入学定員を基本的には抑制する一方，専門大学の定員は拡大することで，高等教育入学定員抑制に対する社会的不満の解消を試みた．しかし，四年制大学への潜在的な進学希望の際だった強さゆえに，このような試みも本来の意図を十全には達成し得なかったものと考えられる．

　さて，韓国における新規高卒者の大学進学希望は，これらの経済的・非経済的要因の影響を受けつつ変化しているのであるが，モデルに組み込んだ変数のうち，大卒／高卒者間賃金格差には有意な影響が認められない．この変数の係数推定値は負の値をとっており，この点でも「大卒／高卒者間賃金格差の縮小（拡大）は，大学進学希望率の低下（上昇）をもたらす」という事前の予想に反する．新規高卒者の大学進学希望率は，大学入学定員，あるいは世帯所得の変動に対しては非常に敏感に反応するものの，大学進学によっ

て得られる金銭的便益の変動に対してはそれほど敏感な変化を示していないものと結論付けられる．また，この変数に関しては 0-3 年の範囲でラグを変化させて同様の分析を試みたが，分析結果に目立った差異は生じなかった．

　ちなみに，女子の新規高卒者進学希望率に対して同様の分析を行った結果（表 4-6 右半部）は，男子の場合と少々異なる．世帯所得の上昇と大学入学定員の拡大にしたがって進学希望率が上昇していること，さらに希望率により強く作用を及ぼすのは高等教育の全体定員よりも，そのうちの四年制大学への入学定員であることは男子の結果と同一であるが，平準化ダミー変数に負の有意な影響が表れていること，大卒／高卒者間賃金格差変数に正の有意な影響が表れていることが男子の場合との大きな違いである．まず，平準化ダミー変数の負の効果は，前述したように，この時期の高卒者数自体の増大によって説明され得よう．すなわち 1970 年代中盤以降，高校拡大政策によって新規高校卒業者自体が大きく増加したものの，女子の場合は，分母である新規高卒者数自体の急激な増大を相殺するほどには大学進学希望者が増加しなかったのである．

　その一方，大卒／高卒者間賃金格差変数に正の効果が認められたという結果の解釈は困難である．確かに，「大学進学に伴う金銭的便益の変動が，大学への進学希望を左右する」というきわめて均衡論的な解釈は可能である．しかし，韓国では女子の就労は「家計扶助のためにやむを得ず行なう傾向が強く，階層上昇にともなって減少するものであり，女性の就労に対する意識が積極的なものではない」（瀬地山［1990:28］）とされる時代が続き，実際女子の労働力率は学歴が高いほど低くなっている．大卒学歴の取得が必ずしも労働市場参入率の上昇をもたらさず，むしろそれを減少させてしまうような状況において，男子の場合ならばともかくも，女子の新規高卒者が大卒／高卒者間賃金格差の変動に敏感に反応しながら進学／非進学の意思決定を行っている，と考えるにはやや無理がある．やはり大卒サンプル数の少ない女子の賃金統計資料の信頼性自体を再検討する必要があるであろうし，同時に，女子の大学進学の意思決定メカニズムについても今後より詳細な考察が必要であろう．

　新規高卒者の進学希望率についての以上の分析結果から，韓国における大

学進学需要は次のような特徴を持つものと要約できるだろう．まず，韓国の大学進学需要は進学費用負担能力である所得水準に対して，かなり敏感に反応している．このことから，韓国における所得水準の持続的な上昇は，それまでであれば経済的制約ゆえに潜在的な進学希望を実現し得なかった層の進学を可能にすることで，大学進学希望者の継続的増大に寄与してきたものと言えるだろう．

このほかに非経済的な制約条件として，政府が定める大学入学定員の重要性も大きい．学力に基づく厳しい入学者選抜が行われており，大学への進学志願が「受験勉強」をはじめとする多くの非経済的費用を伴う韓国においては，大学志願有資格者のうちのある程度は，潜在的には大学への進学を希望しながらも，入学定員数によって変化する自己の相対的な合格可能性に応じて進学志願を行うか否かを決定しているものと考えられるのである．このことから，韓国においては政府による厳格な入学定員統制が，実際の進学需要を抑える効果を持ってきたと言えるだろう．このほか男子の場合に限っては，高校入学段階での選抜の弱化も，大学進学需要を拡大しているという事実が明らかにされた．

しかしながら，韓国における大学進学需要は，大学へ進学することによって追加的に得られる金銭的収益に対して——少なくともそのほとんどが将来労働市場に参入する男子の場合——敏感な反応を示していない．1980年代後半以降，大卒／高卒者間賃金格差が大きく縮小したにもかかわらず，それが大学進学需要の縮小を招いたことを示す証拠は見あたらない．こうして，大卒／高卒者間賃金格差の縮小にもかかわらず，新規高卒者の大学進学希望率は高い水準で推移していくことになるのである．

小　結

本章では，1980年代における大卒者の急増現象が大学進学の金銭的便益にもたらした影響を検討することを目的として，主に1980年代から90年代前半の時期における賃金構造変動について実証分析を行った．本章の分析結果は以下のようにまとめられよう．

まず，大卒者と高卒者間の平均賃金比率は1980年代初頭までかなり高い水準にあったが，80年代半ば頃より急激に低下している．このような平均賃金比率の下落は，各学歴集団における年齢分布の変化，あるいは民主化宣言以降激化した労使紛争に端を発する職種間賃金格差の縮小にも起因するものであるが，それらの影響を統制した場合でもなお，大卒者と高卒者の間の賃金格差は大きく縮小しているのである．また年齢集団別に見ると，新規に労働市場に参入した若年層において，学歴間賃金格差の縮小が特に著しい．

　このような賃金構造の変動は，新古典派的な労働市場モデルに基づいた場合の想定に非常に近いものと言えよう．労働市場に供給される新規大卒労働力の増大に伴って，若年層を中心として大卒者の相対的な賃金水準が大きく低下しているのに対し，（サローの仕事競争モデルに基づいた場合の予測とは異なり）高卒者のそれは明らかな低下傾向を示していないのである．

　また，これまで韓国の学歴間賃金格差に関しては「崇文主義的性格を持つ儒教の影響」などの文化的・歴史的要因の影響がしばしば指摘されてきた．しかし，少なくとも1980年代後半から90年代前半にかけての時期の韓国の賃金構造にはそれほど強い硬直性は認められず，むしろ韓国の労働市場は新規労働力の学歴構成の変化に対して，賃金調整メカニズムを十全に働かせつつ敏感に反応してきたものと結論付けられる．このことから，韓国における学歴間賃金格差は，それが各学歴所持者の限界生産性を厳密に反映するものではないにしても，それなりの経済的根拠を持ったものであると考えられる．

　以上のような労働市場の反応は，当然ながら，大学へ進学することによる金銭的便益を大きく低下させるものであった．実際，1990年代の韓国における高等教育投資の私的収益率は，他の部門における投資と比べても，また諸外国の水準と比べても，決して高いものとは言えない．このように，大学定員政策の変化を直接の契機としつつ，社会における大学進学需要の高さに支えられることで生じた1980年代以降の大卒者急増現象は，金銭的便益面での進学インセンティブを大きく低下させる結果をもたらしたのである．

　しかし実際には，このようなインセンティブの変化は，韓国の大学進学需要に対して期待されたような影響を及ぼしてはいない．大学進学需要の時系列分析から明らかになったように，韓国における新規高卒者の大学進学希望

率は，所得水準や大学入学定員などの「制約条件」の変化には敏感に反応しているものの，大学進学による金銭的便益の変化にはそのような反応を示していない．80年代後半以降の賃金格差の縮小が，大学進学希望率を低下させたという明確な証拠は発見し得ないのである．

序章においても触れたように，新古典派的な教育経済学モデルに基づけば，教育機会市場と労働市場とは，学歴間賃金格差および新規学卒労働力の学歴構成の変化を通じて，相互における需給の均衡を導くものと想定される（金子・小林［1996］，朴世逸［1982］など）．大学進学機会に対する需要が高い場合，大卒労働力供給の増大が彼らの賃金を相対的に下落させることで大学進学需要の低下が導かれ，逆に大卒労働力に対する高い需要は，彼らの賃金上昇を通じて大学進学需要を拡大させ，その結果として生じる新規大卒労働力供給の増大によって需給均衡を導くものと考えられる．しかし，韓国の労働市場と教育機会市場に関する以上の分析結果からは，労働市場に関してはこれらのモデルが想定するような均衡導出的メカニズムの作動が確認されるものの，大学進学機会市場に関してはそのような契機は認められない．すなわち，大卒者の急激な拡大に対して，労働市場は彼らの相対的な賃金水準を低下させ，大学進学に対する経済的インセンティブを下落させたものの，大学進学機会市場における需要はこれに反応した形での低下を示していないのである．

以上の結果は，金銭的便益を重視する人的資本論的アプローチのみでは，韓国における大学進学需要の性格を十分に捉えられないという可能性を示すものである．これまで，韓国における大学進学需要の計量分析は経済学的観点から手がけられることが多く，そのため，主に経済的変数の影響のみが分析の対象とされる傾向があった．しかし，韓国の大学進学需要，あるいはその背後に存在する教育達成意欲の理解のためには，これらのアプローチが明示的には扱ってこなかった金銭的便益以外のメリットに対する着目が是非とも必要とされるのである．

次章においては，新規大卒者の入職プロセスの具体的な検討を通じて，学歴と職業的地位との関係について考察し，韓国におけるひとびとの教育達成意欲と密接な関係を持っていることが予想されるもう1つの「学歴効果」，

すなわち学歴の職業的地位上昇効果とその影響について分析していくこととする．

1) ただしそれらの多くは，単に学歴別の平均賃金を根拠として示すにとどまっており，韓国の賃金構造に関する十分な検討をふまえたものは皆無に等しい．
2) 韓国政府の刊行する賃金統計資料には「大学院修了者」というカテゴリーが設けられていないため，残念ながら大学院進学の経済的効用については分析を行うことができない．また「学校歴」（横の学歴）の違いが賃金に及ぼす影響についてもこれは同様である．
3) 本節において用いる賃金データはすべて本報告書による．なお，以下本調査名を「賃金構造調査」と略す．本章において分析対象とする賃金額は，月基本手当，月超過手当，さらに年間賞与額の月平均値の総和である．また，本調査では，四大卒者カテゴリーに大学院卒者も含まれてしまっているが，1990年代前半までの時期において，その数はかなり小さなものと判断されるため，便宜上これを特に考慮しないこととする．
4) 1997年末に韓国を襲った経済危機は，賃金構造にもきわめて大きな影響を与えたものと考えられる．詳細な検討は次の機会に譲るものの，90年代末以降の学歴間賃金格差の変化は，労働力の学歴構成以外の要因に起因する部分が大きい．
5) ちなみに，名目賃金を消費者物価指数でデフレートした実質賃金の推移を見ると，高卒者の平均実質賃金は1980年代から90年代前半にかけて持続的に上昇している．
6) このほか，当時の全斗煥政権の賃金交渉指導方針の1つとして「学歴間賃金格差の縮小」が掲げられていたことも，このような賃金変動の一因であった可能性がある．しかし，そのような方針は80年代初頭にはすでにうち立てられていたにもかかわらず，80年代前半の学歴間賃金格差縮小は，その後の時期に比べればそれほど大きなものとは言えない．なお，政府の賃金交渉指導をはじめ，韓国における賃金決定制度の特徴と変遷に関しては，李旼珍［2000］を参照のこと．

　また，比較的短期間の賃金変動を考察対象としている本章の分析では，労働需要側の要因をすべて与件として扱っているが，基本的にこの時期の産業高度化と技術革新は，高学歴勤労者の需要を拡大し，彼らの賃金を上昇させる方向に作用しているものと考えられる．
7) サンプル数（男子）は，1万8,029（80年），1万9,456（85年），3万4,602（90年），2万8,992（95年）と，十分に大きなものとなっている．なお，原データ入手に関しては，韓国労働研究院の房河男博士のご尽力を頂いた．

この場を借りて深く感謝したい．
8) 実際，1980年代後半においては，専門技術職や事務職などのホワイトカラー職従事者のみをとっても，大卒／高卒者間賃金格差の縮小傾向が認められる．このようなホワイトカラー職内部における賃金格差の縮小は，やはりこの間供給された労働力の学歴構成の変化に起因すると考えるのが適当であろう．
9) この時期の生産職賃金の上昇に関しては，未熟練労働力の供給不足とそれに伴う大企業における内部労働市場の形成の影響を指摘する議論もある（丁怡煥 [1992]，横田 [1994]）．これらの指摘が正しいならば，この時期の生産職の賃金上昇（職種間賃金格差縮小）と，学歴間賃金格差の縮小とはまったく別個の現象ではなく，ともに労働力の需給要因によってもたらされたものであると言える．
10) 調査対象者の勤務する企業規模変数は，企業従業員数 10-29 人，30-99 人，100-299 人，300-499 人，500-999 人，1000 人以上という 6 つのカテゴリーから成っている．各カテゴリーの下限従業員数（順に 10 人，30 人，100 人，300 人，500 人，1000 人）の対数値は等間隔に近い配列となるため，ここではこれらのカテゴリーに，順に 1 から 6 までの自然数をふっている．
11) いずれの場合も，決定係数の増分は 0.1 ％水準において有意なものである．
12) ちなみに，誤差分散の推定量自体には，学歴集団間でそれほど大きな差がない．
13) このモデルは，表 4-5 のモデル 3 に相当する．
14) ただし，サンプル数がある程度大きなこともあり，いずれの場合も決定係数の増分は 0.1 ％水準において有意である．これは次の 90 年データに関しても同様である．
15) 専大卒者の場合も，この賃金上昇効果は 29 ％から 38 ％へと増加しているが，その増加幅は比較的小さい．
16) このメカニズムに関しては，次章においてもう少し踏み込んだ分析が行われる．
17) 教育の便益に関しては一般に，各年齢段階における学歴間での賃金差の横断データに基づいて，職に就いてから退職するまでの追加的便益の総額が測られる．このため実際の「事後的」収益率が，当該時点での賃金構造が将来も不変であると仮定した上で算出される「事前的」収益率と異なる可能性は大いに存在する．
18) このほか，柳在環も韓国における教育収益率の推移に関していくつかの論文を発表しているが（柳在環 [1992]，Ryoo et al. [1993]），その対象期間は 1980 年代半ばまでであり，この間の賃金変動の影響を十分に反映したものとはなっていない．

19) ミンサーは,「教育期間在籍中に行うアルバイト収入の総額と,学校納付金などの教育費用の総額はほぼ一致する」などのいくつかの仮定を置いた上では,前節で挙げた賃金関数式の教育年数の係数推定値が,年率の教育投資収益率の近似値として利用できることを示している (Mincer [1974]).
20) 日本の頼母子講や無尽に相当する相互扶助金融慣行であり,韓国では現在でも幅広く行われている.
21) たとえば,伝貰金3000万ウォンのマンションに全額月貰払いで入居しようとする場合,月々60万ウォンずつ支払っていくことになる.
　このような代貸比率は,当時筆者が『교차로 (交差路)』『벼룩시장 (蚤の市)』などの無料情報誌や,大学などに掲示された不動産情報を通じて確認したものである.
22) Psacharopoulos [1994] の Appendix に掲載されている各国の収益率データによれば,高等教育の私的収益率が10％より小さい国は61ヵ国中,11ヵ国に過ぎない.ちなみに,この論文における韓国の収益率データはRyoo [1988] からとられているが,これは賃金構造が大きく変動する以前 (1986年) のものであり,そのために高等教育の私的収益率も17.9％とかなり高い水準に達している.
23) この問題に関する議論は,荒井 [1995] を参照のこと.
24) 文教部が教育部へと名称変更されたのを受け,1991年度版より,それまでの『文教統計年報』が『教育統計年報』へと改称されている.
25) 韓国の大学進学需要の決定要因を分析した研究には,金榮和・柳ハング [1994],李光浩 [1995] などがあるが,いずれも大学進学需要を表す変数の選定にやや難がある.白日宇 [1990] 及び白日宇 [1993a] [1993b] は,筆者と同様,新規高卒者の大学進学希望率を従属変数としているが,主に経済的変数の影響のみに分析の焦点があてられている点が本章の分析とは異なる.
26) 主に大学施設の整備のために用いられる経費であり,多くの大学において義務的に徴収されている.
27) もともと放棄所得は,家計収入と非常に強い相関を有してしまうなどの理由により,分析に組み込まれないことも多い.Campbell & Siegel [1967] もその一例である.
28) この処置は,金榮和・柳ハング [1994],金永哲 [1979] においても同様に取られているものである.
29) また,モデル2のダービン＝ワトソン比は2に近く,系列相関がほとんど存在しないことを示している.

5 章　職業的地位決定における学歴効果とその変化
新規学卒者の就職過程の分析を中心に

　ひとびとが社会において占めている地位を捉えるために，先行研究の多くは，個人の職業に着目してきた．これは，就業しているひとびとの多くにとっては，彼らが就いている職業が個人の経済的資源と利益を決定するもっとも重要な要因となっているためである（Blau & Duncan [1967:6]）．しかし階層研究における職業の重要性はそれにとどまらない．ひとびとが階層構造上において占める位置は，経済的資源の所有程度のみならず，社会的な威信や権力といった非経済的資源の所有程度によっても大きく左右されるものとみる立場が今日では一般的になっているが，これらのさまざまな社会的資源に接近するチャンスは，やはり個人の就いている職業によって大きく異なるのである．

　そうであるならば，韓国社会における「学歴取得の社会経済的便益」を考察する際には，学歴の職業的地位規定効果に対しても十分な関心を払うべきであると考えられる．ひとびとは，所得上昇効果のみならず，威信や権力と強く結びついた職業的地位の上昇効果を享受するために，教育達成に対する強い熱意を持っているのかもしれないのである．

　このような問題意識に基づき，本章では学歴と職業との関係についての実証的分析を行っていく．ここでは特に，ひとびとにより強く選好される職業的地位の獲得機会には，大学卒業者と非卒業者との間でどのような相違が存在しているのか，という問題に分析の焦点が当てられる．さらに，第 4 章と同様の問題意識から，1980 年代以降の大卒者急増現象によって大卒者の就業機会にいかなる変化が生じたのかについても詳細に検討し，それにより，韓国社会における学歴と職業との結びつきはいかなる性格のものであるのか

を考察していくこととする．

　また，本章では，大卒者が急増した1980年代以降に生じた高学歴者の失業現象についても考察を加えていく．前章においては，経済活動人口のうち，対象をあくまで就業者に限定した上で経済的報酬の学歴間格差の分析を行ってきた．しかし，高学歴者の失業は，追加的な賃金上昇機会，あるいは職業的地位の上昇機会自体の喪失を意味し，もし大卒者の失業率が高卒者に比べてより高いならば，「大卒進学に伴って得られる追加的な便益」の期待値は，就業者のみを対象として計測した前章のそれよりもさらに小さくなってしまうのである．80年代以降の大卒者急増に対する労働市場の「反応」を十全に捉えるためにも，大卒者が急増した時期における大卒者失業の発生メカニズムを解明しておく必要があるだろう．

　さらに本章では，大卒学歴の持つ職業的地位上昇効果がひとびとにどのような「効用」をもたらすものであるのかについても内在的視角から検討を加える．これらの課題の検討を通じ，1980年代後半以降の大卒者急増が労働市場，さらには大学進学需要に及ぼした影響を，より「望ましい」職業に就き得る機会の格差という視点から考察していくことが本章の狙いである[1]．

1. マクロ統計を通じてみる学歴間での職業機会格差

　本節では主に学歴間での職業機会格差，すなわち職業の差異に着目した場合の就業機会の格差とその変化について，マクロ統計資料に基づいて検討していく．資料は主に政府統計報告書に載せられた集合データであるため，ここで着目する職業の相違も基本的には職業大分類レベルでのそれに限定されることとなる．しかし，第2章において確認したように，韓国では大分類レベルでも各職業カテゴリー間に所得や威信の大きな格差が認められるため，職業大分類に基づいた職業機会分析も十分な妥当性を持つものと考えられる．また，1992年に政府統計における職業分類が大分類レベルで改正されているため，この改正をはさんだ前後の比較はかなり困難になるが，前章における分析によって明らかにされたように，大卒者の急増が労働市場に与えた影響は1992年の職業分類変更以前の時期においてすでに顕著な形で表れてい

るため，分類改正以前の時期に分析期間を限定したとしても「大卒者急増がもたらした変化」を十分に捉えることができるであろう．

人口センサスを通じてみる学歴と職業機会

まずは，韓国統計庁が行っている「人口および住宅センサス」のデータに基づきながら，学歴別に職業構成比とその推移を確認しておこう．第2章においてすでに見たように，韓国では1960年代以降，産業化の急速な進展と共に職業構造が著しく変動しており，都市産業部門におけるホワイトカラー職および非ホワイトカラー職従事者が急激に増加している．このような職業構造の変動過程において，学歴と職業との結びつきにはどのような変化が生じているのであろうか．

表5-1は，1970年，80年，90年における各職業従事者の学歴構成比を示したものである．この表からまず見てとれるのは，この間の急速な高学歴化の進行であろう．中等教育以上の教育を受けた者が就業者全体に占める割合は1970年にはわずか30％程度に過ぎなかったのに対し，1990年には75％にまで達している．また高等教育修了者の比率も，6.0％から18.6％へと大きく上昇している．これらの数値からは，韓国における教育拡大がいかに急速なものであったかを理解することができるだろう．さらに時期ごとに見ていくならば，1970年代には中等教育修了者の拡大が著しい一方，1980年代には高等教育修了者が特に急増していることがわかる．もちろん，これらの急激な変化は，第3章で確認したこの間の中等・高等教育政策の時期別の相違——中等教育は1960年代後半から70年代前半に開放政策がとられ，高等教育は1980年を前後する時期に定員拡大がなされたこと——に起因するものである．

しかし，この間きわめて急速な高学歴化が進行し，各学歴集団の規模がきわめて大きく変動したにもかかわらず，各学歴集団の職業分布はそれほど大きく変わっていない．まず高等教育修了者について見ると，専門技術職就業比率が，経済の拡大規模に比べて新規労働力供給量の少なかった1970年代に急上昇し（9.8ポイント上昇），供給量が大きく増大した80年代にそれが再び低下している（7.0ポイント下落），という変化こそ認められるものの，

表 5-1　学歴別職業構成

1970 年 (%)

	不就学	初等教育	中等教育	高等教育	全体	人数(千人)
専門技術	0.2	0.4	4.6	29.9	3.2	323
行政管理	0.0	0.3	1.6	6.4	1.0	96
事　務	0.1	1.2	13.2	31.3	5.9	593
販　売	5.6	9.2	15.6	12.4	10.2	1,028
サービス	2.8	7.8	9.2	4.3	6.7	678
農林漁業	83.0	57.1	22.4	4.8	51.1	5,146
生　産	8.2	23.9	33.3	10.9	21.8	2,197
計	100.0	100.0	100.0	100.0	100.0	10,062
人数(千人)	2,411	4,418	2,634	599	10,062	
構成比	24.0	43.9	26.2	6.0	100.0	

1980 年 (%)

	不就学	初等教育	中等教育	高等教育	全体	人数(千人)
専門技術	0.2	0.3	3.1	39.7	4.6	581
行政管理	0.0	0.1	1.0	7.5	1.1	134
事　務	0.2	1.1	15.9	28.5	9.5	1,203
販　売	5.8	10.5	15.7	10.6	12.1	1,531
サービス	3.5	7.4	8.7	3.3	7.1	895
農林漁業	83.0	52.2	16.8	2.5	37.6	4,768
生　産	7.3	28.4	38.8	8.0	28.1	3,570
計	100.0	100.0	100.0	100.0	100.0	12,681
人数(千人)	1,871	4,354	5,460	996	12,681	
構成比	14.8	34.3	43.1	7.9	100.0	

1990 年 (%)

	不就学	初等教育	中等教育	高等教育	全体	人数(千人)
専門技術	0.3	0.3	2.3	32.7	7.5	1,172
行政管理	0.1	0.4	1.6	5.9	2.1	328
事　務	0.3	1.2	16.3	32.1	15.4	2,412
販　売	5.1	9.6	16.6	13.4	14.0	2,187
サービス	5.5	10.2	10.2	4.3	8.8	1,373
農林漁業	78.5	51.0	10.3	1.9	20.7	3,248
生　産	10.2	27.3	42.7	9.7	31.6	4,955
計	100.0	100.0	100.0	100.0	100.0	15,673
人数(千人)	1,010	2,920	8,827	2,916	15,673	
構成比	6.4	18.6	56.3	18.6	100.0	

(出所) 統計庁『人口住宅総調査報告』各年版より作成.

その他の職業に関しては，ほとんどその比率に変化が見られない．専門技術・行政管理・事務のホワイトカラー三職種[2]への就業比率を比較すると，この間，大卒以上の学歴を持つ就業者がほぼ5倍に拡大したにもかかわらず，ホワイトカラー職就業比率は70年の67.6％から，80年には75.7％，90年には70.7％と，それほど大きく変化してはいない．

また，その他の学歴集団に関しても，農林漁業職従事比率の減少，及び生産職従事比率の上昇という一貫した傾向を除けば，各職業比率はほぼ一定の水準にある．中等教育修了者のホワイトカラー職就業比率も同様であり，70年の19.4％，80年の20.0％，90年の20.2％と，ほとんど変化が見られない．このため，この間の急激な就業者の学歴構成の変化にもかかわらず，高等教育修了者とそれ以外の者との間にはきわめて安定的なホワイトカラー職就業確率の格差が存在することになる．第2章においても確認したように，韓国ではこれらホワイトカラー職とそれ以外の職との間に，所得のみならず，職業威信の面でも非常に大きな懸隔が存在している．このため，高等教育修了者と非修了者の間のこのようなホワイトカラー職就業確率の大きな格差は，ひとびとに大卒学歴の職業的地位上昇効果を相当大きなものとして認識させることになったであろう．

一方，高学歴化現象が急速に進行したにもかかわらず，各学歴集団の職業構成比にそれほど大きな変化が見られないのは，この間，急速な産業化に伴い職業構造自体が大きく変動していたためにほかならない．ホワイトカラー職を例にとると，その就業者数は1970年の約100万人から90年には約400万人へと急速に拡大しているのである（表5-1）．また，生産職従事者の拡大と農林漁業従事者の縮小も同様に急速なものであった．韓国の教育拡大はきわめて急速なものであったが，このように，産業化に伴う職業構造の変動も同様に急速なものだったのである．

これらの事実のみから判断すれば，学歴間での職業機会格差は，賃金格差の場合とは異なり，大卒者の急増にもかかわらずほとんど変化していないと言えるかもしれない．しかし，上記の分析はあくまで10年間隔という粗いスパンによって，しかも全年齢集団を対象に行ったものにすぎない．1980年代以降急増した大卒者がどのような就業機会を得てきたのか，他の統計資

料に基づきさらに詳細に検討していく必要があるだろう．

若年層の学歴間職業機会格差

　この人口センサスのほかに，1980年代以降の若年層の職業機会を学歴別に眺めることを可能にする政府統計資料としては，前章においても扱った『賃金構造調査報告書』と，教育人的資源部（以前の文教部，教育部）が毎年発行している『教育統計年報』とが挙げられる．賃金構造調査は賃金水準の把握を主目的として行われているものであり，職業別就業者人口自体の調査ではないが，対象となる事業所抽出の際には無作為サンプリングが行われていることから，一定の留保[3]を付すことを条件とすれば，この調査報告書に記載されている学歴・職業・年齢集団別サンプル数を基に，大卒者と高卒者の職業機会についてある程度の素描が可能となるだろう．

　一方『教育統計年報』には，当該年度の新規学卒者の進路と就業者（卒業後1ヵ月以内に就職したもの）の職業に関するデータが掲載されている．このデータは，教育人的資源部が各学校を通じて調査したものであり，あくまで「各学校が捕捉している限りにおいての卒業者の進路情報」である．したがって，「進路未詳者」，あるいは「無職者」の比率も非常に大きいのであるが，これらの範疇に含まれている者のうちには，学校側が就職情報を把握していない就業者，あるいは卒業して1ヵ月後以降にようやく就職し得た就業者も含まれている可能性が高い．そのため，この『教育統計年報』に掲載されている就業者の職業構成にも，若干のバイアスがかかっている点には注意したい．

　以上の限界に留意しつつ，ここではこの両者を用いて，大卒者の急増した1980年代以降における若年層の学歴と職業機会との関係について詳細に検討していくこととしよう．なお，韓国の労働市場は性別によって著しく分断されており，また1980年代頃まで大卒女子の就業率はかなり低いものであったため，女子の学歴間職業機会格差に関する分析は改めて行うこととし，ここでも分析対象を男子に限定することとしたい．

　図5-1は，各年の賃金構造調査サンプル数を基に，20代男子のホワイトカラー職就業比率を学歴別に示したものである．これを見ると，四年制大学

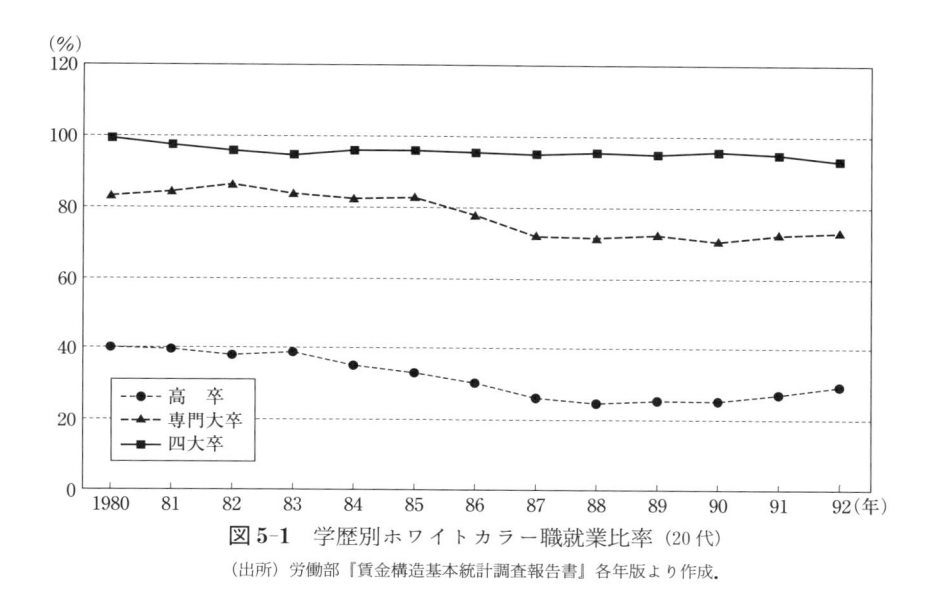

図5-1 学歴別ホワイトカラー職就業比率（20代）
（出所）労働部『賃金構造基本統計調査報告書』各年版より作成．

卒業者のホワイトカラー職就業比率はほぼ100％に近く，また時系列的に見ても，この間の大卒者の急激な増大にもかかわらず非常にわずかな低下傾向しか示していないのに対し，高卒者のそれは，1983年頃より徐々に下落している．その結果，80年には高卒者の40％がホワイトカラー職種に就いていたのに対し，90年代にはその比率が20数％にまで減少しているのである．また，専門大卒者に関しても，高卒者よりも2，3年遅れて低下が始まっていることが見てとれる．さらに，図には示していないものの，ホワイトカラー職のうちの専門技術職への就業比率についても，ほぼ同様の傾向が存在する．このような傾向を，ひとまず，より高い学歴をもった労働力の増加によって，より低い学歴をもった労働力がホワイトカラー職種から「押し出された」結果として理解することは可能であろう．高卒者のホワイトカラー職就業比率が低下しはじめた時期は，専門大卒者の増加が著しかった時期とほぼ一致し，専門大卒者のホワイトカラー職就業比率の低下時期は，四年制大卒者の急増期とほぼ一致するのである．

では次に，『教育統計年報』における新規学卒就業者の職種について同様

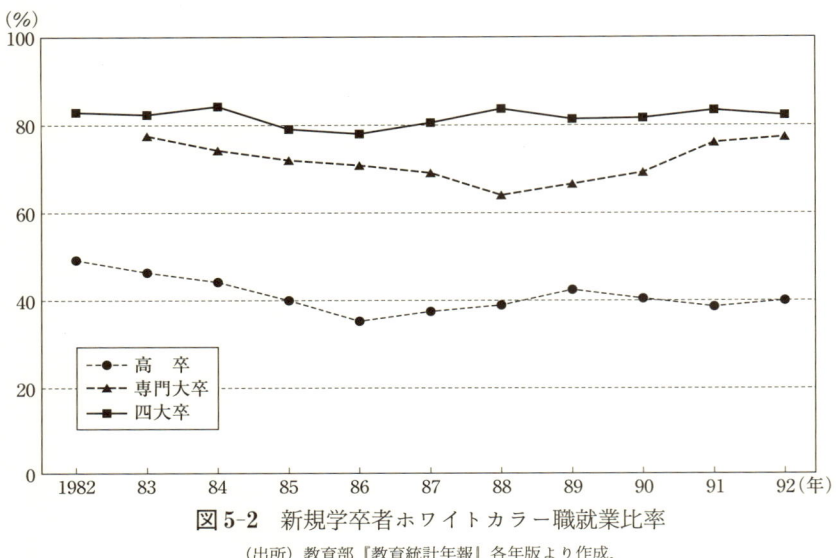

図 5-2 新規学卒者ホワイトカラー職就業比率

(出所) 教育部『教育統計年報』各年版より作成.

の分析を行ってみよう．図5-2は，新規学卒男子就業者中のホワイトカラー職就業者比率（分母から軍人と分類不能を除く）とその推移を示したものである[4]．この表によっても，やはり大卒者と高卒者の間のホワイトカラー職就業比率には非常に大きな格差が存在していることが見てとれる．また，その推移を見ても，四大卒者のそれは80％前後でほとんど変化がないのに対し，高卒者のホワイトカラー職就業比率は1980年代前半に10ポイント以上低下しており，また専門大卒者に関しても，それと同じかやや遅い時期に同じく10ポイント以上低下していることがわかる．ただし，専門大卒者のホワイトカラー職就業比率は1988年より上昇傾向にあり，90年代初めには，四大卒者とほとんど変わらない水準にまで達している．このような1980年代末からの専門大卒者ホワイトカラー職就業比率の回復は，賃金構造調査サンプルを通じては発見し得なかった趨勢である．

専門大卒者のホワイトカラー職就業比率の推移に関するこのような資料間での食い違いは，賃金構造調査が10人以上の勤労者を雇用する事業体を調査対象とし，大企業勤労者のサンプル抽出比率が比較的高いのに対し，『教

育統計年報』は企業規模を問わない全数調査であることに起因する可能性がある．すなわち，1980年代末以降の専門大卒者のホワイトカラー職就業比率の上昇が，主に中小企業におけるホワイトカラー職就業者の増加によって生じているものだとすれば，その趨勢は教育統計データには表れたとしても，賃金構造調査サンプルには十分に表れないことになるのである．また，高卒者のホワイトカラー職就業比率は，賃金構造調査サンプルから得られた20代男子すべてを対象とする比率（20-30％台）の方が，新規学卒者のみを対象とする比率（30-40％台）よりも10％ポイントほど低いという事実も，同様に，高卒者のホワイトカラー職就業機会が中小企業に偏っていることを示唆するものであろう．

いずれにせよ，『教育統計年報』によれば，新規学卒者のホワイトカラー職就業比率は1982年には四大卒者と高卒者の間で33.6ポイントの差があったのに対し，わずか10年後の92年にはこの差が42.3ポイントまで広がっている．これは，賃金センサスサンプル数に基づいた場合もまったく同様であり，やはり大卒者の急増にもかかわらず，彼ら——特に四大卒者——のホワイトカラー職就業比率はそれほど低下せず，逆に高卒者を「押し出し」ながら，比率の上ではそれまでと同様のホワイトカラー職への就業機会を得てきたものと言えるだろう．そして，単純にこれらの事実のみに基づくならば，大学へ進学することによる「ホワイトカラー職への就業確率上昇効果」は，高卒者のホワイトカラー職就業確率が落ち込む中でむしろ相対的には増大傾向さえ示していたことになるのである．

若年層の学歴別失業率

しかし，章頭でも述べたように，1980年代以降の大卒者の急増が大卒失業者の大幅な増加を招いているのならば，就業者のみを対象とした分析から明らかにされた以上の学歴間職業機会格差を，大卒学歴取得による職業的地位上昇効果として額面通り読み替えることはできなくなる．ここでは，若年層の学歴別失業率とその推移について簡単に検討していこう．

図5-3は，統計庁（以前は経済企画院統計局）が発行する『経済活動人口年報』に基づき，男子失業率を学歴別に示したものである．この図によれば，

図5-3 学歴別失業率

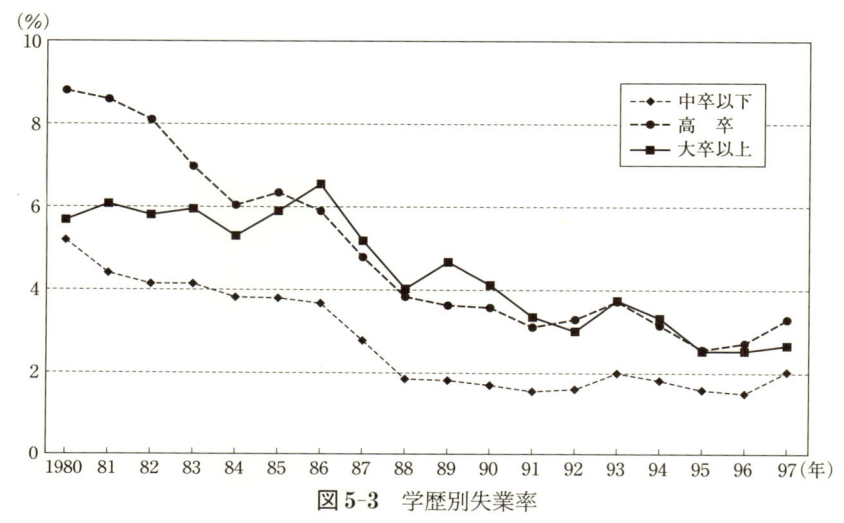

(出所) 統計庁『経済活動人口年報』各年版より作成.

　1980年代前半,高卒者及び中卒(以下)者の失業率が大きく低下している一方,大卒者のみ6％前後で推移しており,80年代後半には,高卒者のそれを若干上まわっている.ただし,1980年代後半の「三低景気」以降は,高卒者とほぼ同様の水準をたどりながら徐々に低下している[5].
　また,この『経済活動人口年報』に掲載されている学歴別失業者内訳を見ると,これまでに一度も就業したことのない「新規失業者」が全失業者中に占める比率(1989年版より利用可能)は,高卒者の場合は概して4割程度であるのに対し,大卒者のそれは5-6割程度となっており,新規大卒者の失業率の高さがうかがえる.なお,この『経済活動人口年報』には,年齢集団別の学歴別失業率は掲載されていないものの,この調査の原データを入手し,年齢・学歴別失業率の推計を行った鄭眞和［1996］は,1994年における男子失業率が25-29歳の場合,高卒者で4.5％,専門大卒者で4.0％であるのに対し,四大卒以上のそれは7.8％に達しており,また20-24歳の場合はさらに相違が著しく,高卒者が8.4％,専門大卒者が17.0％,四大卒以上が22.3％であることを示している[6].これらの事実から,新規大卒者の失業率

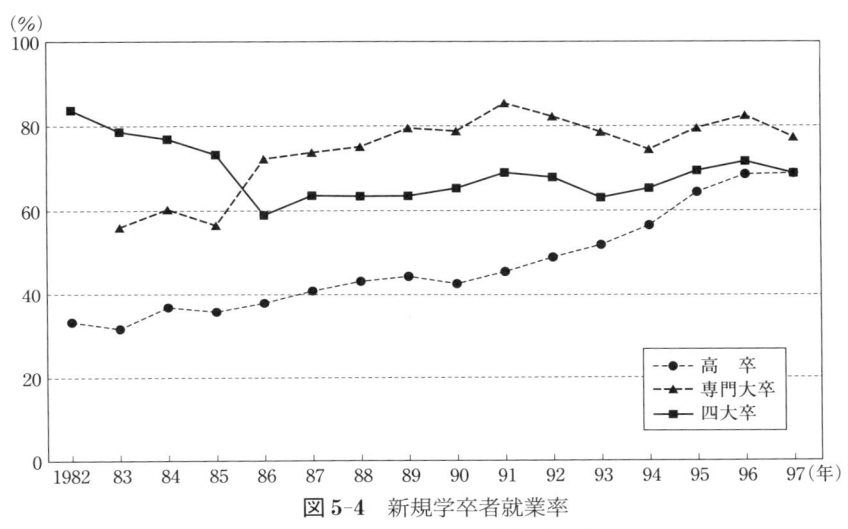

図 5-4 新規学卒者就業率
(出所) 教育部『教育統計年報』各年版より作成.

は，少なくとも新規高卒者などに比べれば，確かに高い水準にあったものと言えるだろう．

また，1980年代以降の新規学卒者の就職状況に関しては，『教育統計年報』に掲載されている各教育段階修了者の「卒業者の進路」によって接近することもできる．図 5-4 は，各教育段階の卒業者数から進学者数と軍隊入隊者数を引いた数を分母とし，就業者数を分子とする，各教育段階新規卒業者の就業率（男子）を示したものである[7]．この図からは，高卒者，および専門大卒者の就業率が 80 年代以降徐々に上昇しているのに対し，四年制大卒者の就業率は，大卒者が急激に増加し始めた 1980 年代半ばに一旦大きく低下していることがわかる．しかしそれ以降，徐々にではあるものの，彼らの就業率は再び上昇してはいる．このような事実，さらには 1980 年代においても大卒失業率自体はそれほど大きく上昇しておらず，80 年代後半からはむしろ低下していることなどを考え合わせるならば，大卒者の急増によって大卒者の就職状況は確かに悪化しており，「大卒失業者」の絶対数も増加してはいるものの，全体的に見れば，きわめて急激に増加した新規大卒者も最

5 章　職業的地位決定における学歴効果とその変化　165

終的にはその多くが何らかの就業機会を確保したものと考えられる。
　『教育統計年報』に基づけば，大卒者が増大した1980年代後半以降，四大卒者と専門大卒者を合わせて，少なくとも毎年3万人余ずつの男子（非進学・非入隊）非就職者が生み出されていることになる。もしも，この大卒非就職者がその後もずっと就業機会を見つけられないとするならば，年を追うごとに大卒失業者数は爆発的に増加していくことになる。しかし，『経済活動人口年報』によれば，就業経験のない大卒失業者数は，概して3-5万人程度の水準にあり，しかもデータが利用可能な1989年以降その数は徐々に減少している。このことから，大学卒業直後の時点では就職できなかった（と学校側が捉えている）大卒者も，やはりその多くがその後に何らかの形で就業機会を得ているものと推測されるのである。
　この『教育統計年報』データに基づく新規大卒者の就職率の低さ，あるいは非就職者の多さは，新規大卒者の就職状況の厳しさを示す根拠として，しばしば新聞・テレビなどでも報じられるものである。しかしながら，このような就業率の低さが即座に「大卒失業者の滞積」につながるのではない，という点には十分に留意すべきであろう。むしろそれは，「大卒失業者の増大・滞積」というよりも，「学校側が把握し得ないような形の就業者の増大」あるいは「大学を卒業してから職を得るまでの期間の長期化」として理解すべきものでもあると考えられる。この問題については次節において詳しく検討していく。

　以上の分析を通じ，韓国社会において相対的に「地位が高い」とされる傾向の強い専門技術・管理・事務職への就業機会に関しては，80年代の大卒者の急激な増加にもかかわらず，大卒者，特に四年制大卒者は，比率の上ではそれまでと同程度の就業機会を得てきたものと言えよう。逆に高卒者は，急増する大卒者によって，ホワイトカラー職への就業機会から「押し出されて」しまったものと考えられる。したがって，「ホワイトカラー職種への就業」という便益に限って言えば，大学を卒業することによる職業的地位上昇効果は，大卒者の急激な増加後においても決して低下していないのである[8]。また，大卒者の急増に伴って，彼らの失業率は相対的には高まったものの，

他の学歴集団とくらべて著しく高い水準であったとは言い難い．したがって，このような大卒学歴効用の「期待値」は，失業率を勘案したとしても，それほど大きく低下してはいないものと考えられる．

しかし，以上の職業機会の格差分析は，あくまで大分類レベルでの職業分類に依拠した比較的単純なものである．個々の就業機会に関する職種以外の条件については，このようなマクロな分析のみでは十分に接近し得ない．また，本節で確認したような大卒者のホワイトカラー職への就業機会の確保がどのようなプロセスを通じて可能となったのかに関しても，十分な考察が必要であろう．次節においては，大卒者の実際の就業過程に関するより具体的な分析を通じて，大卒者の職業機会とその変化についてより詳しく検討していくこととしよう．

2. 新規学卒者の就職過程と企業の採用制度
  ——1980年代から90年代前半にかけての時期を中心に

新規学卒者はどのような過程を経て，どのような就業機会を得るのか．これまでの諸研究は，新規学卒者の就職過程には，純粋な労働市場メカニズムのみならず，制度やネットワークといった様々な非市場的要因が大きくかかわっているという事実を明らかにしてきた（苅谷［1991］など）．これらをふまえるならば，韓国社会における学歴と職業的地位の関係について論じる上でも，韓国では新規学卒者がいかなる過程を経て就職を果たすのか，そしてその過程にはどのような制度的条件が影響を及ぼしているのかについて，ミクロな視点から考察していくことが必要となるだろう．

本節では，このような問題意識に基づき，大卒者が急激に増加した1980年代から90年代前半にかけての時期を中心に，以下の2つの課題について検討する．第1に，韓国における新規学卒者の採用方式の特徴を明らかにし，学歴と職業との結びつきがどのように生み出されるのかを雇用行動の側面から検討する．また，それらの採用制度の特徴と関連づけながら，新規学卒者の就業機会選好について考察する．第2に，1980年代の大卒者の急増現象に対して雇用主側と求職者側がどのように「対応」したのか，すなわち雇用

主側は大卒者の急増に際して採用行動をどのように変化させ，またそれに対して求職者側の就業機会選好と具体的な就職行為がどのように変わったのかを検討していく．これらのミクロな視点からの分析により，前節におけるマクロな議論を補完していくことを試みる．

本節では，以上の問題の検討を行うため，先行研究結果と共に，新聞・雑誌記事を素材として用いていく．雑誌記事に関しては，総合月刊誌のみならず，主に新規大卒者を対象とした就職雑誌『リクルート』，及び新規高卒者をも対象とする『入社生活』（1986年までは『就職』）誌の記事を多く参照していく．これらによって，当時の新規学卒者の置かれた就職状況をより鮮明な形で提示していくことが可能になると考えるためである．

(1) 新規学卒者採用方式の特徴とその影響

企業グループ一括採用

1980年代から90年代前半における韓国企業の新規学卒者採用方式の特徴としては，大きく「企業グループ一括採用」と「学歴別採用」とが挙げられよう[9]．

韓国の企業グループ（財閥(チェボル)）は，韓国の急速な経済発展過程において，政府関係者との密接な「人間関係ネットワーク」を活かしながら，急速な成長を遂げてきた（服部[1994]）．三星（Samsung），現代（Hyundai），LGなどに代表されるこれらの企業グループは，各種製造業や建設，金融，流通業などのさまざまな部門における系列会社によって構成されており，戦前の日本の財閥にも比較的近い性格を持っている．

注目すべきは，当時これらの企業グループが大卒者，そして一部高卒者を採用する場合，個々の企業ごとにではなく，グループ全体で新卒者を一括採用するのが一般的であったという点である[10]．このような一括採用のプロセスは企業グループ全体を統括する人事担当部署によって担われ，新規採用者は，全体研修を受けた後にグループ内の各企業に配属されていた．

このような採用方式がとられていたこともあり，各企業グループの採用規模はかなり大きい．三星，現代，大宇，LG（当時ラッキー金星）などの特に大規模な企業グループは毎年1000人単位で大卒者を一括採用しており，

1985年度の新卒者採用の場合，これら4つの企業グループだけで総計6000人余りの男子四大卒者を採用している[11]．この時期，大卒者数自体が徐々に増え始めていたとはいえ，この年に四年制大学を卒業して就職した男子の数は韓国全体で3万5000人程度であったため，単純に計算すれば，彼らの6人に1人がわずか4つの企業グループに採用されていることになる．また，各年の『リクルート』誌などによれば，韓国において一般に「財閥」とみなされる30ないし50の大企業グループの新規四大卒採用者（男子）の総計は，80年代半ばにおいてほぼ1万数千人から2万人程度の規模であったため，新規四大卒就職男子の約2人に1人がこれらの大規模企業グループに採用されていた計算になる．これらの大規模企業グループのほかにも，公務員や教職，あるいは民間部門でもマスコミ，銀行，政府投資企業など，大卒者に人気の高い就職先が多く存在していたことを考え合わせると，少なくとも1980年代前半までの韓国社会においては，四年制大学を卒業しさえすれば，これらの大規模企業グループのホワイトカラー職に就くことはそれほど難しくはなかったと言えるだろう．

学歴別採用

次に「学歴別採用」に関してであるが，韓国の企業，特に大企業は，求人の際に応募資格条件として学歴要件を定めることが多い．新卒者採用の場合もこれは同様であるが，ここで注目すべきは，韓国の企業が新卒者採用において定める学歴要件には，「高卒以上」などのように学歴の下限のみを示すタイプも存在するものの，当時の大企業においては「高卒者」，「大卒者」などのように特定学歴所持者に対象を限定する形が一般的であったという点である．

これらの学歴要件は職種の違いと強く結びついている．1982年3月から翌年2月までの1年間に新聞紙上に掲載された新卒者採用広告の分析を行った李孝秀によれば，広告を載せた683の企業のうち，応募要件として「学歴」を挙げていた企業は全体の93.9％を占め，「年齢」や「性別」を挙げている比率よりもはるかに高いものとなっている（李孝秀［1984：235］）．また，同様に1984年1年間に，採用広告を載せた350の企業について，その学

歴・職種・産業別募集人数を分析した『入社生活』1985年4月号の記事によれば，大卒男子の場合，全募集人数の8割以上が技術・事務・管理職における募集であり，これに1割余りの「営業」職が加わる程度であるのに対し，高卒男子の場合，技術・事務・管理職における募集比率は3割強にすぎず，残りの6割以上が生産職，及び営業職における募集となっている[12]。このような企業の採用行動によって，新規就業者の学歴の違いが入職時の職種の違いと強く結びつくこととなるのである。

　また，ある企業グループの人事規定（1980年代前半）によれば，新規学卒者の採用過程は，4級社員，5級社員，技能職社員（工員）という3つの職級別に行われており，原則的には四年制大学卒業者を4級社員として，高等学校卒業者を5級社員として，そして義務教育課程以上を修了したものを技能職社員（工員）として採用することが定められている（李孝秀［1984：236］)[13]。このように，社員の職級，あるいは職種の違いは主に学歴に応じて定められるのが一般的だったのであるが，重要なのは当時の多くの韓国企業において，一般職社員と技能職社員（工員）との間で昇進経路がまったく異なる複線型職級体系が敷かれており，技能職として採用された社員が管理職などへと内部昇進していく道はきわめて閉ざされたものとなっていた点である[14]。図5-5は韓国のL社における職級・職位制度と，それぞれの職位から次の職位への昇進に必要な最短年数を図示したものであるが，技能職採用者は，事務職採用者に比べて昇進上限が大きく制限されており，昇進の速度も大きく異なっていることがわかる[15]。新卒社員が3級である代理／班長に昇格するまでに必要とされる最短年数は，大卒事務職（4級社員）の3年に対し，技能職の場合は17年ときわめて大きな差がついているのである。

　これらの人事制度の特徴により，企業入社時点で存在する学歴に応じた入職口の相違が，そのままその後の職業キャリアにも大きな影響を及ぼすこととなる。このような学歴別採用慣行，及びその後の複線型人事体系などによって，韓国企業の人事制度は「学歴身分制」（服部［1988:178］）とも称されるほど，学歴の規定力が強いものとなっていたのである。

職　級	事務職			技能職		
	対応職位	最短昇進年数	初任給号	対応職位	最短昇進年数	初任給号
1級甲	部　　長					
1級乙	次　　長	4　年				
2級	課　　長	4　年				
2級代理	課長代理	2　年		職　長		
3級	代　　理	3　年		班　長	7　年	
	主　　任	1　年		組　長	7　年	
4級	社　　員	2　年	大卒(男)4-32 大卒(女)4-38	班　員	10　年	
5級(男) 5級(女)	社　　員	4　年	高卒(男)5-42 高卒(女)5-32			高卒(男) 技能1号

図 5-5　韓国企業（L社）の職級体系
(出所) 李昌旭・金鉉碩 [1991:249]（鄭 [1998:84] より再引用).

企業の新卒者採用方式

　次に，韓国企業の具体的な新規学卒者採用方式を概観しておこう[16]．新規大卒者の採用において，各企業は公開採用，学校推薦，縁故採用などの方法を用いている．公開採用（略称：公採）は，新聞・雑誌などに採用広告を出し，出身校の限定を付すことなく広く応募者を募り，書類選考，筆記試験，面接などの過程を経て採用者を決定する方法である．この公開採用は，大企業の場合，年に2度行われるのが普通であるが，上半期の公採は軍除隊者や8月卒業者などを対象としたものであり，新規学卒者の多くは毎年秋から冬にかけて行われる下半期公採によって採用されることになる．大企業の下半期公採試験は11月頃に集中して行われ，これに合格し得なかった場合，2月末の卒業までの3カ月余りの間に別の就職口を見つけなければならない．

　学校推薦は，企業が各大学，あるいは各教員に優秀な学生の推薦を依頼する形で新規大卒社員を募る方法であり，日本と同様，主に理工系出身の技術者採用において用いられている．縁故採用は，中小企業において多く見られるが，この場合の「縁故」とは，血縁などの比較的強いネットワークのみならず，地縁，学縁なども多く利用されるという（安煕卓 [1993:295]）．このほか，1990年代以降には一定期間の実習を経た後に採用者を決定する「インターン社員制度」も行われるようになっている．また，大企業の公開採用，

学校推薦などによる採用は，1年に1,2度行われるのみであるが，その他の方式による採用，また中小企業の採用などは，欠員が出た場合に随時行われている．

　高卒者や専門大卒者に対しても，これらの採用方式が用いられることが多いが，それぞれの比重はやや異なる．まず，専門大卒者の場合は，公開採用が比較的少なく，学校推薦と縁故採用が大半を占める[17]．これは大企業の公開採用において，「専門大卒者」という独自の採用枠がもともと存在しないか，あるいは存在したとしてもその枠が小さいこと，またこれとも関連するが，専門大学卒業者の就職先はその多くを中小企業が占めていること，などによるものである．高卒者の場合も，やはり公開採用を通じた就業者は比較的少なく，学校推薦や知人の紹介，また工業高校卒業者の場合は「実習」を通じた就業も多い．(李孝秀 [1984])．特に技能職社員（工員）の場合は，会社側が掲示などを通じて従業員に求人情報を伝え，彼らの人的ネットワークを用いて応募者を募り，その中から採用者を決定するケースも見られる（服部 [1988])．

　このほか，公務員に関しては，学歴による採用資格制限はまったく存在しない．ただし，日本と同様，それぞれが各学歴に対応した形で，5級（四大卒程度），7級（専大卒程度），9級（高卒程度）と入職時の職級別に選抜が行われている．

大学生の就業機会選好

　以上で概観した韓国企業の新卒者採用制度の諸特徴は，韓国大学生の就業機会の構造に独特な性格を帯びさせており，結果的にそれは大学生の就業機会選好にも非常に大きな影響を及ぼしている．

　就職希望者に対して開かれている就業機会は，職種のみならず，業種や企業規模，社風・経営方針，勤務地，賃金などのさまざまな条件によって分化し，相互に差異化され得る．そして，それぞれの条件に対する志向性や適性との合致度などに基づき，就職希望者間には多様な就業機会選好が生じていても本来おかしくはない．しかし，韓国の場合，業種などの条件に基づく就業機会の「水平的」とも呼ぶべき分化があまり進まず，結果的に，企業規模

に基づく「垂直的」分化が就業機会間の差異化をもたらす主要因となった．これには，韓国企業グループの「グループ一括採用」という採用慣行の影響が大きい．すなわち，さまざまな産業に多角化した企業グループが一括して新卒者を採用するため，マスコミや銀行といった個別採用が一般的な一部の業種を除いては，業種を軸とする就業機会の分化が生じ難かったのである．また，それらのグループ一括採用においては，四年制大卒者の場合，文系は事務（一般）職，理系は技術職というかなり広い職種枠が設けられるのが一般的であったため，職種の相違に基づく就業機会の分化程度もそれほど大きなものではなかった．さらにこれは勤務地についても同様である．地方都市に本社を置くグループ内企業も，ソウルで行われる一括採用過程を通じて新卒者を採用するため，多くの大企業の場合，勤務地による就業機会の分化程度も小さかった．

このため，民間企業への就職を希望する大学生にとっては，企業グループの規模が，就業機会の差異をもたらすもっとも重要な変数とならざるを得なかった[18]．そして，韓国の経済構造が「大企業中心的」性格を持っていたこと，すなわち，大企業グループが大きな経済的プレゼンスを持ち，賃金支払能力が高く，経営も安定していたことなどにより，企業グループ規模による就業機会の分化は垂直的分化の色を濃くしていった．大学生の間には「大企業であるほどより良い就職機会である」という強い大企業志向が生じ，これがそのまま就業機会選好として表れることとなったのである．また韓国では，総売上額を基準とした企業グループ規模ランキングが，マスコミによって頻繁に報じられていたことも，このような大規模企業指向意識の形成を促しているものと推測される．

大学生の希望進路調査結果によって，これを確認しておこう．1984 年に韓国リクルート社が大学生を対象に行った進路・就職意識調査によれば，大学生の卒業後に希望する進路（男子のみ）は，民間の「一般企業」が全体の 50.3％を占めており，第 2 位以下の国営企業・公務員（13.3％），金融系（8.4％），大学院進学（8.0％），マスコミ（5.3％）などを大きく引き離している[19]．この調査はさらに，全体の半数を占める「一般企業」への就職希望者に対して，30 大企業グループの具体的名称と「該当無し」という選

表 5-2　大学生の入社希望企業ランキング

順位	企業グループ名	比率(%)
1	三　星	13.6
2	ラッキー金星	12.9
3	現　代	10.7
4	大　宇	7.7
5	韓進(KAL)	6.9
6	雙　龍	5.0
7	鮮　京	4.4
8	斗　山	3.7
9	ロッテ	3.2
10	韓国火薬	3.0
11	起亜産業	2.9
12	暁　星	1.7
13	味　元	1.4
14	国　際	1.2
15	コーロン	1.1
16	ヘ　テ	1.1
17	東亜建設	0.9
18	大林産業	0.8
19	三　美	0.7
20	新東亜	0.6
	その他・該当無し	16.5
	合　計	100.0

(出所)『リクルート』1984年11月号, p.30 より作成.
(注)グループ名はすべて当時のものである.

択肢の中から, 入社を希望する企業を問うている. 表5-2はこの結果を再構成したものであるが, これによれば, 企業グループ間で希望比率に大きな違いがあり, 特に上位5つのグループは全体の半数以上の回答を集めていることがわかる. 重要なのは, この順位が, 企業グループの規模ときわめて強く相関しているという点である. このような事実からも, 大学生の就業機会選好は, 企業グループ規模と強く結びついた「大企業志向」が非常に強いと言えるだろう. さらに述べるならば, 大学生の就職希望調査において,「30の具体的な企業グループ名を選択肢として提示し, その中から希望就職先を選

択させる」という形式の質問が設けられていること自体，韓国の大企業中心型経済構造と企業グループ単位での一括採用慣行によって大学生の就業機会の有意味な差異が「企業グループの違い」と同一視されているという韓国の特徴を如実に示しているものである[20]．

しかし，企業規模が重要であるとはいっても，もちろんそれは大学卒という学歴に「ふさわしい」ホワイトカラー職種に限っての話である．大卒者が相対的に稀少であった80年代初めまでの時期，新規大卒者がホワイトカラー職以外の職業に就くということはまったく考えられなかったのである．

（2） 大卒者増加に伴う新卒者採用方式の変化とその帰結

前項においては，主に1980年代前半の事例に依拠しつつ，韓国における新卒者採用方式とその特徴，ならびに大学生の就業機会の構造とこれに対する選好を明らかにしてきた．韓国ではこのような制度的枠組みの中で，新規大卒者のジョブマッチングが行われてきたのである．しかし第3章において確認したように，韓国では1980年代後半以降，労働市場に新規参入する大卒者がきわめて急速に増加していった．このような大卒者の急増は，彼らのジョブマッチング過程にどのような影響をもたらしたのであろうか．また，それにより大卒者の職業機会にどのような変化が生じたのであろうか．ここではまず，雇用者側の反応に着目しながらこの問題を検討していこう．

大卒採用者数の変化

前項において確認したように，韓国における大規模企業グループの大卒採用者数は比較的大きく，また大卒者にとってもこれらの企業はかなり「魅力的」な就職先として認知されていた．ここではまず，新卒者数の変化と照らし合わせながら，これらの企業グループの採用規模の推移を確認しておくことで，当時の新規大卒者の就業機会構造の変化に接近していこう．

結論から先に述べるならば，大規模企業グループの大卒者採用規模は，1986年から88年までのいわゆる「三低景気」[21]期にこそある程度の拡大を示したものの，大卒者の急激な増加に見合うほどに大きく拡大することはなかった．三星，現代，大宇，ラッキー金星の4大企業グループの場合，前述

したように84年の下半期採用では大卒社員採用数が各社とも1000人から千数百人程度であったのに対し，88年の下半期採用では三星3150人，現代2950人，ラッキー金星2306人，大宇2000人と採用規模は確実に増大してはいる[22]。しかし，89年以降は景気の減速に伴って，これらの企業の採用人数も徐々に減少しているのである．大規模企業グループ全体での採用人数（上半期含む）を見ても，80年代前半には約1万数千人規模であった50大グループでの大卒採用者数が，88年には2万6000人強に達したものの，その後徐々に減少し，92年には約2万人にまで落ち込んでいる[23]．1982年から92年までのわずか10年間で，（四年制）大卒者数は約6万人から約18万人へと，男子に限っても約4万5000人から11万人余りへと劇的に増加していることに比べれば，採用枠の拡大はそれほど大きなものではなかったと言えるだろう．

　こうして，80年代前半には新規大卒者にとってそれほど難しくなかった大規模企業グループへの就職は，大卒者の増加と共に次第に「狭き門」となっていき，景気の減速した80年代末以降にはさらに困難になっていった．実際，各年の『リクルート』誌によれば，80年代後半以降――すぐ後に述べるように企業グループの採用試験受験回数が実質的に大きく制限されていたにもかかわらず――大企業グループの公開採用競争率は最低でも4-5倍程度には達し，2桁を記録するケースも少なくなかったのである．

採用制度の変化

　特筆すべきは，このような就職難を背景として，大規模企業グループの採用制度に大きな変化が生じたことである．前述したように，大規模企業グループの多くは当時，学校推薦と公開採用によって四年制大卒者を採用していた．さらに公開採用の場合，応募者に対して書類選考をまず実施し，それによってあらかじめ絞り込んだ候補者に対して筆記試験や面接を課し，最終的な採用者を決定するのが一般的であった．しかし，1980年代半ばからの大卒者急増によって大規模企業グループへの入社競争率が上昇していく中で，ソウル所在大学より一般に「格が低い」と認識されている多くの地方所在大学の卒業者が，地方大出身であるという理由によって書類選考の段階で振り

落とされ，筆記試験や面接にまで臨めなかったり，あるいは学校推薦の機会を得られなかったりするなどの事態が生じた．後に詳述するように，大卒者の急増過程において各企業は大卒者の出身大学を一層重要視するようになっていったのである．

しかし地方大出身者からの不満の声が高まるにつれ，韓国政府が直接，事態の打開に乗り出した．諮問機関において対策案の検討を経た後，労働部は1986年6月，公共性の強い21の政府投資機関，54の政府財投資機関，29の金融機関および10大企業グループなどに対し，採用過程における最大限の公平性を確保するため，出来る限り公開採用方式によって採用者を選抜し，またその過程においては事前の書類選考を行わず，筆記試験によって採用者を選抜するよう勧奨したのである．また，その後の面接による選抜過程において縁故や請託の介入する余地を最小化するため，筆記試験の合格者数は採用予定者の130％から150％程度にとどめるよう求めた[24]．

政府が民間企業に対してこのような勧奨を行うという事実自体，大規模企業グループへの就職が韓国社会においてどれほど重要視されているかを如実に示すものと言えよう．民間企業の新卒者採用制度に対する政府のこのような介入は，「大企業就職競争における公平性を出来る限り確保する」ためのものであり，このような措置も，1980年の課外授業禁止措置と同様，「韓国社会においては地位達成のための機会が万人にひとしく開かれている」という楽観的社会イメージを毀損する可能性のある「機会の不平等」を，出来る限り取り除こうとする政府の努力の表れであると言えよう．

ともあれ，このような勧奨を受け，実際にこれらの政府投資機関，市中銀行，および大規模企業グループは，1986年下半期採用より，まずは応募者全員に対して筆記試験を課した後，その合格者に対して面接を行い，最終採用者を決定するという形へと選抜制度を改めた[25]．筆記試験は，英語，一般常識，各自の専攻科目などに関して行われたが，各企業グループへの応募者数が数千人から数万人の規模であったことから，これらの学力筆記試験はマークシートを用いた択一式の形がとられた．ある企業グループの場合，この学力筆記試験によって採用予定者数の1.5倍から2倍程度にまで候補者を絞り込み，その後面接によって最終合格者を決定していたという（李クンム

[1989]).この時期,大規模企業グループへの入社競争の倍率が時に2桁に達するほどであったことを考慮すれば,この学力筆記試験が採用者選抜において果たす役割は非常に大きかったと言えるだろう.

また,このような勧奨と同時に労働部は,「二重合格者の発生に伴う実採用者数の目減り」を防ぐため,出来る限りそれらの筆記試験を同一日に重ねるよう要請している.これによって1986年頃から,大規模企業グループ,金融機関,政府投資機関の多くが,11月の2つの特定日に集中して採用試験を行うようになっている.1986年下半期採用を例にとると,現代,大宇,三星,ラッキー金星など採用人数の大きい企業グループと市中銀行の多くが第1日曜日である11月2日に筆記試験日を集中させており,第2日曜日の11月9日に一部企業グループのほか,韓国道路公社,韓国放送公社などの政府系機関が筆記・面接試験を行っている[26].

以上のように,1986年の労働部勧奨以降,採用過程において学力筆記試験の占める比重は非常に高くなり,新規大卒者の就職過程は「第2の大学入試」と称されるまでになっていったのである.

採用制度変化の帰結

このような採用制度の変化が,新規大卒就職希望者の意識と実際の就職行動に及ぼした影響は非常に大きい.11月の2つの特定日に筆記試験を行う大規模企業グループ・金融機関・政府投資機関などは,もともと就職希望者にとってかなり「魅力的」な就職先であったのであるが,それらが同一日に筆記試験を行うことによって,これらの企業・機関の採用試験への応試機会はたかだか2度に制限されてしまうことになった.この結果,これら特定日に行われる試験に合格し得るか否かが,就職活動の成否を決定付ける重要な岐路となっていったのである.また,このような採用制度の成立は,特定日に筆記試験を行う「一流企業・機関」と,その後まで採用の道を開いているそれ以外の中小企業との相違を,より可視的な形で強調していったものとも考えられる.以上のような採用制度が「四年制大学は国公立・私立の別を問わず2つの特定日(前期・後期)に一斉に選抜を行い,それらが終了した後,専門大学が個別に選抜を行う」という当時の大学入学者選抜制度と酷似して

いたことも，そのような差異の可視化を助長したものと考えられる．

　ここで，韓国の新規学卒者採用制度の特徴としてさらに指摘しておかなければならないのは，韓国では一般に，新卒者を対象とする各企業・機関の採用過程への応募資格者が，必ずしも厳密な意味での「新卒者」，すなわち採用の直前にちょうど学校を卒業する者に限られてはいない，という点である．各企業が定めた年齢制限などの条件を満たしてさえいれば，既に学校を卒業している既卒者も，新卒者とまったく区別されることなく，同一の新入社員採用プロセスを通じて就業することができるのである．

　これは韓国では成人男子に兵役義務が課せられていることと無関係ではない．前述したように，企業の側は男子新入社員の採用にあたって，兵役を終えているか免除されている者のみに対象を限定する場合がほとんどであるが，大卒者の場合，在学中のみならず，卒業後に兵役を終える場合も少なくないためである．

　日本では一般に，「学校卒業」と「就職」という事象は同時に生じる（べき）との意識が強く，新入社員採用に関する諸制度もこのような就職パターンを前提に設計されているものが多い．近年では少々事情が異なるとはいえ，実際の学卒就職者も，ほとんどは学校卒業直後に就職しており，この2つのライフイベント間の時間的距離はゼロに近い．しかし韓国では，以上のような制度的条件ゆえに，「学校卒業」と「就職」との間の時間的な一致度は，規範の上でも実態の上でも，かなり弱いのである．

　このような状況下において，1980年代半ば以降の大卒者の急増と就職競争の激化，さらにはそれを受けて実施された大規模企業・機関の選抜日の集中と筆記試験の重視という新入社員採用制度の変更は，必然的に，ある1つの現象の生起に帰結するものであった．「就職浪人者」の大量発生がそれである．

　大卒者の急増と就職競争の全面的激化は，それまでの時期の大卒者が容易に就き得ていた大規模企業グループへの就職を果たせない新規大卒者を多く生み出すこととなった．また，大学生への人気が高い大規模企業や政府系機関の採用試験が特定日に集中したことにより，それ以前の時期に比べれば大学生に十分な「就職活動」の機会が与えられなくなった．そしてもっとも重

要なのは, それらの大規模企業グループの新卒社員選抜過程において学力筆記試験の比重が高まったことである. この筆記試験によってためされる「学力」とは, 自らの努力次第で容易に向上させられる力量であると考えられたため, 自らが満足し得る就業機会を得られなかった新卒予定者の多くが, 一旦大学を卒業し, 受験勉強を行った後, 再度大企業グループの採用試験を受けるという「就職浪人」の道を選択することとなったのである. 少し時期は下るが, 大卒者がさらに増加している 1992 年 10 月,「太平洋生命」社が大卒就業予定者 550 名を対象に行った調査によれば, 対象者の 39 ％が就職浪人経験者であったという[27].

前節において確認した新規四大卒者の就業率の低下も, このような就職浪人者の増加を反映したものと考えられる. これまで見てきたように, 大企業・金融・政府系機関の新入社員採用制度の「第 2 の大学入試化」が進んだのは 1986 年頃からであるが, 新規四大卒者の就業率が急落したのもまさにこの時期においてであったのであり, 86 年を境に就業率は 70 ％強から 60 ％前後へと大きく下落している (図 5-4 参照). 前にも述べたように,『教育統計年報』に表れた新規四大卒者の就業率の低下は, 彼らの就職状況の悪化と新規大卒失業者の増大を示すものとして捉えられてきた. しかし,『教育統計年報』に掲載される卒業生の就職状況とは, あくまで卒業後 1 ヵ月以内に就職した者に限っての情報である. この統計資料によって示される就業率の低下は, もちろん大卒者の就職難に起因するものではあるが, 実際には, 大規模企業グループの新入社員採用制度変更の帰結として生じた,「より望ましい」就業機会を確保しようとする新規大卒者の「就職の先延ばし」という就職行動による部分も大きいものと考えられるのである.

このように新規大卒者の就職行動に多大な影響を与えることとなった新卒者採用制度の変化は, ともすれば, 大卒学歴の職業的地位規定力を弱める方向に作用したと考えることができるかもしれない. 大学間の入学難易度序列を重要な選抜基準とする書類選考が廃止され, すべての採用希望者が学力筆記試験を受けられるようになったという変化は, 一見すれば,「ヨコの学歴」である学校歴が選抜過程に及ぼす影響の低下にほかならないからである. しかし, より広い観点から捉えるならば, 採用過程の「第 2 の大学入試化」と

いうこの時期の制度変化は，採用者選抜過程に「学歴主義的価値観」をより強く浸透させる結果をもたらしたとも考えられる．すなわち，それが政府の勧奨によるものであったとはいえ，すべての採用希望者に英語，一般常識，専門科目などの学力筆記試験を課して選抜を行うという採用方式の広がりは，「一般的学力」を基準とした採用者選抜の正当性の追認にもつながったものと考えられる．韓国における大学入試制度，あるいは各大学におけるその後の進級・卒業制度がこの「一般的学力」を十分に弁別できるものとなっている限り，「学力筆記試験に基づく選抜」は「学歴に基づく選抜」と根本的な選抜原理をまったく同じくするものなのである．

（3）　新規大卒者の就職状況と就職行動

新規大卒者が急増し，大卒者採用制度に以上のような変化が生じていくなか，新規大卒者はどのような就職状況におかれ，また，彼らの就職行動と就職機会選好はどのように変わっていったのであろうか．ここでは具体的な事例に即してこれらの問題を検討していこう．

未就業者の増加

この時期の就職雑誌記事でまず目につくのは，やはり増加する大卒未就業者に関するものである．彼らの多くは就職試験に合格し得なかったために未就業状態にあるのだが，それらの事例を仔細に検討してみると，やはりある程度就職先に「こだわった」結果としてそうなっている場合が多い．

『リクルート』1990年3月号には「未就業者，何をしているのか？」と題された大卒未就業者の特集記事が掲載されている．この記事で事例として挙げられている崔某氏（ソウル所在某大学英文科卒業予定，25歳）の場合，自分の専攻である英語を活かせる2つの企業[28]にまず志願したものの，競争率が予想外に高かったこともあり，両社とも試験を通過し得なかった．その後，次善の候補として考えていた会社にいくつか願書を出したものの，試験で，あるいは最終面接でいずれも不合格となってしまった．ちょうどその時，大学の就職部より「小さな貿易会社C社が人材を探しているが，推薦を受ける意志があるか？」と連絡が入った．崔氏は大いに悩んだものの，結局

は今年駄目だった第1志望の会社に再挑戦することとし,推薦の話を断り,卒業後は翌年の就職試験の準備をする道を選んだという[29]。この崔氏の場合「就職先としてまったく考えもしなかったC社」に入社することを拒み,就職浪人となる道を選んだのである。このような選択は,やはり前述した新卒社員採用過程の「第2の大学入試化」の影響を大きく受けたものと言えるだろう。またもちろん,ここで「不本意な会社」に就職しながら翌年の大規模企業の公開採用試験に挑む,という選択肢もあり得る。

　新卒時に大企業の採用試験に落ち,結局先輩の紹介で小さな貿易会社に入ったK氏(27歳)の場合,「会社のネームバリューがなく,お見合いの席でも会社の話をすると相手は急に失望したような表情を見せる」ため,両親のプライドを傷つけないためにも,再度大企業への挑戦を決意したという[30]。このように,大卒者の就職に関しては,勤務する企業の規模,およびその知名度が,本人の職業的地位を大きく左右する変数となっているため,中小企業では満足できず,改めて大企業の公開採用試験を受験するケースが少なくないことがうかがえる。

　しかしもちろん,就職浪人を経たからといって翌年必ず希望する企業に入社できるというわけでもない。また未就業状態に至った経緯も,上のように「話が有りながら断って」といったケースのみならず,「就職口がまったくないためにやむを得ず」というケースも多く存在してはいる。前にもふれた「未就業者,何をしているのか?」という記事には,卒業年の就職がうまくいかず就職浪人の道を選んだ李某氏(地方所在某大学経営学科既卒,26歳)の事例も紹介されているが,彼は1年間の就職試験準備の末,大企業,中小企業,金融機関など,まったく選り好みすることなく20社余りに願書を出したものの,結局その年もすべての会社で不合格となり,今後は公務員試験を目指すことにしたという[31]。また,『月刊中央』1989年11月号に掲載された記事「第2の入試,大卒者就職戦争」には,同様に「二浪目」に突入した金某氏(地方所在某大学既卒,28歳)の事例が紹介されているが,彼の以下の発言からは大卒者の就職状況がかなり悪化していることがうかがえる。

　会社を選ぶような余裕がある人たちは一流大出身なのでしょう。私のよう

な地方大出身者，それも非人気学科出身者は，そんな余裕すらまったくないのです．（中略）私の出身学科の同期のうち，知り合いが経営する会社や，書籍外販会社などを除けば，就職した人はまだいません．合格者がすでに内定している中小企業の社員募集広告を見て郵送した履歴書・自己紹介書が優に100通にもなるほどです．それでも私は，ねばり強い方でしょう．だいたい30社ほどあたった後，大部分は諦めてほかの道を選びます．自営業をはじめたり，高卒者対象の業務に満足するのです[32]．

大学間格差の拡大

ここで注意しなければならないのは，この金氏が語っているように，1980年代以降の大卒者就職過程において，ソウル所在大学卒業生と地方所在大学卒業生との間の「格差」が顕著に現れはじめたという点である．韓国では以前より，一般にソウルに所在する大学の方が地方に所在する大学よりも「質が高い」と考えられる傾向があったが，第3章でも確認したように，1980年を前後する時期の大学入学者の急増がこのような格差をさらに顕在化させたものと考えられる．首都圏人口の抑制政策を受けて，この時期の大学定員の増加が主に地方大学・地方キャンパスにおいてなされたものであったため，結果的に「ソウル所在大学」の入学機会の相対的な稀少性が大きく高まり，ソウル所在大学とそれ以外の大学との間にかなりの格差があるものと認識されはじめたのである．

実際，大卒者の急増した1980年代以降，地方所在大学卒業生の就職は徐々に難しくなり，ソウル所在大学卒業生との間で就職率にも大きな格差が生じてくる．92年4月，同年2月の大学卒業者を対象に『リクルート』誌が行った調査結果によれば，単科大を除いたソウル所在四年制大学卒業生の就職率（分母から進学者・入隊者除く）は67.5％であるのに対し，同じく単科大を除いた地方所在大学のそれは53.4％にすぎない．男子に限るとその差はさらに拡大し，ソウル所在大卒者の就職率が80.5％であるのに対し，地方所在大卒者のそれは62.5％と，18％ポイントもの差が生じているのである[33]．同じ調査によれば，80年代半ばには両者間の相違はたかだか数％ポイントに過ぎなかったのであり，やはり80年代後半以降にソウル所在大

学と地方所在大学との間の就職率格差が特に大きくなったものと言えるだろう．

では何故，ソウル所在大学と地方所在大学との間の就職率格差がこれほど拡大したのであろうか．

これまでも言及してきたように，韓国における新規大卒者の採用方式としてもっとも一般的であったのは公開採用方式であった．しかし同時に，学校推薦による就職者も依然多く，80年代から90年代半ばに至るまで全就職者の2-3割程度を占めていた．この学校推薦による新入社員選抜の場合，当然ながら各企業は特定の大学出身者のみを選抜対象者とすることができるのであり，畢竟，これらの推薦希望は一部の有名大学に集中することとなる[34]．実際，このような傾向に対してある就職希望学生は「企業の推薦依頼が少数の名門大の人気学科に集中し，一般学生の応募機会が大きく狭められている」と強い反発を示している[35]．

さらに，各大学からの被推薦学生の中からさらなる選考を行う場合，各企業は在学時の学業成績をそのまま判断基準とするのではなく，それを出身大学出身学科の入学難易度に応じて調整を加えた上で候補者間の比較を行っている，との指摘もなされている（李クンム [1989：45]）．これらの事例から判断すれば，ソウル所在大学と地方所在大学間での就職率格差の多くの部分は，「大学間格差」に依拠した雇用者側の差別的な対応によって生じているものと言えよう．

ここで注意しなければならないのは，このような大学間格差の顕在化は，入試制度の改編を契機としているという点である．第3章において指摘したように，それまで大学入学資格試験として行われていた「大学入学予備考査」が，1982年度より純粋な入学資格試験としての性格を失い，大学別入学者選抜の際にその点数が利用される単なる統一学力試験へと変質した．以前の入学資格試験は，大学入学者の学力の「底」を国家が保証するという機能を果たしていたのであるが，試験制度の変化によってこの機能は完全に失われ，高等教育の爆発的拡大ともあいまって，各大学の入学難易度には大きな差が生じることとなった．統一学力試験である「大学入学学力考査」は，このような各大学の入学難易度の格差を一元的指標によって可視化するとい

う結果を招いたのである(Sorensen [1994], 佐藤 [1997])．実際, 佐藤がインタビューを行ったある財閥系企業の人事担当者は,「採用時に大学入学学力考査の大学別カットラインを入手して（大学進学雑誌や予備校資料などで入手可能），それを傍らにおいてその大学の水準を判断しながら合否の参考資料としている」(佐藤 [1997:119])と答えているが，このような企業の採用行動も，以上のような入試制度の変更に伴う一元的な大学間序列の可視化が可能にしたものと考えられるだろう．このような大学間での階層化の軸が，大学所在地，すなわち「ソウル所在大学か否か」という軸と大きく重なっていたのは言うまでもない．

大卒者就業機会の変化

このような大卒者の就職状況の悪化と共に，大卒者のいわゆる「下方就業」事例が顕著に増加していった．1980年代半ば頃より，「これまでは目も向けなかった下級公務員試験，中小企業の営業・販売社員，書籍外販員など，高卒学歴程度で十分な職種にも，大卒者たちが大挙押し寄せて」[36]いったのである．データを得やすい国家公務員採用試験合格者に関してこれを簡単に確認しておこう．

韓国における国家公務員採用試験（行政職）は，任用時の職級に応じて，主に大卒学力程度の「高等考試（5級試験）」，専門大卒程度の「7級試験」，高卒程度の「9級試験」の3つが実施されている．それぞれ，日本の国家Ⅰ種，Ⅱ種，Ⅲ種試験に相当するものである．このうち，まさに大卒者が増加しはじめていた80年代半ば頃の『リクルート』誌に紹介されていたのは，主に7級公務員試験に関する情報であった．「高学歴マンパワーの増加などによる就業難によって，大卒（予定）者たちは，高等考試以外の公務員試験など考えもしなかった頃とは異なり，7級職公務員試験に関心を傾けている」[37]という公務員試験紹介記事の一文からもうかがえるように，それでも7級試験への大卒応試者数の増加はあくまで最近のこととされていたのである．

7級行政職試験合格者の学歴構成（図5-6）を見ると，すでに80年代初頭において四年制大卒以上の学歴を持つ合格者がかなりを占めていることが

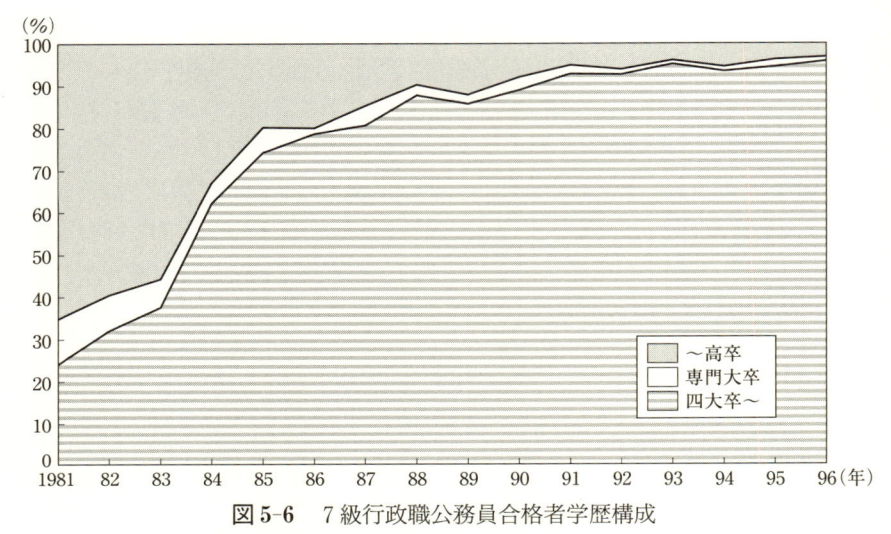

図5-6　7級行政職公務員合格者学歴構成
（出所）総務処『総務処年報』1992年版および1997年版より作成．
（注）各学歴範疇には卒業予定者を含む．

見てとれるが，それでも合格者の半数近くは高卒者によって占められており，1981年の場合，四大卒以上者の比率は2割強に過ぎなかった．しかし，大卒者の急増と共に状況は一変する．急増する大卒者が7級試験に押し寄せ，四大卒者が合格者に占める比率はわずか数年のうちに9割近くにまで達した．このしわ寄せとして，高卒以下者が占める比率は81年の65.0％からわずか7年後の88年には9.5％へと急落したのである．

　さらに，就職先の見つからない大卒者たちは，高卒者を主対象とした9級採用試験にも殺到した．9級行政職試験合格者の学歴構成を示した図5-7によれば，1981年には合格者のほとんどを高卒以下者が占めていたのに対し，その後徐々に四大卒以上者が増加していき，1990年代半ばには逆に合格者のほとんどを四大卒以上者が占めるに至っている．この影響で，本来9級試験の対象者であるはずの高卒者が占める比率はわずか数％にまで下落してしまっているのである．このような変化は，わずか10年間のそれとしては，きわめて甚だしいものと言えるだろう．

　これと同様の大卒者の「下方就業」傾向は，当然ながら民間部門において

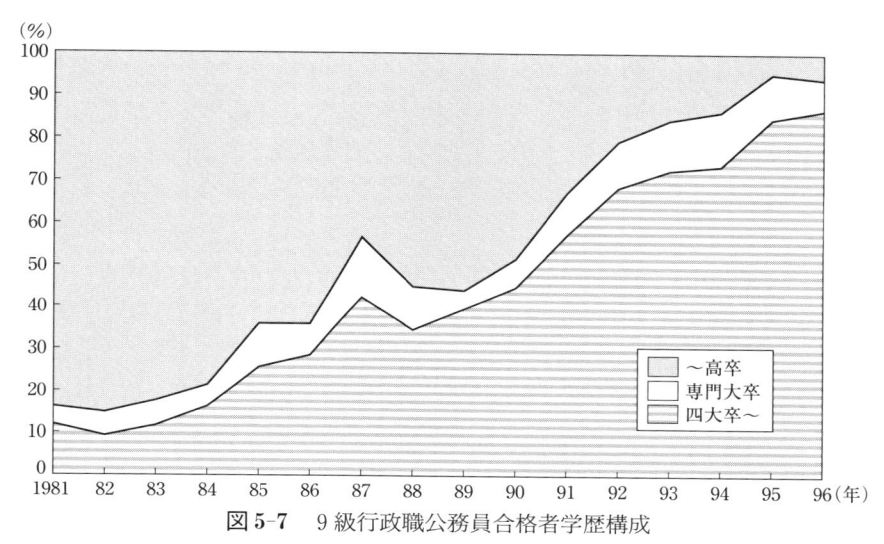

図5-7 9級行政職公務員合格者学歴構成

(出所) 総務処『総務処年報』1992年版および1997年版より作成.
(注) 各学歴範疇には卒業予定者を含む.

も見られた．大企業だけではなく中小企業の社員募集にも，多くの大卒者が押し寄せることとなったのである．公開採用を行う中堅企業の場合，そもそも採用人数が数十名程度と比較的少ないこともあって，競争率が100倍を超す企業も存在したという[38]．また前掲した就職活動事例からも，就職難の中で，新規大卒者が規模を問わず何とか就職先を得ようとしている姿が見てとれる．

さらにこの時期，事務・専門技術職に比べればあまり好まれなかった営業職の社員募集にも，多くの大卒者が臨んでいる．1980年代から90年代にかけての韓国において，製薬会社，自動車会社などの国内営業職は事務・技術職とは別途採用され，独自の職級体系が適用される場合が多かった．これらの「営業社員」は，歩合給の比率が高く，事務・技術職採用者に比べれば給与の安定性や昇進可能性が劣る場合が多いことから，大卒者にとって「魅力ある」職種とは言えず，実際80年代初頭までは営業職に従事する大卒者の比率も非常に低いものであった．しかし，大卒者の急増に伴って，営業職社

員募集にも大卒者が多く応募することとなり，これらの就業機会をめぐって時に熾烈な競争が繰り広げられるようになったのである[39]．「自由と高所得が保証される営業職に挑戦しろ！」（1992年3月号，pp.90-93）に代表されるように，この時期の『リクルート』誌に，営業職就業をすすめる記事が多く掲載されるようになったのも，このような就職状況の変化によるものと言えるだろう．

　以上を基に，この時期の新規大卒者の就職行動の変化についてまとめれば次のようになるだろう．先にも述べたように，韓国の企業の多くが，職種の違いと密接に結びつく形の学歴別新卒者採用を行っていたこともあり，就職を希望する大卒者の意識においては，「大卒水準」の就業機会がそれ以外の──例えば「高卒水準」の──就業機会とはかなり明確に区別されていたと言えよう．そしてこれも前述したように，韓国では企業規模を軸とした就業機会の垂直的分化が著しかったため，一般に，民間部門へ就職する場合は大企業（およびマスコミ・銀行・政府系機関）の専門技術・事務職，公務員の場合は高等考試による5級職が，大卒男子の一般的な就業機会として捉えられていたようである．

　しかし急速な大卒者の増加は，このような就業機会観を崩さざるを得なかった．80年代半ば以降，新規大卒者の就職率が低下しながらも，それに見合うほど大卒者の失業率が上昇してはこなかったという事実は，先の金氏も語っているように，新卒時点では「大卒者にふさわしい就業機会」へのこだわりを強く持っていながらも，それでも就職できない場合は，中小企業，あるいは「営業職」に就業機会を求めてきたことの表れと考えられる．大卒者の急増は，このような「大卒求職者側の意識の変化」をも少なからず伴うものであったのである．もちろん，彼らの大企業志向の強さ，及び韓国大企業の特徴的な新卒社員採用方式のために，中小企業への就職は大学卒業直後ではなく，その1，2年後になってようやく果たされるケースも少なくなかったと考えられる．

　しかし，このような「大企業から中小企業へ」，あるいは「事務・技術職から営業職へ」という変化が生じたとしても，ホワイトカラー職種へのこだわりは貫かれてきたと言えるだろう[40]．これは服部も指摘しているように，

「販売職やサービス職は少なくとも大卒らしい職場ではな」(服部［1988：191］)く，ましてや生産職への就業などもってのほか，というような非ホワイトカラー職に対する強い忌避意識が存在していたためと考えられる．実際，『リクルート』誌の就職関連記事を見ても，大卒者がサービス職・生産職などへ就業した事例，あるいはこれらの職種に関する就職情報はほとんど見受けられない．本章第1節で確認したように，大卒者の急増以降，新規大卒者が非常に厳しい就職状況に直面していたにもかかわらず，彼らのホワイトカラー職就業比率には1980年代以降ほとんど変化がなかったのも，このような事情によるものだろう．

　第4章で確認した1980年代後半以降の若年大卒者の相対的賃金下落，および企業規模間賃金格差の拡大も，以上のような新規大卒者の就職状況，ならびに就職行動の変化によって生じたものと考えられる．本項で確認したように，大卒者急増に伴う就職状況の悪化の中で，新規大卒求職者は「企業規模」に対するこだわりを捨てざるを得ず，多くの新卒者が中小企業に就業機会を求めていった．それまでの大卒労働力が稀少であった時期には，大卒者をなかなか採用できなかった中小企業も，この時期，それほどの高給を支払うことなく多くの新規大卒者を雇い入れられたものと思われる．このような過程において，企業規模に基づく大卒者の賃金格差が拡大し，同時に新規大卒者の相対的な賃金水準も平均的には下落していったものと考えられるのである[41]．大卒者の側からすれば，企業規模へのこだわりを捨て，また相対的な賃金下落に甘んじることによって，大卒者数の急増にもかかわらず，ホワイトカラー職への就業機会を何とか確保してきたものと言えるだろう．

(4) 新規専門大卒者・高卒者の就職状況

　以上，1980年代以降の大卒者急増現象がもたらした大卒者の職業機会の変化について検討してきた．しかし，「四年制大学卒」という学歴が有する職業的地位上昇効果の推移について何らかの判断を下すためには，四大卒学歴を所持しない者の就職状況についても検討を加える必要があるだろう．「四年制大学卒」という学歴の職業的地位上昇効果は，四大卒者の職業機会を，この学歴を持たない専門大卒者および高卒者の職業機会と比較すること

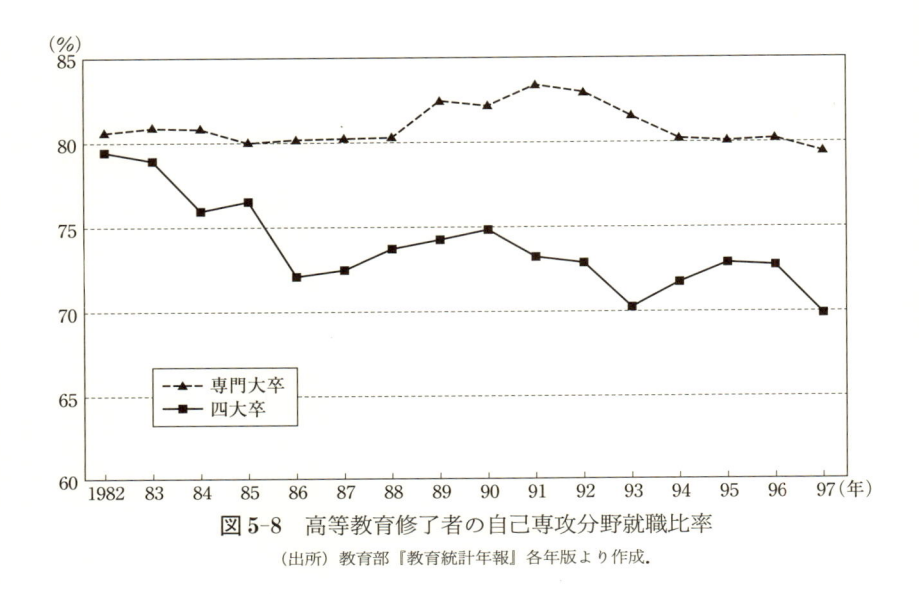

図5-8 高等教育修了者の自己専攻分野就職比率
(出所) 教育部『教育統計年報』各年版より作成.

ではじめて十分に捉えられるものだからである.

新規専門大卒者の就職状況

まず専門大学卒業者の就職状況に関して注目されるのは, 『教育統計年報』に掲載されている新規専門大学卒業者の就職率が, 1980年代以降, 四大卒者のような低下傾向を示していない, という点である. 先に挙げた図5-4からも確認できるように, 80年代初頭には60％にも満たなかった新規専大卒者の就職率は, 専大卒者数自体の増加にもかかわらずその後徐々に高まっており, 80年代後半には80％を超え, 四大卒者のそれを10数％ポイントほど上回るに至っている.

このような四大卒者と専門大卒者の就職状況の対照は, 就職者の「自己専攻分野就職比率」の差異にもあらわれている. 『教育統計年報』に掲載されたデータを基に, 就職者のうち「大学での専攻分野」に関連した仕事に就き得た者の比率を示した図5-8によれば, 四大卒者の場合この比率が80年代初頭より徐々に低下しており, 全般的な就職難の中, 大学で学んだ知識・技

術を活かした就職が困難になっていることがわかる．これに対し，専門大卒者に関しては，80年代以降もこの比率は80％前後で目立った変化がなく，四大卒者よりも自己の専門を活かした就職がより容易であったことが見てとれる．1980年代に入って以降，専門大卒者数は四大卒者と同様に大きく増加したにもかかわらず，専門大卒者の就職状況は，四大卒者よりもかなり良いものであったことがうかがえるのである．

　このような（四大卒者と比較しての）専門大卒者の就職の好調さは，専門大学における徹底した実業教育が企業の人材需要に合致していることなどに帰せられることが多い（鄭眞和［1996］など）．しかし，ここで注意しなければならないのは，専門大卒者の就職過程と就業機会自体が，四大卒者のそれとは大きく異なるという事実である．まず就職過程に関しては，四大卒者とは異なり，「学校推薦による就職」が全就職者の半分以上を占めており，かつその比率は80年代初頭から90年代初頭まで継続して上昇し続けている．これとは逆に，「（公開採用）試験による就職」は2割前後にすぎず，四大卒者のそれの約半分程度となっている[42]．また，もう一点注目すべきは，専門大卒者の中小企業就職率の高さである．90年2月の専門大卒業者を対象に『リクルート』誌が行った調査によれば，全就業者の実に80.7％が中小企業への就業者によって占められているのである[43]．

　当然ながら，この2つの特徴は相互に密接な関係を持つ．韓国の中小企業は，公開採用ではなく学校推薦や縁故を通じて新入社員を採用することが多い．これに対し，韓国の大規模企業グループは公開採用による採用比率が高いが，公開採用においては「専門大卒者」という独自の枠が設けられないか，また設けられていたとしてもその募集人員数は大卒者に比してかなり小さい場合が多かった．このため，各専門大学は地元の中小企業と密接な関係を結びながら，これらの企業に卒業生の就職口を求めていったのである．各年の『リクルート』誌によれば，専門大卒業者の就職率には，四年制大学卒業者に見られたようなソウル所在大学と地方所在大学との間の目立った格差が見られないのであるが，このような事実も，専門大学の地元中小企業密着型就職戦略を反映しているものと考えられる[44]．

　このように，大企業志向の強い四年制大学卒業者が厳しい就職難に直面し，

彼らの就職率が大きく低下していくなか，専門大学は各企業とのネットワークを活かし，主に学校推薦方式によって，中小企業に卒業生の就職先を得てきたのである．また，専門大卒者の職種としては統計分類上は専門技術・事務職が多く，また自己専門分野での就職が多いとはいえ，彼らが実際に任される仕事の内容は，高卒者のそれとほとんど違いがない場合も多いようである[45]．『リクルート』誌に掲載されたある企業の人事担当者の弁からこれを確認しておこう．

　われわれ企業の立場としては，専門大学の工業系列学科を卒業したものと工業系高等学校を卒業したものとの間に特別な差を感じることができません．かえって，高度な技術や専門知識を必要とする業務は，（四年制：筆者注）大学や大学院卒業者たちに任せるようになり，専門大学出身者たちは生産・整備職やアフターサービスなどの職務に配置するようになります．しかし，このような単純技能職は工業系高等学校を出たものに任せても無難にこなすことができます（『リクルート』1994年12月号，p.109）．

　専門大学卒業者の就業機会がこのような性格を持つならば，大企業選好・ホワイトカラー職選好の強い韓国においては，いくら専門大卒者の就職が好調であったとしても，多くの高等教育進学希望者にとって専門大学への進学はそれほど魅力的な進路とはなり得なかったものと考えられる．実際，四大卒で未就業の者の多くは，高卒者とあまり差異のない職種への就業や中小企業への就業を拒んで，「就職浪人」という選択を行ってきたのである．以上より総合的に判断するならば，専門大卒者に開かれた職業機会は四大卒者のそれとは性格をまったく異にするものであったため，仮に新規専門大卒者の就職率が新規四大卒者のそれを大きく上回ったとしても，「より望ましい就職先を得る」という目的に対する四年制大学卒業の手段的効用にはほとんど変化がなかったものと考えられる．

新規高卒者の就職状況

　次に，高卒者の就業状況とその変化について概観しておこう．前節で提示

した図 5-1 及び図 5-2 からも見てとれるように，高卒者のホワイトカラー職就業比率は，1980 年代前半においてすでに大卒者よりもかなり低く，さらに大卒者の急増した 1980 年代半ば以降少しずつ低下している．しかし，1980 年代前半には未だ大卒者がそれほど多くなかったこともあり，絶対数自体ではむしろ高卒者はホワイトカラー職就業者のうちのかなりの部分を占めていた．例えば，図 5-1 で用いている賃金センサスサンプルの学歴構成を見ると，1980 年の 25-29 歳男子勤労者の場合，四年制大卒以上のホワイトカラー職従事者が約 5 万 5000 人であるのに対し，高卒のホワイトカラー職従事者は，それを大きく上回る 7 万 3000 人余りとなっている．これは大企業においても同様であり，1980 年代初頭の段階では，中小企業のみならず大企業においても，高卒男子若年層を大量に専門技術・事務職従事者として採用していたのである[46]．

実際，少なくとも 80 年代半ばまでは，いくつかの大規模企業グループは，グループ単位で行う事務職社員募集において，四年制大卒者のみならず，男子高卒者（主に商業高校卒業者）をも一定数採用していた[47]．特に高卒男子事務職採用の多い三星グループの場合，毎年数百人程度の商業高校男子卒業者を学校推薦や筆記・面接試験などを通じて入社させていた．こうした高卒事務職採用者には，大卒者と同一の「一般職社員」の職級体系が適用され，彼らは新規大卒者の一段階下の職級からキャリアをスタートしていった．大卒者に比べれば昇進・昇給速度は劣った（服部 [1988:181-82]）とはいえ，「技能職社員（工員）」として採用された高卒者に比べれば，はるかに広い内部昇進・昇給の可能性が開かれていたと言えるだろう．学歴と職種・職級との結びつきが強い韓国社会において，大企業における高卒事務職採用枠は，高卒者が大卒者と比較的近い待遇を受けられる貴重な機会であったと言えるのである．

さらに，1980 年代半ばに至るまでホワイトカラー職従事者として男子高卒者を特に多く採用していた業種に，金融業界がある．金融業界は伝統的に商業高校出身男子社員・行員比率が高く，その中でも特に保険，証券，短資会社などのいわゆる「第 2 金融団」の場合，新入社員採用比率は概して，大卒者 3 割に対し，高卒者は 7 割程度であったという[48]．もちろん金融業界

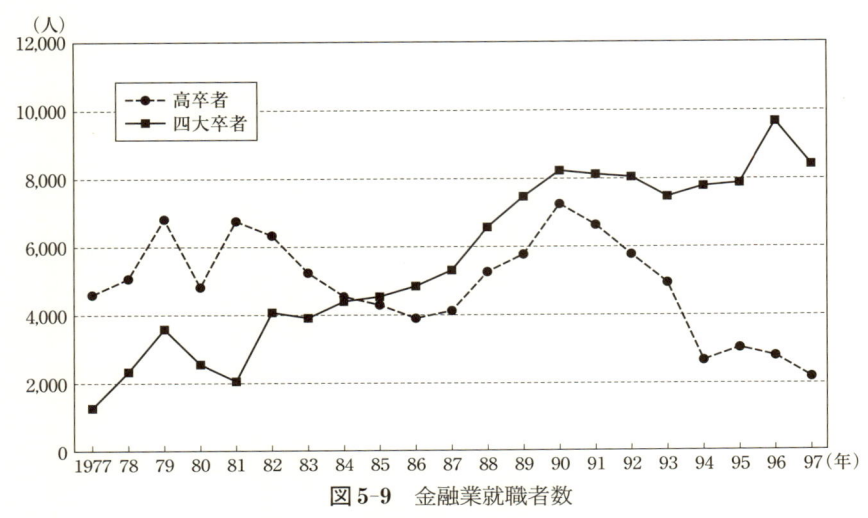

図 5-9　金融業就職者数
(出所) 教育部『教育統計年報』各年版より作成.

においても，昇進速度などは大卒者に比べてやや劣るものの，高卒者もそれなりの職位まで昇進し得たこと，また金融業界は給与水準が比較的高く，安定性も高いことなどを反映し，商業系男子高校生にとって，銀行，保険，証券などの業界への就職は非常に魅力的なものと捉えられていたようである．『就職』誌が商業系高校生1000人を対象として1986年に行った就職意識調査によれば，男子商業高校生の希望業種は，金融業界が全体の半数近く（44.2％）を占めており，公務員・国営企業（26.2％），一般企業（21.3％）の倍近い回答比率となっているのである[49]．

　以上のように，少なくとも1980年代半ばまでは，男子高卒者にも大企業や金融業界のホワイトカラー職という比較的「条件の良い」就業機会が，かなり広く開かれていたことがわかる．では，このような男子高卒者の就職状況は，大卒者の急増と共にどのように変化していったのであろうか．
　ここではまず，男子商業系高校卒業者にとってもっとも人気のある就職先となっていた金融業界の事例を検討してみよう．図5-9は，『教育統計年報』掲載データに基づき，金融業に就業機会を得た新規高卒者及び新規四大卒者数の推移を示したものである．この図からは，80年代初頭の時点において

金融業界に就職した新規高卒者は四大卒者の 2 ないし 3 倍にも達していたことがわかる．しかし，その後新規高卒採用者数は徐々に低下し，新規四大卒採用者数はこれとは逆に次第に増大する．これによって 1985 年を境に四大卒者数と高卒者数は逆転してしまうのである．例外的に 1988 年からの数年間においては，四大卒者のみならず，高卒者の新規採用者数も急増しているが，これはこの時期とられた金融自由化政策を受けて各金融機関の支店数が増加し，これに対応して新卒者の採用規模自体が大きく拡大したためである．このような突発的な変動以降は，四大卒採用者数はほぼ横ばいで推移するのに対し，高卒採用者数は急速に減少し，結果的に両者の差は大きく開いてしまっている．

　このように，1980 年代以降のわずか 10 数年間で，金融業界の新規学卒採用者の学歴比率はきわめて急速に変化している．この間，高校進学率の急上昇と人口構成上の理由によって，新規高卒男子の就職者数自体はけっして減少していないにもかかわらず，彼らにとって「魅力的な」就業機会であった金融業への就職者数は，絶対数においても急速に減少してきたのである．

　このような現象は，大卒者の急増過程において，各企業が新規高卒者の採用を減らし，その代わりに新規大卒者の採用を増やしてきたため生じたものにほかならない．さらに言えば，このような採用者数の変動は，学歴別採用慣行に基づいて新卒者採用を行う各企業が，高卒者事務職の採用枠を減らし，その代わりに大卒者の採用枠を拡大させてきたことに起因するものと考えられるのである．

　韓国経営者総協会は 1979 年より，従業員規模 100 人以上（1986 年からは 50 人以上）の企業を対象として当該年の社員採用予定規模の調査を行っている．1991 年までの各年度の調査結果[50]からは，大卒事務職と高卒事務職の対前年比での採用予定規模を知ることができる．これをグラフにした図 5-10 によれば，1980 年代前半には大卒事務職採用予定者数の増加率と高卒者のそれとの大小関係は年によって異なっているのに対し，1986 年以降は常に大卒者の増加率が高卒者のそれを上回っている．すなわち，大卒者が急増しはじめた時期より，高卒事務職の採用を手控え，大卒事務職をより多く採用しようとする各企業の明確な採用姿勢が表れはじめているのである．

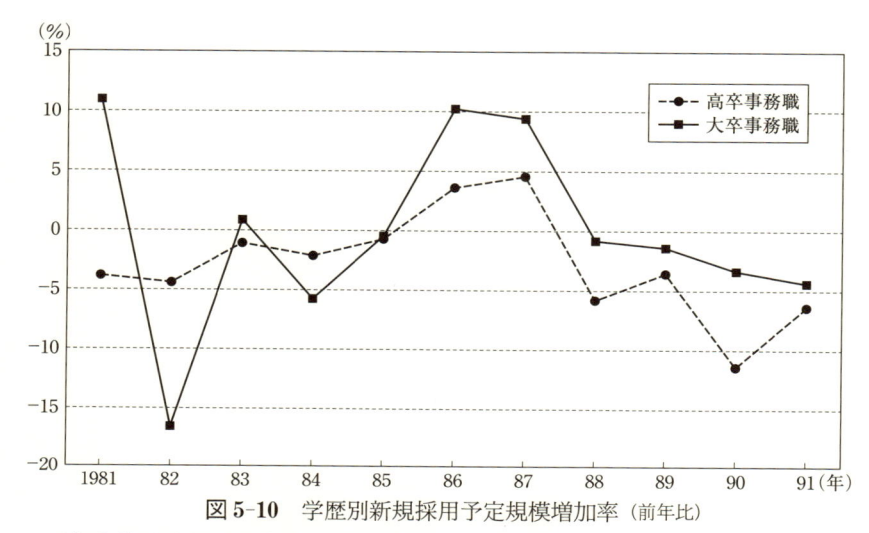

図5-10 学歴別新規採用予定規模増加率（前年比）

(出所) 韓国経営者総協会『新規人力採用動態 及 展望調査（新規マンパワー採用動態および展望調査）』各年版より作成．

　この図に示された対前年比増加率の差は数ポイントであっても，実際の学歴別採用者規模はこれらの増加率の累積として変化していくこととなるため，その変化は存外に大きい．各企業が実際に毎年この「展望」通りに高卒者および大卒者を採用したとすると，1985年の採用規模を仮に100とした場合，これらの増減の累積として6年後の1991年には大卒事務職採用規模が108.6に増加しているのに対し，逆に高卒事務職採用規模は81.1へと20％ほど減少している計算になるのである．

　本章第1節では，大卒者の急増過程において，新規大卒者がそれまでと同様の比率でホワイトカラー職種に就業し得ていたのに対し，新規高卒者がホワイトカラー職に就く比率は徐々に減少しているという事実が確認された．このような就業機会構造の変化は，学歴要件の付されない7級・9級公務員合格者の学歴構成の変化のように，高卒者と大卒者が同一の土俵上で就業機会をめぐる競争を繰り広げた結果として生じている部分も確かにあるだろう．しかし以上の考察結果をふまえるならば，学歴別採用慣行の強い韓国の企業が，大卒者の採用枠を拡大するとともに，高卒者のそれを縮小することによ

って生じている部分も大きいと考えられる．すなわち，各企業の「学歴別採用枠」が変化したことによって，高卒者はホワイトカラー職種への就業機会から制度的に「押し出されて」しまったものと考えられるのである[51]．

（5）雇用主にとっての「学歴」

以上の考察からは，1980年代半ば以降の大卒者の急増に対して，韓国の企業は主に「採用時の学歴要件引き上げ」という形の反応を示してきたことがうかがえる．1980年代半ば以降高卒事務職の採用枠が大卒者に代替されてきたのもその一例であろうし，また大卒者採用においても単なる大卒学歴のみならず「ソウル所在大学卒」であることが重視されるようになったのも同様であろう．雇用主側のこのような反応は，第1章で概観したサローの仕事競争モデル，あるいはドーアの学歴インフレモデルの想定に近いものと言えるだろう．

いずれにせよ，以上の分析からは韓国企業の採用過程における「学歴重視傾向」の強さが見てとれる．韓国の企業は何故（他の指標ではなく）学歴という指標をここまで重視するのであろうか．学歴と職業機会との結びつきを制度的に形作るこれらの企業行動の背後には，いかなる「学歴観」が存在しているのであろうか．ここでは，韓国企業の経営者と人事担当者，ならびに大学生の学歴観を調査した李貞杓［1995］を参照しつつ，この問題を検討していこう．

第1章において検討したように，高い学歴を持った労働力が雇用主により好まれる理由としては，大きく，学歴の高さを「より水準の高い知識・技術を習得したことによる生産性の高さ」とみる立場と，これを「選抜を通過し得るだけの潜在的な能力の高さ」とみる立場とがある．李貞杓が経営者・人事担当者に対して行った10の質問のうち，「大学では産業現場において必要とされる教育を行っていない」は，このうち，前者の立場を否定するものと言えよう．この設問に対する全国300余りの企業の雇用主・人事担当者の回答を見ると，「とてもそう思う」と「そう思う」を合わせた肯定率が51.5％となっており，「まったくそう思わない」と「そう思わない」を合わせた否定率21.6％よりもかなり高い値となっている．大半の企業雇用主は，大学

での修学経験が各企業の経済活動に必要な知識・技術の涵養に直接結びつくとは考えていないのである．

　その一方，「学歴の高さ」を潜在的能力の高さ，あるいは一般的な知的能力の高さの証明として捉える傾向が雇用主の側には一定程度存在している．このような認識は，大半の大学生の「学歴観」とは相反するものであるだけに特に注目されよう．例えば，「出身大学の水準は，個人の潜在的能力を表している」という設問には，当の大学生は 17.2 ％のみが肯定しているのに対し，雇用主は 44.9 ％が肯定しており，これを否定する 30.4 ％よりもかなり高い比率となっている．また「学歴の高い人は企画力，判断力，創意力などが高い人である」ことを，大学生はその 16.0 ％が認めているのみであるが，雇用主は 35.0 ％が認めており，これを否定する比率（25.0 ％）を上回っている．これらから推測するならば，新規大卒者の出身大学に対する各企業のこだわりとは，各大学で行われている具体的な教育内容に対するこだわりというよりも，大学間での入学難易度の格差を前提とした上での「入学試験，あるいは入学後のさまざまな試験を通過し得る知的能力」へのこだわりである可能性が高い[52]．前述した「大学入学学力考査の大学別合格点数を合否の参考資料とする」というある会社の人事担当者の弁も，このような事実を裏づけるものであろう．

　もちろん，「大学入学時の試験成績」が何らかの知的能力の水準を示すものであるとの信念は，大学入学試験制度に対するある種の「信頼」が存在してこそ成り立ち得るものと言えよう．この点で，すべての大学進学希望者に対して国家が統一学力試験を課したことの意味は大きい．国家の管理する「客観的な」学力試験の導入によって，大学入学試験の「能力弁別力」に対するひとびとの信頼は大きく高まったものと考えられるのである[53]．

　さらに，大学入学試験の応試者の増大も，大学進学時の選抜結果を新入社員選別時の判断基準として「流用」することの正当性を強めたものと考えられる．国民の所得水準の全般的な上昇に伴って，大学へ進学し得る十分な能力を持ちながらも経済的理由ゆえに大学進学を放棄せざるを得ない高卒非進学者が減少していくにつれ，大学へ進学する者としない者とを分かつのは，出身家庭の経済力の差ではなく，あくまで個人の努力と能力とによって決ま

る学業成績の差であると考えられるようになる．第3章でも確認したように，選別理論の立場に立つならば，このような趨勢は，「ふるい分け」の対象をさらに広げることで，大学入学試験がより徹底した「能力弁別機能」を果たすようになっていったことを意味する．当然これにより，大学進学時の選抜結果という「情報」の利用価値はさらに高まることとなるのである．

　以上で明らかにされた雇用主の学歴観を前提に考えるならば，新規に供給される労働力の急速な学歴上昇に対して雇用主側がとった「学歴要件の引き上げ」という対処策は，彼らにとって十分に「合理的」なものであったと解釈され得る．選別理論的学歴観に基づけば，大学定員の急速な拡大に伴う大卒者の急増現象は，「それまでならば大学に合格し得なかった学力水準の生徒が，大学に進学し，大卒学歴を得るようになった」という事態にほかならない．このような状況下において従来と同様の水準の労働力を確保するためには，当然，採用時に課せられる学歴要件の引き上げが必要となるのである．

　このような採用行動を企業がとる限り，全般的な高学歴化に伴い，それぞれの就業機会に必要とされる学歴要件はどこまでも上昇し続けていくこととなる[54]．これによって，「より稀少な教育機会」をめぐっての入試競争も，限りなく過熱し続ける可能性を持つのである．

3. 職業的地位上昇がもたらす「効用」増大
　　　——高校生の職業希望意識の比較分析

　前節における分析結果から，大卒学歴を取得することによるホワイトカラー職就業確率の上昇効果は，大卒者の急増にもかかわらず，決して低下していないことが確認された．さまざまな制度的条件の作用によって，学歴と職業的地位との結びつきはむしろより強固なものになってさえいるのである．しかし，このような学歴の職業的地位上昇効果がひとびとの進学意欲や実際の進学行為に与える影響に関しては，少なくとも学歴の賃金上昇効果に関して行ったほどの確固たる想定を行うことはできない．人的資本論の分析対象は，あくまで金銭的に測られ得る進学の便益と費用に限られていた．そのため，これらのモデル上では，金額の多寡という一元的な尺度上において，費

用と便益のどちらが大きいかを判断することが可能となり，「費用と便益を一致させる割引率が市場利子率よりも高ければ教育投資を行う」といった強い仮定を生み出すことさえ不可能ではなかったのである．しかし職業的地位上昇効果という便益に関しては，当然このような直接的な形で金銭面での費用との大小を判断することができない．もし経済学的にこの問題に接近するならば，上級学校への進学を，「投資」としてではなく，職業的地位上昇がもたらす効用増大を目的とした「消費」として捉える視点が必要となってくるであろう．

　もちろん，より高い水準の教育を受けることによる職業的地位の上昇効果がどれほど大きな「効用」であるのかについては，個人間で相違が存在しよう．しかし，職業威信構造の特徴など，当該社会に固有の諸条件の作用によって，社会間でも一定の傾向の相違が存在している可能性がある．本節では，韓国高校生の職業希望意識の特徴とその規定構造を日本の高校生との比較において検討し，「職業的地位の上昇」がひとびとにとっていかなる意味を持つものであるのかを，内在的視角から理解していく．

職業希望と職業アスピレーション

　第2章において確認したように，韓国の職業威信構造には，各職業間，特に，ホワイトカラー職と非ホワイトカラー職との間に非常に大きな威信の懸隔が存在しているという特徴がある．そして，このような職業威信の懸隔が，ひとびとの職業的地位上昇意欲を全般的に高め，さらにそれが大学進学意欲を大きく加熱させていると考えることは可能であろう．

　しかしここで注意せねばならないのは，「職業威信の懸隔が，ひとびとのホワイトカラー職への就業意欲を高め，それに従い大学進学意欲が高まる」というロジックは，ひとびとの職業希望が，主に職業的地位の高低によって規定されることを強く前提としており，職業的地位以外の諸条件が個人の職業希望に与える影響を等閑視してしまっているという点である．上述の説明が妥当性を備えるためには，比較の視点に基づきつつ，韓国におけるひとびとのホワイトカラー職就業希望意識は他の社会と比較しても本当に強いのか，また，ひとびとの職業希望は職業的地位の序列に大きく影響されたものとな

っているのか，などの問題が実証的に検討される必要があろう．ここでは，これらの検討のために，筆者らが行った高校生の日韓比較調査の結果に基づき，韓国の高校生の職業希望意識とその規定要因の考察を行っていく．

確かに，これまでの先行研究においては，青少年の職業希望は「職業アスピレーション」の問題として捉えられることが多かった．その代表例でもあるいわゆるウィスコンシン・モデルにおいては，個人の職業希望は「より高い職業的地位を求める達成意欲」として理解され，このモデルに基づく諸研究では，個人の職業アスピレーションは本人の社会経済的背景によって規定されると同時に，それが実際の社会的地位達成にも大きな影響を及ぼすという事実が明らかにされている（Sewell *et al*. [1969] など）．

しかし，このような研究に対しては，青少年の職業希望は単に職業的地位との関係のみにおいて理解されるべきものではない，との指摘もなされている．荒牧は「希望する職業の社会的地位の高低を，彼らのアスピレーションや意欲の高低と直接的に結びつけて解釈」（荒牧 [2001:82]）する，という従来の職業希望研究において支配的であったパースペクティブに疑義を呈し，社会的地位の高低とは別の次元から高校生の職業希望を検討する必要性を提起する．そして，日本の高校生に対する調査結果の分析を通じて，彼らの職業選択基準には，職業の「社会経済的地位志向」とは別に，「職業を通じた自己実現志向」などの軸が存在しており，それぞれを各生徒がどの程度重視するのかという「職業についての価値志向性」の相違が，具体的な希望職業の相違を生み出す要因となっていることを明らかにするのである（荒牧 [2001]）．

これらの指摘が事実ならば，日本では職業の社会的地位とはまったく別の基準が高校生の希望職業を強く規定していることとなり，「ひとびとの職業希望はその職業的地位に大きく影響されている」という前提はあてはまりづらくなる．このような日本の状況と比べた場合，韓国の高校生の職業希望意識にはいかなる特徴が見られるのだろうか．また，それは教育達成意欲にどのような影響を及ぼすものなのだろうか．

以下，これらの問題について実証分析を行っていくのであるが，ここでその結果を利用する日韓比較調査の概要について簡単に説明しておこう．この

表 5-3　日韓高校生の希望職業
(%)

	専門技術	事務	自営	販売	サービス	運輸	技能	家事	その他	未定・無回答	合計
日本											
男子	45.8	11.7	4.4	1.4	4.8	2.5	6.3	0.1	5.5	17.6	100.0
女子	54.5	10.3	1.6	4.1	8.2	0.3	0.4	4.8	4.1	11.6	100.0
合計	50.1	11.0	3.0	2.7	6.5	1.4	3.4	2.4	4.8	14.7	100.0
韓国											
男子	66.9	8.9	10.4	0.6	2.5	0.4	0.4	0.1	1.4	8.5	100.0
女子	67.6	10.6	2.5	1.0	6.7	0.0	0.4	2.1	2.1	6.9	100.0
合計	67.2	9.5	7.4	0.7	4.1	0.2	0.3	0.9	1.7	7.9	100.0

(出所) 2000 年日韓高校生比較調査データより筆者作成.

　調査は，筆者もメンバーの一員である「比較教育社会学研究会」によって 2000 年に実施されたものであり，対象は日本が東京都及び鳥取県（高校生のみ）と群馬県（中学生のみ），韓国はソウル市及び江原道の高校 3 年生と中学 3 年生となっている[55]．本章の分析で用いる高校生サンプルは，日本が 12 の高校（7 つの普通科高校と 5 つの専門科高校）に在籍する計 1439 名（男子 733 名，女子 706 名），韓国も 12 の高校（9 つの一般系高校と 3 つの実業系高校）に在籍する計 1354 名（男子 835 名，女子 519 名）である．

高校生の希望職業と家庭背景・学業達成

　まず，高校生の具体的な希望職業について日韓間で比較を行っておこう．表 5-3 は，「あなたは将来，どのような仕事がしたいですか」という設問に対する回答比率を示したものである．本調査では，職業大分類レベルの各職種と「家事・育児に専念」「未定」「その他」という選択肢のうちから 1 つを選択させる形式で生徒の希望職業を問うている[56]．この表からは，高校生の希望職業のうち，専門技術職に就くことを希望する生徒の比率が，日本では 50.1 ％，韓国では 67.2 ％と他職に比べて圧倒的に高いことがわかる．これに続くのは両国とも事務職希望であるが，事務職を希望する生徒の比率は日韓両国とも 10 ％前後となっている．この両者を仮に（被雇用）ホワイトカラー職と捉えると，高校生のホワイトカラー職希望比率は，日本が 61.1 ％，韓国が 76.7 ％となっており，確かに韓国の方がかなり高い．また，自

営職の希望比率も韓国の方がやや高いものの，販売，サービス，運輸，技能職という非ホワイトカラー的職業に関しては，圧倒的に日本の方が比率が高い．この4つの職種に就くことを希望する高校生の比率は，日本では14.0％に達するのに対し，韓国ではわずか5.3％にすぎない．

　以上の単純な比較からは，やはり韓国におけるホワイトカラー職への就業希望は日本と比べてもある程度強いと言えるだろう．特に，韓国では非ホワイトカラー職への就業を希望する生徒の比率は，日本と比べてかなり小さいのである．

　次に，このような希望職業の分化をもたらしている要因について考察してみよう．ここではまず，出身家庭の社会経済的条件，その中でも特に親職業の影響を検討する．表5-4は，本人の希望職業（家事・未定は除く），ならびに親職業を「ホワイトカラー職（専門技術・事務・管理職）」とそれ以外の「非ホワイトカラー職」とに分類した上で，両者間の関係を示したものであるが，この表からは，本人の希望職業に対する親職業の影響は日韓間でかなり異なっていることがわかる．日本では，親職業がホワイトカラー職であるか否かによって，本人のホワイトカラー職希望比率に10％ポイント近い差が表れているのに対し，韓国ではこの差ははるかに小さい．このクロス表に対してカイ二乗検定を行った結果，日本では0.1％水準において独立性が否定され，本人の希望職業には親職業の有意な影響が認められるのに対し，韓国の高校生に関しては5％水準においても本人希望職業と親職業との間の独立性仮説は棄却されないのである．

　詳細な図表の提示は控えるが，さらに細分化した職業分類に基づいて，親職業と本人希望職業との関係を具体的に見ると，日本では事務職や技能職などを中心として「親と同種の職業への就業を希望する傾向」が一定程度存在しており，事務職の親を持つ高校生が同じく事務職への就業を希望する比率は23.3％，技能職の親を持つ高校生が技能職への就業を希望する比率は12.0％と，全体平均よりも数ポイントから10ポイント近く高い値となっている．これに対し，韓国では専門技術職を除けば，親との同職希望傾向は目立って強くはない．このように韓国では（特に非ホワイトカラー職に関して）親との同職希望傾向が日本より弱いために[57]，親職業が本人の希望職

表 5-4 親職業と本人希望職業とのクロス表

日 本

親職業	本人希望職業		合 計
	ホワイトカラー職	非ホワイトカラー職	
ホワイトカラー職	386 (83.4%)	77 (16.6%)	463 (100.0%)
非ホワイトカラー職	357 (73.3%)	130 (26.7%)	487 (100.0%)

$\chi^2=14.1$　d.f.$=1$　$p=.000$

韓 国

親職業	本人希望職業		合 計
	ホワイトカラー職	非ホワイトカラー職	
ホワイトカラー職	459 (87.4%)	66 (12.6%)	525 (100.0%)
非ホワイトカラー職	499 (84.1%)	94 (15.9%)	593 (100.0%)

$\chi^2=2.4$　d.f.$=1$　$p=.118$

(出所) 2000年日韓高校生比較調査データより筆者作成.

業に与える影響も相対的に小さく，またこれを一因としてホワイトカラー職への就業希望比率が全般的に高まっていると考えることができるだろう．

　しかし，希望職業の分化をもたらすもう1つの重要な要因として，本人の学業成績の影響についても検討しておく必要があるだろう．日本の高校生の希望職業に関しては，これまで，本人の学業成績に対する主観的認識が，自らの希望職業にも影響を及ぼしているとの指摘が数多くなされている．日本では「日常的でかつ低年齢化した選抜過程を通り抜けながら，青少年はきわめて早期から，自らの学校での成績に『分相応な』進路選択を行い，分相応な職業アスピレーションを抱くようになっている」(耳塚 [1988:35]) とされるのである．このような事実を考慮するならば，日本における親職業と本人希望職業との相関は，前述した親との同職希望傾向の作用によってのみならず，本人の学業成績を媒介として生じている可能性もある．

　学業成績の影響，およびそれを統制した上での出身階層要因の影響を検討

表5-5 ホワイトカラー職希望に対するロジット分析結果

	日 本	韓 国
(定数)	.379	.784
女子ダミー	.589**	.329
父学歴	−.001	−.002
父職ホワイトダミー	.521**	−.010
普通科Aダミー	.869**	.894*
普通科Cダミー	−.451	—
専門科ダミー	−.269	−.793***
学校内成績	.147	.347***
Cox & Snell R^2	.065	.043
$-2\log L$	768.0	834.7
N	812	1,072

(注) *: $p<.05$　**: $p<.01$　***: $p<.001$.
(出所) 2000年日韓高校生比較調査データより筆者作成.

するために,本人の希望職業(ホワイトカラー職:1,非ホワイトカラー職:0)を従属変数とするロジスティック回帰分析を行った結果が表5-5である.この分析モデルには,父学歴や親職業などの属性変数のほか,高校タイプ[58]および学校内成績という学業達成程度と大きく関連する諸変数が加えられている.

　この表から,高校生の希望職業規定構造は,やはり日本と韓国の間で大きく異なっていることがわかる.まず,韓国の高校生に比べれば,学校タイプ・学校内成績という学業達成に関連する変数が日本の高校生の希望職業を規定する程度はかなり弱い.日本ではこれらの諸変数のうち,普通科Aダミーが有意であるのみであり,その他の学校タイプ変数,ならびに学校内成績には有意な影響がまったく認められない.そして,これらの学業関連変数を統制した上でもなお,やはり親職業が本人の希望職業に有意な影響を及ぼしている.すなわち,学校タイプが同一で,学校内成績が同程度の高校生であっても,親がホワイトカラー職に就いている生徒の方が,そうでない生徒よりも,ホワイトカラー職への就業希望傾向が有意に強いのである.

　これに対し,韓国の高校生に関しては,学業関連諸変数を統制した上では,父学歴,親職業ともに希望職業に対して直接的な影響をまったく与えていないことがわかる.これに代わり,すべての学校タイプ変数,及び日本ではそ

の影響が認められなかった学校内成績が,本人の希望職業に重要な影響を及ぼしている.すなわち,韓国の高校生は,学校内成績が高いほど,また在籍している高校の選抜度が高いほど,ホワイトカラー職を希望する傾向が有意に高まっているのである.

以上の分析はかなり大まかな職業分類に基づくものではあるが,これらの結果は,日韓高校生の希望職業の規定構造の違いを鮮明に示すものと言えよう.対比的に述べるならば,韓国高校生の希望職業は主に学業達成程度によって大きく規定されており,親職業の純粋な影響はほとんど認められないのに対し,日本の高校生の場合は,親との同職希望傾向によって親職業が本人の希望職業に特に強い影響を与えており,逆に学業達成度に応じた希望職業の分化はそれほど顕著ではない[59].学業達成度に応じた希望職業の分化を,耳塚らの指摘するように「分相応の進路選択」の結果であると判断するならば,韓国におけるホワイトカラー職就業希望比率は本来,さらに高かったものと推測される.「もともと皆が職業的地位の高い職業への就業を望みながら,学業達成程度に応じた自己選抜の結果,実際の希望職業が分化していく」というイメージは,日本よりも韓国の状況により適合的なものであると考えられるのである.

職業価値志向性と希望職業

次に検討を行うのは,前述した荒牧 [2001] においても着目されている職業についての価値志向性,すなわち職業価値志向性が職業希望意識に及ぼす影響に関してである.韓国と日本の高校生は,職業を選ぶ際にどのような条件を重視しており,またそこから導き出される職業価値志向性は具体的な希望職業とどのように結びついているのであろうか.

われわれの行った調査では,職業を選択する際,「給料が高い」から「家族の希望」までの9つの条件をそれぞれ重視するか否かを調査対象者に問うている.図5-11は,各項目を重視すると答えた比率を日本と韓国の高校生に関して示したものであるが,この図からは,両国の高校生は比較的似通った回答パターンを示していることがわかる.もっとも肯定比率が高いのは,両国とも「仕事の内容に興味がある」であり,日本では84.9%,韓国では

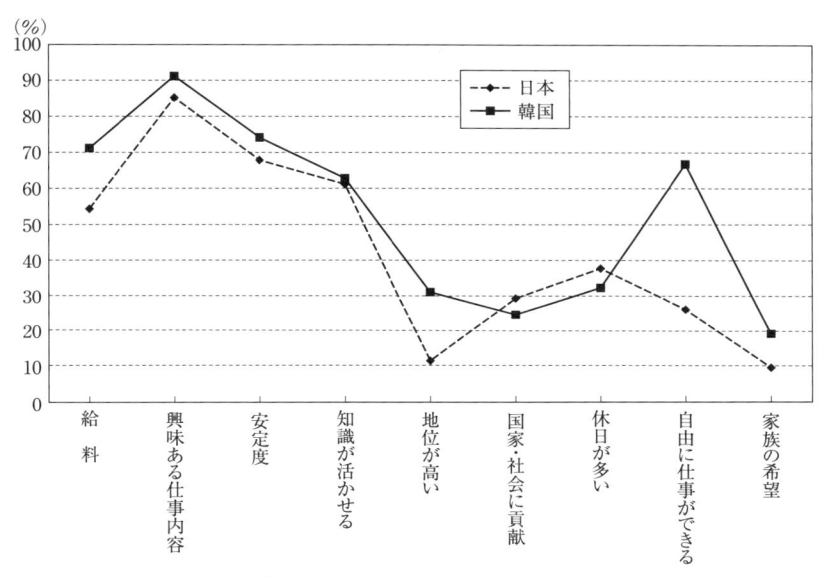

図 5-11　職業選択要因の日韓比較

(出所) 2000年日韓高校生比較調査データより筆者作成.

90.7％となっている．このほか，「給料が高い」「安定している」「知識や技術が活かせる」なども半数以上の生徒が肯定している．ただし，「(他人の命令を受けずに) 自由に仕事ができる」という項目の肯定率は，韓国が66.5％であるのに対し，日本は26.3％に過ぎず，日韓間で大きな違いが生じている．

さて，これら9つの項目には，互いにその内容が似通ったものが存在する．例えば「給料が高い」と「社会的地位が高い」とは，職業の社会経済的条件という点で共通していると言える．このような項目間での内容の近接性を基にすれば，これらの項目への回答から，職業選択時に重視する条件についての何らかの潜在的なパターンを抽出し，その内実を明らかにすることができるだろう．ここでは，これら9つの項目への回答に対して数量化III類分析[60]を行うことで，この課題に取り組んでいく．

図5-12，図5-13は，日本と韓国それぞれの回答に対して数量化III類分析を施し，その結果得られたI軸 (固有値は日本が0.219，韓国が0.228)

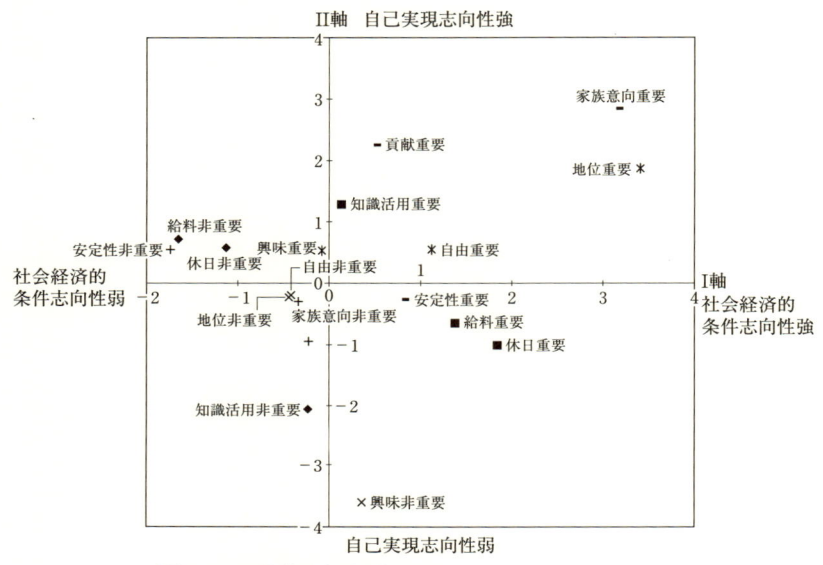

図 5-12 職業選択基準のカテゴリーウェイト（日本）
（出所）2000 年日韓高校生比較調査データより筆者作成．

を横軸に，II 軸（日本：0.146，韓国：0.140）を縦軸として，各カテゴリーウェイトを表したものである．まず，日本の高校生に対する分析結果（図5-12）から検討してみよう．

この平面上の散布図を見ると，まず I 軸（のみ）に絶対値レベルで大きなスコアが生じている項目（およびそのカテゴリー）として，「休日が多い」「給料が高い」「安定している」の 3 つが特に注目される．また，「社会的地位が高い」「家族の希望」に対する回答も I 軸上でスコアの大きな違いが生じている．これらから，I 軸は「職業の社会経済的条件に対する志向」を示しているものと捉えられるだろう．これに対し，II 軸に関しては，「社会に貢献できる」「知識が活かせる」「仕事内容に興味がある」という 3 つの項目に対する回答に，この軸上でスコアの大きな相違が存在している．このことから，II 軸は「職業を通じた自己実現に対する志向」を示しているものと考えられよう[61]．

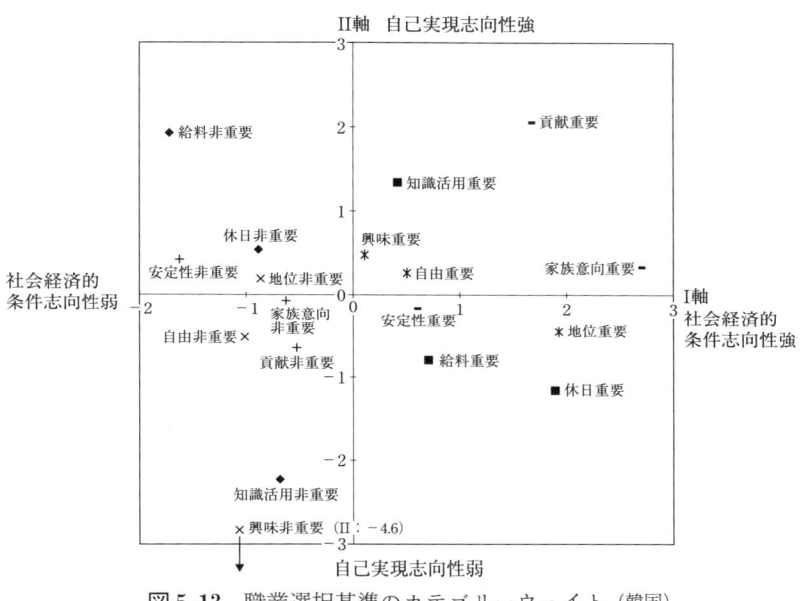

図 5-13　職業選択基準のカテゴリーウェイト（韓国）

(出所) 2000年日韓高校生比較調査データより筆者作成．

　一方，韓国の高校生に対する分析結果（図5-13）を見ると，この図からは日本の高校生のそれとかなり類似した構造を発見することができる．すなわち，II軸には「社会に貢献できる」「知識が活かせる」「仕事内容に興味がある」に対する回答で大きなスコアの相違が表れており，この軸もやはり「職業を通じた自己実現志向」として解釈され得る．また，I軸は同様に「職業の社会経済的条件志向」を示しているものと捉えられるだろう．

　もちろん，日本と韓国の分析結果には，「家族の希望」「社会的地位が高い」の位置の相違など，若干の相違も存在してはいるものの，大まかに言うならば，職業選択基準項目に対する回答パターンには日韓間でかなりの類似性が存在し，これらの回答から「職業の社会経済的条件志向」と「職業を通じた自己実現志向」という2つの職業価値志向性の軸を日韓両国ともに見出すことができるのである．

　そうであるならば，日本と韓国のデータを結合し，それに対して同一の分

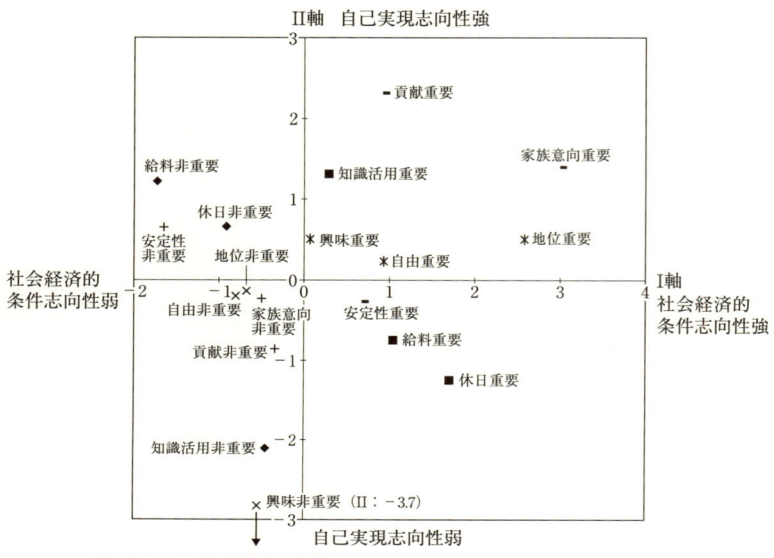

図5-14 職業選択基準のカテゴリーウェイト（日韓・結合）

（出所）2000年日韓高校生比較調査データより筆者作成.

析を行ったとしても，やはり同様の，両国に共通する職業価値志向性を抽出し得るであろう．日韓両国における高校生の希望職業とその規定構造を統一的に把握するためには，その基準となる職業価値志向性もまったく同一のものであった方が都合がよいのである．このために，日本と韓国のデータを合併して数量化III類分析を行った結果が図5-14である．これを見ると，やはりこれまでの分析結果と同様，I軸（固有値：0.226）が職業の社会経済的条件志向性を表し，II軸（固有値：0.143）が職業を通じた自己実現志向性を表すものと解釈できるだろう．これら2つの軸のケーススコアの国別平均値は，I軸（社会経済的条件志向性）が日本で−0.114，韓国が0.121，II軸（自己実現志向性）が日本で−0.016，韓国で0.017となっている[62]．II軸の平均値の差は無視し得るほどに小さいが，I軸に関しては日韓間である程度の相違が生じている．図5-11で見たように，日本の高校生よりも韓国の高校生の方が職業選択時に，給料が高いこと，地位が高いこと，自由に仕

事ができることを重視する傾向が強いために，このような社会経済的条件志向性得点の違いが生じているものと考えられるだろう．

では，このような職業価値志向性は，どのように本人の具体的な希望職業と結びついているのであろうか．また，その結びつきには日韓間で何か相違があるのだろうか．

まずは，各職業に就くことを希望している生徒の「職業の社会経済条件志向」と「職業を通じた自己実現志向」がそれぞれどれほど強いかを見るために，I軸（社会経済条件志向性）とII軸（自己実現志向性）のケーススコアの平均値を希望職業ごとに算出した．図5-15は日本と韓国の高校生それぞれに関して，各職業希望者のケーススコア平均値を両軸によって構成される平面上にプロットしたものである[63]．

まず日本の高校生に関して見ると，相対的に右下，あるいは左上の領域に多くの職業がプロットされていることがわかる．すなわち，各職業就業希望者の職業価値志向性は，この2つの軸のうち，一方は高く，もう一方は低いという明確なコントラストを描いているものが多いのである．特に，相対的に回答比率が高かった専門技術職希望者と事務職希望者が，職業価値志向性の面では対極に位置している点は注目されよう．専門技術職希望者は社会経済的条件志向性が低く自己実現志向性が高いのに対し，事務職希望者は逆に，社会経済的条件志向性が高く自己実現志向性は低い．この2つの職業は，同じ「ホワイトカラー職」であっても，それぞれの職業が希望される「動機」はまったく異なる——すなわち，職業を通じた自己実現志向が強いものほど専門技術職への就業を希望し，職業の社会経済的条件志向の強いものほど事務職への就業を希望する——ものと理解されるのである．また，これら以外の職業を見ると，サービス職希望者は比較的専門技術職に近いものの，自己実現志向性がやや低い．これに対し，販売職希望者，及び専業主婦（主夫）希望者は，事務職希望者とかなり近い位置にあり，それぞれの職業的志向性は比較的類似したものであることがわかる．また，自営職希望者は，社会経済的条件志向性がやや高く，技能職は，この両者の志向性ともあまり高くない．

以上の分析結果は，日本の高校生の希望職業の相違が，「仕事を通じた自

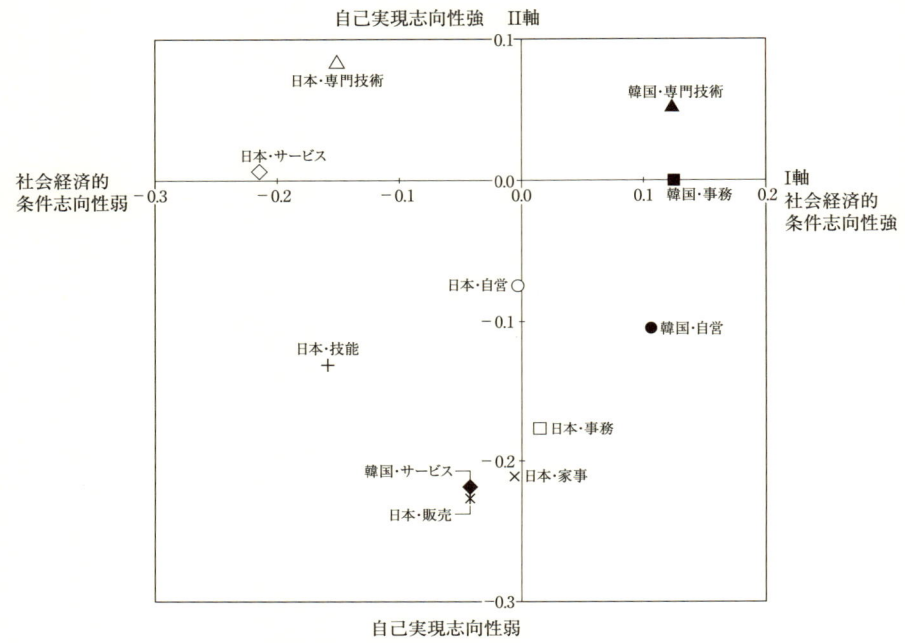

図 5-15　各職業希望者の職業価値志向性
（出所）2000 年日韓高校生比較調査データより筆者作成．

己実現志向か，仕事から得られる社会経済的条件志向か」という，職業に望むものそれ自体の相違と強く結びついていることを示すものであろう．このような分析結果は，「専門・技術職，サービス・技能職希望者ほど自己実現志向が強く，事務・管理職，販売・労務職希望者ほど社会経済的条件志向が強い」という荒牧［2001］の知見ともかなり合致するものである．では，このような職業価値志向性と希望職業との関係は，韓国の高校生にもあてはまるものなのであろうか．

図 5-15 を見ると，韓国高校生の各職業の布置関係は日本のそれとかなり異なることがわかる．まず全般的特徴を挙げれば，この平面上における各職業間の距離は比較的小さく，さらに日本の場合のような職業間での明瞭なコントラストは認められない．特に，日本の高校生に関しては職業価値志向性

スコアに大きな違いが存在していた専門技術職希望者と事務職希望者がかなり近接した位置にプロットされており，職業価値志向性にそれほど大きな違いが存在していないことがわかる．また，全職業希望の8割程度を占めるこの2つのホワイトカラー職に比べれば——各志向性の下落程度はやや異なるものの——サービス職及び自営職希望者の職業価値志向性スコアは両軸ともに低い．これらから推測すると，専門技術職，あるいは事務職就業希望者と比べて，これらの非ホワイトカラー職就業希望者が，何らかの肯定的な動機に基づいてそれらの職業を積極的に選択した可能性は低い．もちろんこれは，専門技術職に比べた場合の事務職就業希望者についても同様である．結局，韓国高校生の各職業就業希望者の職業価値志向性は，「全体的な職業価値志向の強弱」という一次元の軸上において，「専門技術職－事務職－サービス・自営職」の順序で位置付けられることとなる．日本の高校生に関して見られたような，仕事に対して望むものの違いが各職業希望に対応するという構造は見られないのである．言うまでもなく，この「専門技術職－事務職－サービス・自営職」という順序は，第2章で確認したように，韓国社会におけるそれらの職業的地位の高低ときれいに対応するものである．

われわれの行った調査ではさらに，「給料が高い」から「家族の希望」までの各項目のうち，職業選択時にもっとも重視する条件は何かを問うている．表5-6は，十分な回答（回答数30以上）が得られている希望職業別に，職業選択時の最重要条件の分布を示したものである．この表からは，日本の高校生に関してはやはり，希望職業によって職業選択時に重視する条件がかなり異なっていることが確認できる．特に専門技術職と事務職との間の違いは際だっており，専門技術職希望者のうち，57.4％が「仕事の内容に興味がある」を選択しているのに対し，事務職希望者は23.9％が選んでいるに過ぎない．これに対し，事務職希望者は，その35.2％が「安定している」を選んでおり，これがもっとも回答数の多い項目となっているが，専門技術職希望者ではこの比率は11.8％に過ぎず，「知識や技術を活かせる」の比率よりも低い．また，「給料が高い」に関しても同様の相違が見られる．

このような傾向は，韓国における専門技術職希望者と事務職希望者との間にも見られるものの，やはり比率の相違は日本に比べるとかなり小さく，決

表 5-6　希望職業別に見た職業選択時の最重要条件

日本　(%)

	給料	内容	安定	知識技術	地位	社会貢献	休日	自由	家族の希望	NA	合計
専門技術	5.1	<u>57.4</u>	11.8	**12.5**	0.8	6.5	1.5	3.1	0.4	0.8	100.0
事　務	15.7	**23.9**	<u>35.2</u>	10.7	1.9	5.7	4.4	2.5	0.0	0.0	100.0
自　営	7.0	<u>44.2</u>	**14.0**	**14.0**	0.0	2.3	4.7	9.3	4.7	0.0	100.0
販　売	5.1	<u>59.0</u>	**23.1**	0.0	0.0	2.6	7.7	2.6	0.0	0.0	100.0
サービス	7.5	<u>52.7</u>	8.6	**18.3**	0.0	3.2	4.3	4.3	0.0	1.1	100.0
技　能	14.3	<u>34.7</u>	**18.4**	16.3	0.0	0.0	4.1	4.1	0.0	8.2	100.0
家　事	**22.9**	25.7	<u>31.4</u>	2.9	0.0	2.9	8.6	2.9	0.0	2.9	100.0
未　定	8.5	<u>49.8</u>	**20.4**	4.3	0.0	2.4	7.6	2.8	0.5	3.8	100.0
全　体	7.9	<u>50.2</u>	**16.7**	10.6	0.6	5.0	3.5	3.5	0.4	1.5	100.0

韓国　(%)

	給料	内容	安定	知識技術	地位	社会貢献	休日	自由	家族の希望	NA	合計
専門技術	**11.5**	<u>55.9</u>	11.1	5.3	3.0	2.4	0.3	9.1	0.5	0.8	100.0
事　務	10.1	<u>45.7</u>	**23.3**	7.0	1.6	6.2	0.0	5.4	0.0	0.8	100.0
自　営	**17.0**	<u>42.0</u>	16.0	7.0	2.0	3.0	2.0	10.0	0.0	1.0	100.0
サービス	10.7	<u>51.8</u>	**16.1**	5.4	1.8	1.8	0.0	8.9	1.8	1.8	100.0
未　定	17.8	<u>49.5</u>	14.0	5.6	0.0	0.0	1.9	6.5	0.0	4.7	100.0
全　体	12.5	<u>52.8</u>	**13.1**	5.5	2.5	2.5	0.5	8.9	0.4	1.3	100.0

(注) 下線が第1位，太字が第2位．
(出所) 2000年日韓高校生比較調査データより筆者作成．

定的な職業価値志向性の違いは見出せない．これは他の職業に関しても同様である．

　これらの分析から，日本の高校生に関しては，「職業の社会経済的条件志向」と「職業を通じた自己実現志向」という職業価値志向性の，決して一次元上の高低関係には還元され得ない相違が，本人の職業希望と強く結びついていることが明らかになった．このような結果から，日本の高校生の希望職業は，「職業に何を望むか」の違いによって水平的に分化している傾向が強いと言えるだろう．これに対し，韓国の高校生に関しては，そのような希望職業の水平的分化傾向が認められず，職業により多くを望む生徒ほど社会経済的地位の高い職業に就くことを望む，という垂直的分化傾向が見られるの

みなのである．このような分析結果からも，「皆が地位の高い職業への就業を望みながら，学業達成に応じて希望職業が分化していく」というイメージは，やはり日本よりも韓国において，より強く当てはまると言えるだろう．

小　結

　本章では，大卒学歴の持つ職業的地位上昇効果とその変化，さらにそれがひとびとにもたらす「効用」について，韓国独自の制度や規範の影響にも着目しつつ，内在的視角から考察を行った．

　まず，マクロ統計資料に基づいて新規学卒者の就業機会構造を分析した結果によれば，新規大卒者のホワイトカラー職就業確率は，大卒者数が急激に増加した1980年代以降もそれほど低下してはいない．むしろ，新規高卒者のそれが少しずつ低下していることを考え合わせれば，「ホワイトカラー職への就業確率の上昇」という面に限った大卒学歴効果はけっして減少していないものと結論付けられる．その一方で，これまでも大卒者急増による「就職難」の証左としてしばしば挙げられてきたように，新規大卒者の卒業直後の就職率は80年代半ばより徐々に低下しているのである．

　マクロデータの分析を通じて確認された以上の趨勢が，具体的にはどのようなメカニズムによって生じたものなのかを理解するために，次に，大卒者の急増に対する雇用主側，および大卒求職者側それぞれの反応に着目しながら，1980年代から90年代前半にかけての時期を中心に，新規学卒者の就職プロセスの微視的分析を行った．そこでまず確認されたのは，韓国の企業グループの多くが「学歴別採用」および「企業グループ一括採用」という採用慣行をとっているという事実である．このような制度的条件のため，韓国大学生の就業機会は，業種や勤務地などによっては差異化され得ず，結局，企業規模がほぼ唯一の就業機会の分化要因となっていた．大学生の間に広汎に見られる大企業への強い就業志向は，韓国の「大企業中心型」経済構造を反映すると同時に，このような制度的条件によって形作られていたものなのである．

　1980年代半ば以降，急増した大卒者が大量に労働市場に参入するに従い，

新卒者の採用制度には2つの大きな変化がもたらされた．1つは，新卒者採用プロセスの「第2の大学入試化」である．労働部の勧告を受け，多くの大規模企業グループが，学力筆記試験によって採用候補者を「絞り込む」ようになり，しかもその試験は特定日に集中することとなった．大企業への強い就業志向を持ちながらも，就職競争の激化のため大企業に就職できなかった大卒者の多くは，このような採用制度の変化の結果，「就職浪人」という道を選ぶようになっていった．80年代半ば以降の大卒者の（卒業直後）就業率の低下は，まさにこのために生じていた現象なのであり，それは一種の「就職の先延ばし」という性格を持っていた点を見逃すべきではなかろう．

第2の変化は，各企業の学歴別採用人員数に関するものである．大規模企業グループの新規大卒採用者数は，80年代後半にある程度の増加を示したものの，それは新規大卒者の増加に見合うものでは決してなかった．そのため，多くの新規大卒者が結局は大企業への就職を諦め，中小企業のホワイトカラー職へと吸収されていったのである．しかしそれと同時に，1980年代半ばから少なくとも90年代初頭にかけて，各企業はそれまである程度の規模にあった男子高卒ホワイトカラー職枠を縮小し，それを大卒枠の拡大によって代替させてきた．若年高卒者のホワイトカラー職就業比率の低下は，このような企業の学歴別採用枠の変動に起因するものなのである．各企業は，大卒者の急増に対し，新規採用者の学歴要件を引き上げるという対処を行ってきたのであり，急増した大卒者は，このような制度的条件の変化によって，結果的に高卒者を押し出しながら，ホワイトカラー職への就業機会を得てきたことになる．

各企業がこのような対処を行うのは，被雇用者の「学歴」が，各教育機関において経済活動に有用な知識や技術を習得したという事実の表れとしてではなく，「入学試験とその後の学業過程を通過するために必要な一般的な知的能力」の指標として捉えられているためである．このような選別理論的学歴観に基づいた場合，新規供給労働力の学歴水準の全般的上昇に対しては，採用時に要求される学歴要件を引き上げることこそが「合理的」な対処となるのである．

以上の諸条件の作用により，韓国社会では，大卒者の急増にもかかわらず，

大卒学歴の持つ（相対的な）職業的地位上昇効果は決して減少しなかったのである．むしろホワイトカラー職に就くためには最低限「大卒学歴」が必要な状況にいたったと言えるだろう．

　このような大卒学歴の職業的地位上昇効果は，ひとびとにどのような「効用」をもたらすものなのだろうか．この問題の考察のために行った高校生の職業希望意識とその規定要因についての日韓比較分析結果によれば，日本の高校生と比べて，韓国の高校生は，親職業が本人の希望職業に与える影響が非常に弱く，また「職業に何を望むか」という職業価値志向性の方向の違いが希望職業の「水平的分化」をもたらす傾向もきわめて弱い．結局韓国では，学業成績が高校生の希望職業を分化させるもっとも重要な要因として作用しているのであり，このような形での希望職業の分化は，それぞれの職業的地位の序列に対応した「垂直的分化」の性格を色濃く帯びているのである．このような職業希望意識とその規定構造をふまえるならば，大卒学歴の持つ職業的地位上昇効果は，日本よりも韓国において，はるかに多くのひとびとに，はるかに大きな「効用」をもたらすものであったと言えるだろう．職業威信の大きな格差を背景としたこのような職業希望意識の特徴ゆえに，韓国ではひとびとの職業的地位上昇意欲が汎階層的に高く，それによって職業的地位上昇を目的とした教育達成意欲も汎階層的に高いものと考えられるのである．

　実際，韓国教育開発院が 1994 年に行った「教育に対する国民意識調査」の結果は，このような推測の妥当性を裏付けるものである．表 5-7 は，この調査において，高校生以下の子女を持つ一般成人（父母）と中・高生（専門大学以上への進学希望者に限定），および大学生のそれぞれに対して「大学進学の目的」を問うた設問（単一回答）の回答結果である．これによれば，父母，中・高生，大学生のいずれにおいても，もっとも回答が多かったのは「社会的に認められる職業に就くのに有利」という選択肢であり[64]，これに比べれば「より多くの収入を得るのに有利」の比率は無視し得る程度に小さい．同調査には，「韓国社会において，大学を出なかった人が被るもっとも大きな不利益は次のうちどれだと思いますか？」という設問も含まれているが，この設問への回答においてもやはり，「社会的に認められる職業に就くのが難しい」の比率（父母 46.0％，中・高生 35.3％，大学生 43.8％）が，

表5-7　大学への進学希望理由　　　　　　　　　　(%)

	父　母	中・高生	大学生
成熟した人間になるため	32.7	13.7	16.2
学問を学ぶため	17.1	14.4	16.8
社会的に認められる職業に就くのに有利だから	40.5	51.0	44.4
より多くの収入を得るのに有利だから	2.3	3.4	4.8
大学を出ないと他人に無視されるから	6.1	10.8	4.8
結婚相手を選ぶのに有利だから	1.4	2.2	1.6
親が行けと言うから	―	2.9	2.8
皆が行くから	―	1.6	8.7
合　計	100.0	100.0	100.0
サンプル数	879	1,103	505

（出所）韓国教育開発院［1994:187］.

「収入が少ない」の比率（いずれも数％）を大きく上回っている．

　このような調査結果からも，多くのひとびとが，大学進学の目的として，その所得上昇効果よりも職業的地位上昇効果を重視しており，韓国社会における高い教育達成意欲も，所得上昇効果のみならず，職業的地位上昇効果との関連において理解される必要があると言えるだろう．韓国における大学進学意欲が明確な低減趨勢を示していないのも，大卒者の急増によって大卒学歴の所得上昇効果は大きく低下したにもかかわらず，その相対的な職業的地位上昇効果は決して低下していないためであると考えられるのである．

1）　これらの問題に関する既存の研究としては，大きく分けて，マクロ統計を利用し，学歴と就業機会の関係とその変化について分析した研究群（鄭眞和［1996］など）と，ミクロな視点から制度的条件に着目しつつ，学歴と職業との関係がどのように形成されるのかを論じた研究群（李孝秀［1984］［1991］，佐藤［1997］など）とがある．これらの研究はそれぞれ興味深い知見を提出しており，特に後者は，韓国労働市場の制度的特徴を浮き彫りにしているという点で意義深い．しかし，これらの先行研究には，(1)マクロな視点からの分析結果とミクロな視点からのそれとの接合が試みられていないこと，(2)「学歴」を産出する教育システムの韓国的特徴を十分ふまえた上での議論がなされていないこと，(3)韓国労働市場における「制度」に対する動態的分析が十分になされていないこと，などの限界がある．
　　　また服部［1988］の第5章第3節においては，韓国労働市場の構造的特徴に

着目しつつ，大卒者急増現象との関連において新規大卒者の就職状況を検討するという本書と同様の試みがなされているが，分析の対象期間は1980年代半ばまでにとどまっている．

　本章では，これらの先行研究を適宜参照しつつ，前述した諸問題を考察していくことで，これらの限界の克服を試みる．

2）　韓国では流通業における大規模企業がそれほど多くないことを一因として，販売職従事者の勤労条件・報酬は専門技術，管理，事務職従事者に比べてかなり劣る．このため韓国では販売職従事者は「ホワイトカラー職」に含められないことが多い．

3）　この賃金構造調査では大企業従事者のサンプル抽出比率がやや高めになっている点に特に注意する必要がある．

4）　『教育統計年報』の前身である『文教統計年報』は，1982年版より報告書のスタイルが大きく変更されているが，新規学卒者の「職業」分類基準にもこれを前後する時期に何らかの変更が加えられているようである（鄭眞和［1996：149］）．このため，この図も，データの連続性が十分に保証される範囲内の変化（高卒・四大卒は82年から，専門大卒は83年から）のみを示している．

5）　ただし，大卒失業率は1997年末の経済危機発生以降，全体失業率と共に大きく上昇している．この問題の考察は機会を改めて行うこととし，ここではおもに1997年までのデータのみを提示することとする．

6）　ただし，20代前半の四大卒者の著しく高い失業率に関しては注意が必要である．韓国の企業は男子大卒新入社員募集の際，兵役義務をすでに終えていること（あるいは免除されていること）を条件とすることが多い．20代前半の四大卒者は兵役を未だ終えていないものが多いため，失業率がここまで高い水準にあるものと推測される．

7）　厳密に言えば，分母の中には非進学・非入隊者でありながら，就職を望まない卒業生も含まれることになるが，大卒男子の場合，この比率は無視し得る程度に小さいものと考えられる．ただし，高卒者に関しては当該年度の大学入試に失敗した浪人生が分母に含まれることになる．1990年代における高卒者就業率の上昇は，大学入学枠が相対的に拡大されたことによる浪人生の減少にも起因するものと考えられる．

8）　90年衡平調査と75年SSM調査のデータを用いて，日本と韓国の壮年男子の地位達成に関するパス解析を行った車鐘千［1992］によれば，本人の教育水準が本人の初職の職業的地位に与える影響は，日本の0.338に対し，韓国では0.453とかなり高い．このような分析結果も，韓国における学歴の職業的地位規定効果の高さを示すものと言えるだろう．

9) これらの特徴は，あくまで 1980 年代から 90 年代前半までの時期を対象にした場合のものである．その後，韓国では，企業グループ内の系列会社ごとに採用を行うケースが増えており，また採用時の「学歴制限の撤廃」を掲げるところも出てきてはいる．しかし，実際の採用段階ではやはり以前と同様，本人の学歴が採用時の条件として大きく重視されているようではある．
10) 生産職従事者の採用などの場合は，逆に各社別の採用が一般的であった．
11) 『リクルート』1985 年 12 月号，p.125，1984 年 9 月号，pp.26-27．
12) 『入社生活』1985 年 4 月号，p.92．ちなみに女子の場合，高卒女子は，生産職，営業職に加え事務職における募集も多い．ただ，大卒女子に関しては，採用者数自体がきわめて少なく，各企業とも大卒男子の 1 割程度を採用しているにすぎない（李クンム［1989］）．この時期の韓国企業は，大卒女子の採用にはきわめて消極的であったと言えよう．
13) なお，専門大卒者に関しては，一旦高卒者と同じ枠で採用した後，給与号級の面で高卒者とは差をつけるというのが，少なくとも 1980 年代後半までは一般的であった（『リクルート』1986 年 6 月号，p.96）．
14) 技能職社員（生産職）から一般職社員（事務職）への昇格を制度上認めている企業は多いが，実際の事例はきわめて少ない（経済団体協議会［1991］）．服部も，技術提携関係を持つ日本の企業の工場で技術研修を受けた韓国の技能工たちが，その工場の副工場長が現場の技能工出身であることに非常に驚いたというエピソードを紹介している．現場の技能工が「努力次第では管理職にもなれるということは彼らには考えも及ばない」（服部［1988:235］）のである．
15) ただし，韓国におけるこれらの人事管理制度には，1990 年代以降，改革の動きも見られる．これらの「新人事制度」に関しては，金［1998］，明［1998］などを参照のこと．
16) 新卒者採用方式に関する以下の記述は，佐藤［1997］，李孝秀［1984］，及び「特集：私はどうすれば就職できるの？」（『就職』1986 年 4 月号，pp.30-41）などの各種就職雑誌記事を参照している．
17) 『リクルート』1986 年 6 月号，p.94．
18) このほか，個々の企業グループの「社風」もそれなりの影響を及ぼしてはいるが，その重要性は企業規模ほどに大きなものではなかったと言えよう．
19) 『リクルート』1984 年 12 月号，pp.26-30．ちなみに女子の場合は，この時期の企業グループの大卒女子採用規模が非常に小さかったこともあり，「一般企業」が 29.8％と比較的低く，その代わりに教職（20.0％），マスコミ（16.2％）の比率が高い．
20) 前述した『リクルート』などの就職雑誌においても，三星，現代，大字といった大規模企業グループがいかなる採用方式をとるのか，そしてそれらの採

用試験ではいかなるポイントが評価されるのか，といった企業グループのきわめて個別的な採用過程に関する記事が多く掲載されており，それらが就職希望者の大きな関心事になっていることがわかる．

ただし，経済危機以降は，経営不振によるいくつかの企業グループの解体，主に情報産業分野におけるベンチャー企業の台頭などにより，このような状況もやや変化しつつある．

21) （日本円と比較しての相対的な）ウォン安，原油安，金利安を背景とした好況を指す．
22) 『リクルート』1989 年 10 月号，p.56．
23) 労働部『'88 主要大企業大卒者採用実態調査結果』(『リクルート』1989 年 5 月号，pp.110-113 より再引用)，および労働部『'92 50 大グループ大卒者採用結果調査報告』(『リクルート』1993 年 8 月号，pp.105-109 より再引用)．
24) 『リクルート』1986 年 7 月号，p.130．第 3 章でも述べたように，当時の韓国政府は人口のソウル一極集中を抑えるため，ソウル市内における大学新設を認めず，高等教育機関の地方分散を進める方針をとっていた．「地方大卒業者の就職状況の悪化は，地方大への進学意欲を低減させかねない」という点も，政府が事態の改善に乗り出した理由の 1 つである (『リクルート』1986 年 1 月号，p.50)．
25) 『リクルート』1986 年 10 月号，p.126，1986 年 11 月号，p.132．その後，1990 年代に入ってからは事前の書類審査も復活しつつあるが，それでも学力筆記試験は多くの企業において実施されている（韓国経営者総協会［1994］）．
26) 『リクルート』1986 年 11 月号，pp.68-81．
27) 『リクルート』1992 年 11 月号，p.158．
28) この「2 つの企業」というのが，2 つの特定日に採用試験を行う大規模企業グループであるものと推測される．
29) 『リクルート』1990 年 3 月号，pp.86-87．
30) 『月刊中央』1990 年 11 月号，「大卒者就業百態」pp.400-407．
31) 『リクルート』1990 年 3 月号，p.87．
32) 『月刊中央』1989 年 11 月号，「第 2 の入試，大卒者就職戦争」pp.312-321 (p.314)．
33) 『リクルート』1992 年 5 月号，pp.122-129．ちなみに，地方所在大学卒業者の就職率がここまで低いのは，ソウル以外の都市に本社を置く大規模企業がきわめて少ないこと，また地方に所在するグループ内企業の新入社員も一括して中央で採用してしまうことなどにも起因している（佐藤［1997:119］）．
34) また 1990 年前後より，在学時に短期の勤務経験を積ませた後，そのなかから採用者を選抜する「インターン社員制度」が少しずつ定着してきたが，この

場合も「インターン応募資格」が特定の大学の在籍者のみに限られるケースが多かった．
35) 『リクルート』1990年12月号，p.41．
36) 『リクルート』1985年12月号，p.80．
37) 『リクルート』1984年3月号，p.25．
38) 『リクルート』1992年11月号，p.86．
39) 『リクルート』1990年1月号，p.37．
40) さきに挙げたような「営業職」も，統計分類上は事務職としてカテゴライズされる．
41) もちろん，大卒者の急増と大学入試制度の変更によって大卒者集団内における「能力」の散らばりが高まったことが，このような，企業規模格差に対応する形での大卒者集団内の賃金水準の散らばり増大をもたらしているとも考えられる．
42) 教育部『教育統計年報』各年版より．
43) 『リクルート』1990年6月号，p.75．
44) 実際，各専門大学は地元中小企業との産学協同研究体制を構築したり，教授陣が地元の工業団地をまわり，各企業に対して大学の宣伝と学生の就職依頼を行うなど，地元企業と密着した関係を築いている．地元企業を重視したこれらの就職戦略により，釜山にある慶南専門大学（学校名は当時）の場合，就職者の4分の3程度が地元の中小企業に就職しているとのことである（『リクルート』1986年9月号，pp.87-89）．
45) 専門大卒者の賃金は，高卒者のそれに比べてわずか数％ほど高いにすぎないという第4章で確認した事実も，各企業における専門大卒者のこのような位置づけに起因しているものと思われる．
46) ただし，その内訳をみると，専門技術職従事者では，高卒者よりも大卒者の方がかなり多く，高卒者が目立って多いのは事務職従事者となっている．
47) グループ採用を行わない大企業の場合も，多くが企業ごとに独自の高卒事務職（男女）採用を行っていた．企業別採用の場合，出身高校の学校推薦による場合も多い（李クンム［1989］）．
48) 『就職』1986年7月号，p.60．
49) 『就職』1986年10月号，p.73．ちなみに女子の場合は，全体の47.5％を「一般企業」が占めており，金融業界は26.2％にすぎない．女子の場合は，大規模企業グループが事務補助職に高卒者を多く採用していたため，就業希望意識もこれを反映したものとなっているのである．
50) 韓国経営者総協会『新規人力採用動態 및 展望調査（新規マンパワー採用動態および展望調査）』各年版．

51) それでも，高卒ホワイトカラー職就業者比率の減少速度がそこまで著しいものではなかったのは，この時期の経済拡大によってホワイトカラー職自体がある程度増えていたためであろう．
52) 韓国の企業においては，一般に，特定の分野にのみ習熟したスペシャリストよりも，幅広い知識と能力を持ったジェネラリストの方が重用される傾向がある．このような傾向も，新入社員採用時の一般的な知的能力の重視傾向と表裏一体の関係にあるものだろう．
53) このほか「科挙」の伝統も，学力筆記試験の能力弁別力に対するひとびとの信頼を高める背景要因として作用しているものと考えられる．天野が日本の事例に関して行ったように（天野［1983］)，朝鮮半島における「試験の社会史」を明らかにしていく作業は，現在の韓国社会における「学力筆記試験」の独特な位置づけを理解するためにも，非常に重要な意義を持つと言えるだろう．
54) 今後，四年制大卒者のさらなる増大に伴って，新入社員採用時に，大学院修士や博士といったさらに高い段階の学歴が必要とされるようになるのか，あるいは四年制大学間でのさらに微細な難易度格差（ヨコの学歴）がより重視されるようになるのか，今後の趨勢を見きわめていく必要があるだろう．ただし，大学院進学に関しては大学進学時ほど精緻な選抜システムが整備されていないという事実をふまえるならば，後者の可能性も高いものと推測される．しかし，一般的な教育需要者の側には，「より高い段階の教育を受ければ受けるほど，社会における地位達成が容易になる」とのイメージが根強く，社会の高学歴化はさらに進んでいくことが予想される．
55) 本調査は学校単位で実施されたため，調査対象の完全なランダム・サンプリングは行い得なかったものの，学校所在地や在籍生徒の男女比，学校特性，入学難易度などの条件を十分考慮した上で，まんべんなく調査対象校を選定している．なお，本調査の詳細については，中村・藤田・有田編［2002］を参照されたい．
56) 日韓両国とも，企業・官庁などにおける管理職への登用は，他職種での勤務経験を積んだ後になされるのが一般的であるため，われわれの調査では，「管理職」は希望職業から除外してある．これに代えて，独立・自営志向性を問うために「お店や工場，会社などを経営する」という「自営職」選択肢を提示した．ただし，われわれの調査において提示した職業の選択肢はある程度「粗い」ものであり，希望職業の調査方法に関しては改善の余地もある．
57) 伊藤は，「商業や製造業は卑しい生業と見なされているため，これを継承することは個人の社会的地位において決して評価されなかった」（伊藤［2001：98］）と，韓国の商工業における家業継承観念の希薄さを，文化人類学の視点から指摘している．

58) 日韓両国とも，実業系（専門科），一般系（普通科）を分けた後，後者に関しては当該学区において特に選抜度が高い学校を「一般系（普通科）A」，特に低い学校群を「一般系（普通科）C」とし，それ以外のすべての高校を「一般系（普通科）B」としている．なお，大・中都市部において高校平準化政策が実施されているため，韓国には「一般系C」にあたる高校が少なく，本調査の対象高校にもこれは含まれていない．
59) ただし，高校3年生の希望職業には親職業の明瞭な影響が認められないとはいえ，その後，大学進学時の厳しい選抜過程を経た後には，学業成績を媒介としながら「結果的に」親職業と本人希望職業，あるいは実際の本人の職業との間に相関が生じてしまう可能性がある．事実，第6章の分析結果はこのような推測の妥当性を支持するものとなっている．そうだとするならば，韓国の高校生に関して親職業と本人希望職業との間に有意な関係が認められないのは，韓国においては「決定的な選抜」が大学進学時まで先延ばしされており，高校段階におけるトラッキング効果が相対的に弱いためであるとも考えられる．
60) 数量化III類分析とは，さまざまな質問に対する回答（質的データ）に関して，その回答パターンを分類する手法であり，これによって，より近い回答パターンを持つ人々を分別したり，各質問への回答が互いに「似通った」ものであるか否かをデータ構造に基づいて判定することが可能となる．
61) 職業選択基準に対する回答から抽出された以上の職業的志向性は，荒牧[2001]におけるそれとかなり類似したものとなっている．
62) 韓国のサンプル数（1354）よりも日本のサンプル数（1439）の方が若干多いため，これらの単純な日韓平均も0の値をとらない．サンプル数の違いはそれほど大きなものではないため，日韓のデータを結合する際にも，ウェイト付けなどの処理は行っていない点に注意されたい．
63) なお，分析の信頼性を担保するため，両国とも一定のサンプル数（30人）以上の希望職業のみを図示している．
64) 「社会的に認められる職業」という表現が政府系シンクタンクの行う調査票に含められている，という事実自体，韓国社会における職業威信格差の大きさと，それに基づいた差別的待遇の存在を示すものと言えよう．

6章　教育達成と社会階層・階層移動

　第4章と第5章においては，学歴，特に大卒学歴が本人の社会経済的地位に及ぼす影響について実証分析を行ってきた．序章の最終部分で提示した図序-1に基づけば，これらの分析は，この図の矢印(b)の検討にあたる．

　しかし，本人の教育達成，あるいは本人の社会経済的地位達成の問題を論じる上で不可欠なのは，これらに対する出身階層の影響の検討である．第1章で見たように，ボウルズらは，個人間での教育達成水準の相違は，本人の努力や能力の相違に基づくものではなく，出身階級に応じた差別的な教育を受けることによって生じるものと捉え，さらに，本人の教育達成水準に応じた差別的な報酬構造も，単に階級構造を世代間で再生産するための仕組みに過ぎないと主張する（Bowles & Gintis [1975] [1976=1986-1987]）．ここまで強い仮定を置かない場合でも，本人の教育達成が出身階層によって大きく左右されるならば，教育水準に応じた差別的な報酬構造は，結果的に階層・階級の再生産を導いてしまうこととなる．

　教育達成を通じた社会的上昇移動に対する楽観的イメージが，韓国の社会構造を適切に反映したものなのか，あるいは現実の不平等を隠蔽する役割を果たしてしまっているのかを判断するためにも，われわれはここで，「個人の学歴と社会経済的地位との相関」と「階層構造の再生産」という2つの問題を同時に視野に入れながら，それらの複雑な絡み合いの相を解き明かしていかねばならない．第4章と第5章で検討してきた「学歴取得を通じた社会経済的地位達成」の機会は，社会の構成員にひとしく開かれているものなのか．また，韓国社会における「教育水準と社会経済的地位との結びつき」は結果として，階層構造の開放性上昇に貢献しているのか，それとも，その固

定化をもたらしているのか.

　これらの問題を検討するための準備作業として, まず本章第 1 節においては, 韓国の社会階層構造を適切に把握するための階層分類を提示し, この分類に基づきながら各階層の社会経済的性格を明らかにしていく.

　続く第 2 節においては, 図序-1 における矢印(c), すなわち出身家庭の社会経済的条件が, 本人の教育水準を媒介とすることなく, 本人の社会経済的地位に直接及ぼす影響について検討していく. もし, このような出身階層の直接効果が大きい場合, 同一の学歴を所持しているひとびとの間でも, 出身階層に応じて本人の地位達成水準は大きく異なってしまうことになる. さらに, もし仮に本人の教育達成自体も出身階層によって強く規定されている場合, 表向きは教育達成水準の相違に応じて地位が配分されているように見えたとしても, 両者の関係は, 直接の因果関係ではなく, 単なる見かけ上の相関にすぎない可能性すら存在するのである. もしそうであるならば, 苦労の末に高い教育達成を果たしたとしても, 本人の社会経済的地位には何の変化も生じないことになってしまう.

　続く第 3 節において分析の対象とするのは, 図序-1 における矢印(a), すなわち個人の教育達成水準に対する出身階層の影響である. 個人の教育水準と社会経済的地位との結びつきが階層構造の再生産に果たしている「寄与度」は, 出身階層による教育格差がどの程度存在するのかによってまったく異なる. この節では, 出身家庭の社会経済的条件が本人の教育達成水準にいかなる影響を及ぼしており, またそれはいかなるメカニズムによるものであるのかを検討する. また, これまでの考察結果をふまえるならば, ここではそれらの影響の「変化」に対しても十分な注意を払うべきであろう. 第 3 章で明らかにしたように, 解放後の韓国における中等・高等教育機会はきわめて急速に拡大しており, また中等教育（および学校外教育）に関しては, 「教育の自由」を大きく犠牲にしながら, 「教育機会の形式的平等化」がひたすらに追い求められてきた. これらの制度改革は, 教育達成の出身階層間格差の解消に寄与し得たのであろうか.

　図序-1 の分析モデルに基づくならば, 韓国社会における世代間階層移動の容易さは, これら 3 つの効果, すなわち出身階層の教育達成規定効果(a),

本人の教育水準の社会経済的地位規定効果(b)，そして教育を介さない出身階層の直接的な社会経済的地位規定効果(c)の3つによって大きく左右されることになる．本人の教育水準と社会経済的地位水準との間に相関関係が存在している以上，出身階層が個人の教育達成に，あるいは直接社会経済的地位達成に与える影響が小さければ小さいほど世代間階層移動が容易なものとなるのは言うまでもない．本章第4節においては，これら3つの「規定効果」の帰結として，韓国社会においては世代間階層移動の機会がどれほど豊富に開かれており，またそれは時間の推移と共にどのような変化を示してきたのかを考察していく．

さらに，本章において検討を行うもう1つの重要な課題が存在する．すなわち，教育達成を「通じない」形での地位達成のチャンスが韓国社会にどれほど豊富に存在しているのかを明らかにすることである．本書は，韓国社会における教育達成意欲の高さを，社会経済的地位達成における学歴の手段的有効性との関係において理解するという視角に立ち，その上で大卒学歴の所得上昇効果，および職業的地位上昇効果の分析を行ってきた．しかし同様に検討の対象としなければならないのは，学歴獲得が社会経済的地位達成を果たす上でどれだけ「独占的」な方途となっているのか，という問題である．

そのためにここで考察するのは，都市自営業層への世代内移動に関してである．Hong［1980］によって，韓国社会における重要な地位達成経路として指摘された「自営業者化」は，彼らの社会経済的地位をどれほど上昇させる効果があるのか，またそれらは本当に「学歴を必要としない社会経済的地位達成経路」としての代替性を持ち得るものなのか．本章第5節においてはこれらの問題を検討することで，学歴取得の社会経済的便益を「裏側から」考察していく．

以上のいくつかの分析を行った上でようやく，出身階層，本人の教育達成，本人の到達階層の三者間の関係を見定め，韓国における地位達成，あるいは階層移動に「教育」がどのような役割を果たしているのかについて最終的な判断を下すことが可能になるだろう．

			従事上の地位		
			雇用主	自営者 （無給家族従事者含む）	被雇用者
職種	管理	専門・技術			新中間層(324)〈20.6％〉
		企業経営主	経営者層(38)〈2.4％〉		
		その他			
	事務		旧中間層(425)〈27.0％〉		
	販売				労働者層(355)〈22.5％〉
	サービス				
	技能・労務				
	農林漁業		農民層(433)〈27.5％〉		

図6-1　本書における階層分類

(出所) 筆者作成.
(注) (　) 内の数値はサンプル数, 〈　〉内はその全体構成比.

1. 韓国社会の階層構造と階層分類

韓国社会の階層分類

前述した諸課題を具体的に検討していくためには，まず，本人の出身階層と到達階層を適切に把握するための階層分類枠組を構築しておく必要がある．ここでは，これまでの分析結果に基づき，個人の社会経済的地位をもっともよく示す指標である「職業」（職種および従事上の地位）を基準として階層分類を行っていく．

洪斗承［1983a］［1983b］［1988］，金泳謨［1982］［1997］，徐寛模［1987］など，韓国の社会階層構造の固有性をふまえて行われてきた先行研究を参考にした上で，本書では図6-1のように階層分類を行う．主な階層分類基準は，農林漁業に従事しているか否か，ホワイトカラー的職業であるか否か，被雇用者であるか雇用主・自営者であるか，である．また，雇用主のうち，5人以上の従業員を雇用している企業経営主を「（雇用）経営者層」とし，経営規模の大きな経営者を旧中間層から分離している[1]．

この階層分類に関して注釈を加えておくべきは，新中間層と労働者層の間

の区分基準についてであろう．一般的にはホワイトカラー職とみなされることもある販売職従事者を新中間層ではなく労働者層に含めたのは，第2章でも見たように，韓国社会には専門技術・管理・事務職従事者と被雇用販売職従事者との間に賃金，職業威信，職務の性格などの面で大きな懸隔が存在するためであり，また事務職従事者を労働者層ではなく新中間層に含めたのは，男子に限って言えば，事務職従事者の多くがその後管理職への昇進という職業移動を経験するためである（金泳謨［1997:33］）．

以降の考察においては，基本的にこの「5階層モデル」を用いて階層分析を行っていく．また，男子に比べて就業率がそれほど高くない女子の階層的地位達成に対しては，男子の場合とはまったく別種の考察が必要であるため，本章でも不本意ながら，分析の対象を男子サンプルに限定することとする．では，韓国における社会階層構造の特徴を把握しておくため，あらためて各階層の社会経済的性格を簡単に確認しておこう．

各階層の社会経済的性格

表6-1は，第2章でも用いた90年衡平調査データに基づき，各階層に属するひとびとの年齢，所得，教育年数，資産規模の平均値を示したものである．

これらに関しては，第2章第3節においても職種別の検討を行っているため，ここでは最小限の確認にとどめるが，この表からは，(1)経営者層が他を圧倒して高い所得・資産を得ていること，(2)所得という現在のフローに関して言えば，新中間層と旧中間層は共にかなり恵まれた位置にあること，(3)しかしそのストックとして位置付けられる資産水準を見ると，旧中間層は新中間層よりも資産規模が小さいこと，(4)旧中間層の教育水準は新中間層よりもかなり低く，労働者層とほぼ同水準にあること，(5)経営者層，新・旧中間層に比べれば，労働者層，農民層の経済水準はかなり低いものであること，などが見てとれる．また，各階層の耐久消費財所有比率を示した図6-2からは，実際の消費水準においても，経営者層および新・旧中間層と，労働者層・農民層の間にかなりの懸隔が生じていることがわかる．これらから判断するならば，第2章においても指摘したように，新中間層のみならず，旧中間層の

表6-1 各階層の社会経済的プロフィール

	年齢 (歳)	本人所得 (万ウォン)	世帯所得 (万ウォン)	教育年数 (年)	所有資産 (百万ウォン)	持ち家率 (％)
経営者層(38)	44.1 (8.1)	148.7 (99.3)	172.5 (111.5)	14.3 (2.2)	284.3 (307.6)	75.0
新中間層(324)	38.2 (9.4)	79.9 (46.3)	107.6 (82.7)	14.1 (2.5)	92.4 (123.9)	63.1
旧中間層(425)	41.6 (9.8)	86.1 (61.5)	102.1 (66.3)	11.0 (3.0)	71.1 (102.7)	54.2
労働者層(355)	38.3 (10.1)	53.9 (21.6)	64.7 (26.5)	10.2 (3.0)	27.9 (48.8)	40.8
農民層(433)	49.6 (12.2)	37.7 (32.7)	47.5 (40.7)	7.6 (3.9)	50.3 (72.8)	95.7
全体(1,575)	42.4 (11.5)	65.8 (51.5)	81.4 (65.8)	10.6 (3.9)	65.1 (109.0)	65.4

（出所）90年衡平調査データより筆者作成．
（注）表中（ ）内の値は標準偏差．各階層カテゴリー後の（ ）内はサンプル数．ただし「世帯所得」，「持ち家率」及び「所有資産」の対象サンプルは世帯主のみであり，この場合のサンプル数は順に，36，260，389，294，392，全体で1,371となっている．

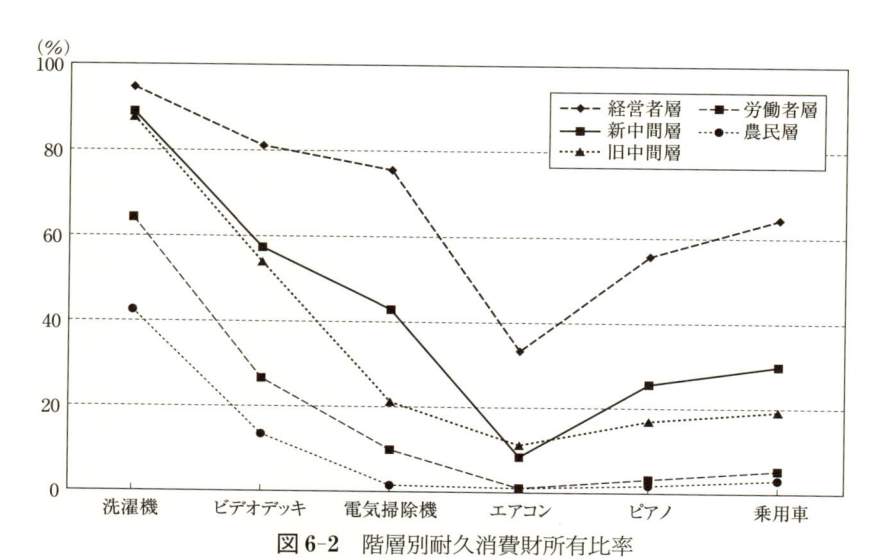

図6-2 階層別耐久消費財所有比率
（出所）90年衡平調査データより筆者作成．

表6-2 世代内階層移動表

初職階層	現階層					合　計
	経営者	新中間	旧中間	労働者	農　民	
経営者	14 (70.0) 〈36.8〉	1 (5.0) 〈0.3〉	3 (15.0) 〈0.7〉	1 (5.0) 〈0.3〉	1 (5.0) 〈0.2〉	20 (100.0) 〈1.3〉
新中間	16 (3.8) 〈42.1〉	279 (66.6) 〈86.1〉	70 (16.7) 〈16.6〉	24 (5.7) 〈6.9〉	30 (7.2) 〈6.9〉	419 (100.0) 〈26.8〉
旧中間	3 (1.4) 〈7.9〉	7 (3.3) 〈2.2〉	162 (76.8) 〈38.4〉	27 (12.8) 〈7.7〉	12 (5.7) 〈2.8〉	211 (100.0) 〈13.5〉
労働者	4 (0.8) 〈10.5〉	32 (6.6) 〈9.9〉	149 (30.6) 〈35.3〉	261 (53.6) 〈74.6〉	41 (8.4) 〈9.5〉	487 (100.0) 〈31.1〉
農　民	1 (0.2) 〈2.6〉	5 (1.2) 〈1.5〉	38 (8.9) 〈9.0〉	37 (8.6) 〈10.6〉	348 (81.1) 〈80.6〉	429 (100.0) 〈27.4〉
合　計	38 (2.4) 〈100.0〉	324 (20.7) 〈100.0〉	422 (26.9) 〈100.0〉	350 (22.3) 〈100.0〉	432 (27.6) 〈100.0〉	1,566 (100.0) 〈100.0〉

(出所) 90年衡平調査データより筆者作成.
(注) (　) 内の値は流出率・持続率. 〈　〉 内の値は流入率・同職率.

うちのかなりの部分が実際に「中間層」と称するにふさわしい生活水準を享受しているものと言えるだろう[2].

　では，これらの各階層に属するひとびとは，どのような経路を経て，現在の階層的地位に到達しているのだろうか．父階層と本人現階層との関係，すなわち世代間階層移動の問題については第4節において分析を行うこととし，ここでは本人の初職と現階層との関係（世代内階層移動）を検討することで，これらの階層の性格を詳しく見ておこう．

　表6-2は，本人がはじめて職業を持った時点における階層的地位（初職階層）と現階層とのクロス表である．もちろん初職階層と現階層とが同一であったとしても，その間に他の階層に属していたような移動経験者も存在しようが，そのようなケースをカウントしない場合でも，この表からは，少なくとも全サンプルの3分の1程度が何らかの世代内階層移動を経験していることが見てとれる．本書において用いている階層分類が「5」階層モデルという比較的粗いものであること，またこの調査のサンプルには若年層も多く含

6章　教育達成と社会階層・階層移動　　231

まれていることを考慮すれば，韓国社会における世代内階層移動の経験率はかなり高いものであると言えるだろう．

このうち，特に世代内移動経験者が多いのが旧中間層である．韓国の旧中間層は他階層からの（世代内）流入者が多くを占める「流入階層」であり，初職段階でも旧中間層であったものの割合（同職率）は 38.4％に過ぎない．これに対し，新中間層からの流入率は 16.6％，労働者層からの流入率は 35.3％となっており，この2つの階層からの世代内流入者が実に半分以上を占めていることになる．このような事実からも，韓国における都市自営業部門への参入障壁は比較的低いものであることが理解し得よう．にもかかわらず，先ほど確認したように，韓国の旧中間層は（平均的には）比較的高い所得と生活水準を享受し得ているのである．

旧中間層に比べれば，新中間層は圧倒的な「流出階層」である．新中間層は，旧中間層をはじめ，他階層への流出率がある程度高いのに対し，他階層からの流入率は非常に小さく，全体の 86.1％が初職段階においてすでに新中間層に属していたひとびとによって構成されている．労働者層からの流入者も 9.9％を占めているものの，該当するサンプルをさらに詳細に見てみると，このほとんどが事務職への移動であり，またその多くが公務員への転職事例となっている．このほか，専門技術職・管理職への流入者もわずかに存在しているが，全体に占める割合は非常に小さい．第5章において，韓国の企業では一般に，非ホワイトカラー職から管理的職業への昇進機会がきわめて限られているという事実を確認したが，労働者層から新中間層への世代内階層移動頻度の低さも，このような人事システムの特徴を反映したものと考えられる．

次に，新中間層内部における職業移動のパターンをさらに詳細に検討してみよう．ホワイトカラー職のなかでも比較的高い報酬を得ることができる管理職と専門技術職に就いているひとびとの初職時点での職業分布を見ると，現在専門技術職に従事している者の場合，全体の8割近くが初職も専門技術職に就いており，この他事務職が 11.7％，技能労務職が 7.4％などとなっている．また，現在管理職に従事している者についてみると，初職が事務職であったものがその半数以上を占めており，これに管理職（約3割），技能

労務職（約1割），専門技術職（1割弱）が続いている．管理職従事者のほとんどがホワイトカラー職内部からリクルートされており，その中でも特に事務職からの登用者が多いことがわかる．韓国の企業においては，幹部候補生が入社段階から管理的地位に就くのではなく，日本と同様，当初は事務職としての経歴を積み，その後管理職へと登用されるというケースが多いためと考えられる．いずれにせよ，以上の分析結果からはやはり，韓国では非ホワイトカラー職から管理職への昇進経路がきわめて制限されたものとなっており，組織部門内部において地位達成を果たすためには初職段階においてホワイトカラー職に就いていることが必須条件になっていると言えるだろう．

さらに，農民層，労働者層，経営者層についても世代内移動パターンを検討してみると，まず農民層は，世代内流入率，流出率ともに低い．この間の急速な農業人口の減少に鑑みれば，世代内流入率の低さは十分納得できるが，世代内流出率もこれと同程度に低いという事実は，これまでの先行研究に照らし合わせると，少々意外ではある．しかしこのような世代内流出率の低さは，90年衡平調査データには農村就業者サンプルがやや多めに抽出されており（石賢浩［1992：67］），「初職，現職ともに農業従事者」の比率が高くなってしまっているために生じている可能性も否定できない．

また，労働者層も新中間層と同様に流出階層であるが，これは「他階層からの流入が困難であるため」ではなく，この階層への自発的流入者自体が少ないためであると考えられる．一方，この階層の流出率はかなり高く，その中でも旧中間層への流出率が30.6％と，かなり高い値を示している．なお，経営者層はサンプル数が少ないため，一般化は困難であるものの，新中間層からの流入者が，初職段階ですでに経営者層に属していたものと同程度存在している点が目をひく．

以上のように，韓国社会においては世代内階層移動が比較的高い頻度で生じてはいるものの，それでも，初職段階における階層的地位は，その後の階層的地位と世代内階層移動の機会を大きく左右しているものと結論付けられる．第5章においては，新規学卒者の「学歴」に応じて，労働市場に参入する際に得られる就業機会にきわめて大きな差異が存在することを明らかにしたが，このような学歴に応じた初職就業機会の相違が，その後の職業経歴に

も非常に大きな影響を及ぼすことになるのである．

2. 社会経済的地位に対する出身階層効果と学歴効果

　第4章と第5章においては，本人の教育水準が賃金と職業的地位に及ぼす影響を，主に政府統計データを用いて考察してきたのであるが，より包括的な社会調査であるこの90年衡平調査データを利用すると，政府統計では捕捉できなかったさまざまな変数の社会経済的地位に対する影響を同時に検討することができる．

　本節では，本人の所得と職業的地位に対する出身階層の影響に焦点を当て，90年衡平調査データに基づきながら，出身家庭の社会経済的地位が本人の教育達成水準を媒介せず，直接に本人の社会経済的地位に及ぼす影響の計量分析を行っていく．これによって明らかにされる出身階層の直接効果（図序-1矢印(c)）を，本人の教育達成水準が社会経済的地位に及ぼす純粋効果（図序-1矢印(b)）と比較することによって，韓国における学歴の地位規定効果がどれほど大きなものであり，またこの社会の地位達成過程がどれほど「業績主義的」なものであるのかを判断することが可能になるのである．

（Ⅰ）　本人所得の規定要因分析

男子就業者の所得分析

　まず，本人所得の規定要因から検討を始めていこう．表6-3は，男子就業者の月平均所得に対する回帰分析を行った結果である．ちなみに，ここでの回帰式は第4章で推定を行った賃金関数式とほぼ同一の形式となっており，従属変数も月所得の自然対数値となっている（無所得者は分析から除外）．また学歴に関しても同様に，高等学校を比較集団とした初等学校（無学含む），中学校，専門大，四大以上の4つのダミー変数が組み込まれている．ただし，それぞれの学歴カテゴリーには，卒業者のみならず，ごく少数の中退者も含まれている．

　第4章において行った被雇用者の賃金分析の場合と同様，本人の所得水準を左右する主要な要因としては，本人の学歴と年齢の2つを想定することが

表6-3 本人所得の回帰分析結果（全男子就業者）

	モデル1	モデル2	モデル2′	モデル3
（定数）	11.368***	11.324***	11.293***	11.343***
年　齢	.096***	.096***	.096***	.094***
年齢二乗（×100）	−.113***	−.112***	−.112***	−.120***
無学・初等学校	−.559***	−.529***	−.506***	
中　学	−.293***	−.266***	−.257***	
専門大	.142*	.104	.098	
四大以上	.396***	.339***	.332***	
父経営者層		.330**	.370**	.680***
父新中間層		.163**	.202***	.484***
父旧中間層		.166***	.203***	.401***
父労働者層		.013	.043	.079
父富・中農層			.095*	.230***
R^2	.308	.317	.320	.222

（出所）90年衡平調査データより筆者作成．
（注）*：$p<.05$　**：$p<.01$　***：$p<.001$．
サンプル数はモデル1で1,537，モデル2からモデル3で1,457．

できるだろう．この表のモデル1は本人の年齢と各教育水準ダミー変数のみによって構成されるシンプルな分析モデルである．このモデルの推定結果を見ると，自営者・雇用主を分析対象に加えた場合でも，やはり被雇用者のみを対象とした第4章の賃金関数推定結果とほぼ同様の結果が表れていることがわかる．すなわち，年齢に正の，また年齢二乗に負の効果があることから，年齢が増えるにつれて本人の所得は上昇するものの，その上昇幅は次第に小さくなり，一定の年齢を越えると逆に下降し始めるのである[3]．また，各学歴ダミー変数の係数推定値も第4章とほぼ同程度であり，最終学歴が四年制大学以上である者は，高校卒・中退者の約1.5倍（≒$e^{0.396}$）の所得を得ていることがわかる．本調査が行われた1990年は，大卒者の急増によって学歴間賃金格差がすでに大きく縮小した後なのであるが，それでも四年制大学へ進学することによる所得の上昇効果は50％近くに達しているのである．

　これら年齢と学歴という2つの変数を統制した場合でも，出身階層は本人

の所得に何らかの影響を及ぼしているのであろうか．またそのような「出身階層効果」が存在する場合，それは「学歴効果」に比べて十分に大きなものなのであろうか．これらの問題を考察するために，回帰式に出身階層に関するダミー変数を組み入れたのがモデル2とモデル2′である[4]．まずモデル2は，前述した5階層モデルに依拠し，農民層を比較集団とする4つの父階層ダミー変数を含めたものである．この推定結果によれば，父階層ダミー変数のうち，経営者層，新中間層，旧中間層には共に正の有意な効果が認められており，年齢と学歴を統制した上でも，いくつかの出身階層変数が本人所得に直接的作用を及ぼしていることがわかる．本人の学歴と年齢がまったく同じ場合でも，農民層出身者に比べて経営者層出身者は39％，新中間層と旧中間層出身者は18％多い所得を得ているものと推定されるのである．

しかし，ここで父階層変数の比較対象となっている「農民層」は，調査対象者の父世代においては，内部的多様性がきわめて大きな階層であったことを想起する必要があろう．調査対象者の父親が農民層に属する比率は約7割にも達しているが，年齢から考えると，その多くが農地改革（1950年前後）実施前の農民層であったものと推測される．当時の農民層は，農地所有規模に非常に大きな格差があり，この農地所有規模が生活機会の大きな相違を生み出していたのである．

このような農民層内部の格差を把握するため，父農民層を農地所有規模1ha以上の「富・中農層」と，それ未満の「小・貧農・小作農層」とに二分し，その上で「小・貧農・小作農層」を比較集団とした5つの父階層ダミー変数（父富・中農層ダミーを新たに追加）を用いて先と同様の回帰分析を行った結果が，同じく表6-3のモデル2′である．これによれば，農民層を二分したことによって，出身階層変数の所得への影響がさらに明確にあらわれている．新たに追加した父富・中農層ダミー変数は，5％水準で正の有意な効果が認められており，年齢，学歴が同程度であり，父世代が同じく農民層であっても，農地規模が1ha以上のものは，それ未満のものに比べて所得が10％ほど高いものと推定されている．また，それ以外の父階層変数を見ても，比較集団を小農以下層に設定しなおすことによって，その効果がさらに大きなものとなっている．係数推定値などを見る限り，所得に対する直

接的な出身階層効果は，学歴の所得規定効果と比べてそれほど小さなものとは言えず，韓国社会においては，本人の学歴と年齢を統制した場合でも，その出身階層如何によって本人の所得に少なからぬ差異が生じている，と一旦結論付けられよう．

　出身階層が本人所得に直接的な影響を及ぼす経路としてまず考えられるのは，生産手段の継承を通じたそれである．経営者層，旧中間層，あるいは富・中農層に属していた親から，店舗，工場，農地などの生産手段を継承することによって，現在の本人所得が有意に上昇する可能性が存在するのである．また，親が新中間層の場合であっても，相続した資産をこれらの経営手段に転換することで，同様の効果が生じ得よう．とするならば，生産手段の所有規模が本人の経済活動を大きく左右する自営者・雇用主層に比べて，生産手段を自らが所有しない被雇用者層では出身階層効果もより小さくなると考えることができる．自営者・雇用主の所得分析は第5節に譲り，ここではまず被雇用者の所得決定要因の検討を行うことで以上の仮説的解釈の当否を確かめておこう．

　被雇用者の所得分析

　表6-4は，被雇用者のみを対象に，先と同様の回帰分析を行った結果である（モデル2は省略）．この表のモデル1およびモデル2′の推定結果を，表6-3の同じモデルと比較してみると，各学歴ダミー変数，および年齢変数の係数推定値には特に大きな変化はないものの[5]，出身階層変数のそれは全般的に表6-3よりも小さく，表6-3においては有意であった父経営者層ダミー変数と父富・中農層ダミー変数の影響が有意ではなくなっている．被雇用者の経済活動に対する出身階層の直接効果は相対的に小さいと言えるだろう．

　しかしそれでもまだ，一部の父階層変数には所得に対する有意な影響が認められる．被雇用者の所得に対するこのような出身階層変数の影響は，父の階層的地位に応じて「より高い収入を得られる就業の機会」，あるいは「（金融資産の相続などによる）非勤労所得の獲得機会」が異なっているために生じているものと考えられよう．しかしここで注意すべきは，以上の分析はすべて，全学歴サンプルに共通して存在する「出身階層効果」の推定を行って

表6-4 本人所得の回帰分析結果（男子被雇用者）

	男子被雇用者		男子被雇用高等教育修了者のみ
	モデル1	モデル2′	モデル2′
(定数)	11.051***	10.982***	11.447***
年　齢	.106***	.106***	.074**
年齢二乗（×100）	−.120***	−.120***	−.064*
無学・初等学校	−.413***	−.392***	
中　学	−.187***	−.167***	
専門大	.136*	.126*	
四大以上	.367***	.354***	.265***
父経営者層		.122	−.063
父新中間層		.113*	.059
父旧中間層		.140**	.049
父労働者層		.075	.045
父富・中農層		.065	.100
R^2	.310	.329	.337

(出所) 90年衡平調査データより筆者作成.
(注) *:$p<.05$　**:$p<.01$　***:$p<.001$.
　　サンプル数はモデル1で667, モデル2′で618. 高等教育修了者で242.

いるという点である．すなわち，以上の分析では，所得に対する出身階層効果が本人の教育水準ごとに異なる可能性をまったく考慮していないのである．
「高い教育達成を果たせば，誰でもひとしく高い社会経済的地位が得られる」という前述した社会イメージの妥当性に関して特に重要となるのは，高学歴者の所得に対して出身階層変数が及ぼす影響の有無であろう．表6-4の右列は，この問題を検討するため，対象サンプルを高等教育以上の学歴を持つ被雇用者のみに限定して行った回帰分析結果である．これを見ると，モデル2′においては，いずれの出身階層ダミー変数も本人の所得に対して有意な影響を与えていないことがわかる．すなわち，高等教育以上の教育を受けた被雇用者に限って言えば，教育を媒介としない出身階層の直接的な所得上昇効果はほとんど存在せず[6]，「高等教育以上の教育達成を果たせば，出身

階層に関わらず誰でも平等に『より多くの』所得が得られる」のである．しかしながら，第4章でも検討したように，高等教育を受けることによって享受し得る金銭的便益の水準は，大卒者の急増によって明らかに低下しつつある．

(2) 職業的地位の規定要因分析

男子就業者および被雇用者の職業的地位分析

次に，職業的地位に対する影響に関して同様の分析を行ってみよう．韓国では，自国内での調査結果に基づいた独自の職業威信スコア体系がいまだ作り出されておらず，これまでの職業的地位研究の多くが国際標準職業威信スコアを用いて分析を行ってきた（車鐘千［1992］など）．第2章における分析から，韓国における職業評定は，確かにその「絶対的水準」では日本などとかなりの相違があるものの，職業の序列構造はそれほど大きく異ならないことが明らかになっている．以降の分析において必要とされるのも，あくまで各職業の相対的な威信の水準であるため，ここでは先行研究にならい，国際標準職業威信スコアを用いて職業的地位の規定要因分析を行っていく[7]．

所得に対する回帰分析では，学歴，父階層のほか，年齢および年齢二乗項が分析モデルに組み入れられていたが，職業的地位の場合は，単に加齢に伴う地位達成効果を統制する目的から1次の年齢項を加えるにとどめる．さらに，父の職業的地位を威信スコアによって表すことで，父職業を1つの量的変数として扱うことが可能となる．

こうして，所得分析とほぼ同様のモデルを用いて，本人の職業的地位の回帰分析を行った結果が表6-5である．まず，全男子就業者を対象とした左列の結果から見ると，年齢と学歴のみからなるモデル1，それに父職業を加えたモデル2の双方において，本人の教育水準が本人の職業的地位に与える影響は非常に大きいことがわかる．特に高等教育を受けることによる職業的地位の上昇は著しく，高卒者に比べ，四年制大卒者は職業威信スコアにおいて10ポイント近く高い職業的地位を得ているのである．また，年齢にも正の有意な効果が見られる．この効果は学歴効果に比べればそれほど大きなものではないが，やはり加齢に伴う昇進，あるいは「自営業者化」をはじめとす

表6-5 本人職業的地位の回帰分析結果

	男子全就業者			男子被雇用者のみ		
	モデル1	モデル2	モデル3	モデル1	モデル2	モデル3
(定数)	39.767***	33.622***	17.926***	37.990***	36.379***	34.576***
年 齢	.092***	.081**	.056	.101*	.097*	−.155**
無学・初等学校	−8.114***	−6.760***		−14.705***	−14.398***	
中 学	−4.411***	−3.633***		−7.730***	−7.009***	
専門大	5.911***	5.587***		7.912***	8.535***	
四大以上	10.789***	9.724***		13.255***	13.421***	
父職業		.153***	.375***		.034	.345***
R^2	.243	.257	.065	.374	.384	.099

(出所) 90年衡平調査データより筆者作成.
(注) *：$p<.05$ **：$p<.01$ ***：$p<.001$.
  サンプル数は男子全サンプルのモデル1で1,557, モデル2とモデル3で1,484. 男子被雇用者のモデル1で666, モデル2とモデル3で619.

る転職経験が，ある程度の職業的地位上昇を導いているものと考えられる．

　さて，ここで着目すべきは，モデル2に組み入れられた父職業変数の影響である．この表を見ると，その水準こそそれほど大きくはないものの，父職業変数には正の有意な効果が認められる．すなわち，年齢と教育水準が同一であった場合でも，父の職業的地位が高ければ高いほど，本人もそれだけ高い職業的地位に到達することができるのである．

　しかし，このような父職業の直接的影響は，やはり経営手段の継承に基づくものなのかもしれない．ここで所得分析の場合と同様に，対象サンプルを被雇用者のみに限って同一のモデルによる分析を行ってみると（表6-5右列），モデル2の父職業変数には有意な影響が認められない．すなわち，先に確認した父職業の直接的影響は，あくまで自営部門において顕著なものであり[8]，被雇用者に関してはほとんど存在しないと言えよう．

　これとは逆に，各学歴ダミー変数には依然有意な影響が認められ，その係数推定値（の絶対値）は男子全サンプルの場合に比べてさらに大きくなっている．また，これは所得の回帰分析においては明確に見られなかった傾向であるが，対象サンプルを被雇用者に限定することによって，モデル1，モデ

ル2とも決定係数が格段に上昇しているのである．このような結果からも，韓国における学歴の職業的地位規定効果は，やはり組織部門の被雇用者においてはるかに強いものであることがわかるだろう．これはもちろん，組織におけるさまざまな人事上の制度が，本人の学歴と職業機会との結びつきを強めているためである．

学歴主義的社会イメージの再検討

韓国では就職の際，俗に「バック（コネ）」と称される人間関係ネットワークが強く働くものとされ，有力なコネクションを持っていれば就職の際にさまざまな便宜をはかってもらえるものと考えられている．韓国において就職の際に利用される人間関係ネットワークとは，就職を希望する本人自身が築いたものというよりも，その血縁者，特に父の所有するネットワークである場合が多いであろうが，そうであるならば，本人の教育水準を統制した場合でも，被雇用者の職業的地位に対して父階層が有意な影響を及ぼしていても決しておかしくはないのである．しかし，本節の分析結果は，そのような直接の影響を否定するものとなっている．もちろん韓国社会には，父の人間関係ネットワークが本人の就業機会に影響を及ぼすようなケースも確かに存在するのであろうが，あくまでそれは一部に限られ，さまざまな制度を媒介として生じる本人の教育水準と職業的地位との強い結びつきに比べれば，その影響はそれほど大きくないものと考えられる．

以上の分析からは，「より高い教育達成を果たせば，誰でも平等に高い社会経済的地位を得られる」という韓国社会に広く流布する学歴主義的社会イメージは，社会的資源配分のリアリティをそれなりに適切に反映しているものとひとまず結論付けられよう．少なくとも被雇用者に関しては，年齢と教育水準が同じならば，出身階層にかかわらず，高い水準の教育達成を果たすことによってそれなりに高い所得と職業的地位をひとしく享受し得るのである．所得と職業的地位に対する本人の教育水準の影響はやはり非常に大きく，特に被雇用者の職業的地位に対する影響はきわめて大きなものであることが本節における分析によっても確認された[9]．韓国における社会的資源配分メカニズムは——教育水準を本人の「業績」と捉える限りにおいては——すぐ

れて業績主義的なものであると言えるだろう．

3. 教育達成に対する出身階層効果——教育機会の階層間格差分析

　以上の分析によって，韓国社会では，本人の教育水準が所得と職業的地位を決定するもっとも重要な要因となっており，特に被雇用者に関しては，それを統制した上での出身階層の影響はかなり小さいことが明らかになった．図序-1に即して言えば，矢印(b)の影響は十分に大きく，それに比べて矢印(c)の効果は相当に小さいのである．とするならば，韓国の社会階層構造がどれだけ開放的なものであるのかは，「教育達成の出身階層間格差がどれほど存在するのか」（矢印(a)）に大きくかかってくることとなる．より高い水準の教育機会が一部の階層によって独占されているのであれば，いくら本人の社会経済的地位に対して本人の教育達成水準が重要な影響を与えていようとも，結果的に「教育を通じた世代間階層移動」はほとんど生じ得ないのである．

　本節では，本人の教育達成（学歴）水準には出身階層による格差がどの程度存在しており，またその格差はいかなる要因によって発生しているのかを考察していく．同時に本節では，そのような格差の変化の側面にも注目する．第3章において詳細に検討してきたように，韓国においてはこの間非常に急激な教育拡大が成し遂げられてきたのであり，また各教育段階（特に高等教育）の入学者選抜制度に関しても，選抜の公正性を確保するためのさまざまな改革が実行されてきた．これらの教育機会拡大措置と制度改革は，教育達成の階層間格差の解消に貢献し得たのか，また，もし貢献できていないとするならばそれは何故なのか．本節では，ひとびとの教育水準の規定要因分析とその時系列比較を行うことで，これらの問題の検討を試みる．

（1）本人教育年数の規定要因分析

教育年数の回帰分析

　韓国におけるひとびとの教育達成メカニズムの輪郭をつかむために，まずは，本人の教育達成段階を「実教育年数」として捉え，これに対する規定要

表 6-6 本人教育年数の回帰分析結果

(定数)	13.351***
年　齢	−.114***
父教育年数	.243***
父経営者層	2.522***
父新中間層	2.287***
父旧中間層	1.613***
父労働者層	.161
父富・中農層	1.707***
R^2	.424

(出所) 90年衡平調査データより筆者作成.
(注) *: $p<.05$　**: $p<.01$　***: $p<.001$.
サンプル数は1,492.

因を明らかにするという比較的単純な分析からはじめていこう．表6-6は，全男子サンプルを対象に，本人の教育年数に対する回帰分析を行った結果である．ここでの分析モデルには年齢，父教育年数，および父職業階層ダミー変数（比較対象は小農以下農民層）を独立変数として含めている．

　分析結果を見ると，独立変数のうち，年齢に負の，父教育年数に正の，そして労働者層ダミーを除くすべての出身階層ダミー変数に正の有意な影響が認められる．すなわち，年齢が若いほど，父教育年数が長いほど，そして父が経営者層，新中間層，富・中農層，旧中間層であるほど，より多くの教育を受けていることになる．年齢変数が持つ強い負の効果は，この間の急速な教育拡大の結果として理解されるのであるが，標準化回帰係数の大きさを比較してみると，父教育年数も本人年齢と同程度に強い影響を与えていることが見て取れる[10]．また，父教育年数を統制した上でも，父（職業）階層ダミー変数にはかなりの強い効果が見られ，父学歴と本人年齢が同程度であった場合でも，小農以下層出身者に比べて経営者層，新中間層出身者は2年余り，また旧中間層と中農以上層出身者もそれぞれ2年弱，多くの教育を受けていることになるのである．農民層内部においても，所有する耕地規模によって本人の教育達成にかなりの格差が生じている点は特に注目されよう．こ

表 6-7　年齢コーホート別教育水準分布

出生年	年　齢	無学	初等学校	中学校	高等学校	初級・専門大学	四年制大学	大学院以上	N
1930-39	50代(51-60)	6.0	31.3	22.9	27.0	2.8	9.4	0.6	319
1940-49	40代(41-50)	1.2	19.4	24.6	37.1	2.5	13.5	1.7	407
1950-59	30代(31-40)	0.4	7.2	16.6	48.0	8.0	16.8	3.1	488
1960-65	20代(25-30)	0.0	0.9	14.0	42.8	18.0	22.1	2.3	222

（出所）90年衡平調査データより筆者作成.

のモデルの決定係数は.424となっており，年齢，父教育年数，父階層という属性変数のみによって教育年数の散らばりの42％程度が説明され尽くしてしまうことになる．

　以上のように，父の教育年数と階層的地位は共に，本人の教育達成に対してそれぞれ固有の影響を及ぼしており，係数推定値やこのモデルの決定係数などから判断しても，これらの影響は決して小さくないものと言えるだろう．しかし，以上の分析は全年齢サンプルを対象として行ったものであり，年齢別に見た場合には，出身階層の影響はコーホートごとにかなり異なっている可能性がある．第3章で見てきたような教育機会の急速な拡大とさまざまな制度改革は，教育機会の出身階層間格差の解消に寄与し得たのであろうか．ここでは，年齢コーホート別に分析を行うことで，この問題の考察を試みよう．

　本書で用いている90年衡平調査は，主に就業者を対象とした調査であるため，25歳未満のサンプルには男子大卒者が極端に少ない．四年制大学卒業者の場合，兵役を済ませると，初職就業年齢は最短でも25歳程度となってしまうためである．このためここでは25歳以上の男子サンプルのみを分析対象とし，このなかに20代（25-30歳），30代（31-40歳），40代（41-50歳），50代（51-60歳）という4つの年齢コーホートを設け，これらの各年齢コーホートごとにそれぞれの分析を施していく．

　まず，各年齢コーホートの学歴分布（表6-7）を見ると，それぞれの世代が享受し得た教育機会は，各時期の教育政策や社会状況の相違を反映して互いに大きく異なっている．このような学歴分布の相違は，センサスデータに基づいた表3-2とほぼ同様の傾向を示すものと言えよう．30代（1950-59年

表 6-8 本人教育年数の回帰分析結果 (年齢コーホート別)

	1930-39 (50代)	1940-49 (40代)	1950-59 (30代)	1960-65 (20代)
(定数)	6.638***	8.401***	9.675***	11.122***
父教育年数	0.354***	0.265***	0.242***	0.161***
父経営者層	0.758	4.204**	1.394	2.466**
父新中間層	3.893***	2.354***	1.593***	1.992***
父旧中間層	2.628**	2.009***	1.461***	0.254
父労働者層	1.022	−0.070	−0.420	0.358
父富・中農層	2.836***	1.555***	0.978**	0.329
R^2	.305	.269	.268	.245
N	308	388	454	206

(出所) 90年衡平調査データより筆者作成.
(注) *: $p<.05$ **: $p<.01$ ***: $p<.001$.
サンプル数は50代が308, 40代が388, 30代が454, 20代が206.

出生)の一部と20代 (1960-65年出生) は,中学校無試験入学制や人文系高校平準化措置など中等教育の開放政策の恩恵を十二分に享受し得た世代であるため,中等教育以上の学歴を持つ比率が特に高く,さらに大学入学定員の劇的な拡大期に大学進学年齢を迎えた20代の高等教育就学率は42.4%と際だって高い.

以上のような学歴分布の特徴をふまえた上で,教育達成水準の規定要因分析を各年齢コーホートごとに行っていこう.まず,先ほどと同様の教育年数の回帰分析を年齢コーホートごとに行った結果が表6-8である.これによれば,すべての世代において,父教育年数には0.1%水準で正の有意な効果が表れており,また労働者層ダミー以外の各階層ダミー変数にも,概して正の有意な影響が認められる.しかし,これらの変数の影響は世代間で異なってもいる.まず,父教育年数の係数推定値は出生年が後になるほど小さくなっており,父教育年数の1ヵ年の差が本人の実教育年数にもたらす影響は世代が下るにしたがって小さくなっていることがうかがえる.このような傾向は父階層ダミー変数の影響に関してもほぼ同様にあてはまる.1930年代生まれから50年代生まれまですべての世代において常に有意であった父中農以

上ダミー変数と父旧中間層ダミー変数が，1960年代生まれでは共に有意ではなくなっているのである．

この父学歴と父（職業）階層という2つの変数（群）が，本人の教育年数に及ぼす総体的な影響の大きさも，世代間でかなり異なっている．これらの変数によって本人の教育年数の散らばりが説明される程度（回帰モデルの決定係数）を比較してみると，1930年代生まれの30.5％から，40年代生まれの26.9％と50年代生まれの26.8％，そして60年代生まれの24.5％へと，これらの変数の総合的な規定力は徐々に小さくなっていることがわかる．以上の結果から，世代を経るにしたがい，出身階層が本人の教育年数を規定する程度は徐々に低下していると言えるだろう．

教育水準規定要因の変化

では，このような「教育機会配分の平等化」とも捉えられる変化はいかなる要因によって生じたものなのであろうか．

第1章において簡単に考察したように，出身階層が本人の教育達成に及ぼす影響としては，何よりもまず，進学費用負担能力の相違に起因する経済的な影響が挙げられよう．実際，第4章第4節で行った高等教育進学希望率の時系列分析によれば，韓国における新規高卒者の高等教育進学希望率は平均家計所得の水準に大きく左右されているのである．このような結果に基づけば，急速な経済成長過程における所得水準の急上昇によって，ひとびとの進学費用負担能力が大きく向上し，経済的理由による非進学者が大幅に減少したがゆえに，世代が下るほど出身階層の本人教育年数に対する影響が小さくなっていったものと考えられる．

実際，この90年衡平調査に含まれる，調査対象者が「学校教育を十分に受けられなかった理由」を問う質問への回答結果（表6-9）からもこれは裏付けられる．「家庭の経済条件のために十分な教育を受けられなかった」とする者の比率は，1930年代生まれ（50代）では全体の8割に達しているのに対し，1960年代生まれ（20代）では半数に満たない程度にまで減少しているのである[11]．これらの回答はあくまで主観的判断に基づくものである点には留保が必要ではあるものの，このような世代間での回答分布の相違も

表 6-9　教育が不十分な理由
(%)

	教育が不十分な理由					十分に教育を受けた	合計	サンプル数
	成績問題	健康問題	経済条件	勉強が嫌で	その他			
1930-39生(50代)	0.6	1.3	79.6	2.8	8.2	7.5	100.0	319
1940-49生(40代)	3.4	1.0	72.0	9.3	2.5	11.8	100.0	407
1950-59生(30代)	7.0	0.8	58.5	16.9	3.3	13.4	100.0	484
1960-65生(20代)	6.3	1.4	45.9	23.4	5.0	18.0	100.0	222

(出所) 90年衡平調査データより筆者作成.

　やはり，純粋な経済的要因による上級学校進学放棄者の急激な減少を示すものであろう．このような経済水準の上昇に伴う「経済的要因による(非自発的)進学放棄者の減少」が，出身階層が本人の教育年数に及ぼす影響力を弱化させたもっとも重要な要因であると考えられるのである．

　同時に，このような出身階層の影響力の弱化をもたらした背景要因として，この間の教育機会の急速な拡大を無視することはできない．特に，1960年代末以降の開放主義的・平等主義的な中等教育政策の履行とこれに伴う教育機会拡大によって，中等教育進学率が大きく上昇し，ひとびとの間での教育年数の格差自体が小さくなっていくなかで，結果的に本人の教育年数に対する出身階層の影響が出現しづらくなってしまった可能性は否定できないだろう．実際，各世代の実教育年数の標準偏差は1930年代生まれから順に，4.101，3.568，3.119，2.445となっており，教育年数の散らばりは平均教育年数自体の上昇にもかかわらず確実に減少しているのである．

　しかし以上の分析結果から即座に，韓国における教育機会配分の平等化の進展を認めてしまうのは拙速に過ぎるかもしれない．本人の教育年数を従属変数とするこのシンプルな分析は，すべての教育段階における1カ年の追加的教育はまったく等価の教育達成である，という前提に大きく依拠したものである．もちろん，韓国における教育達成メカニズムの輪郭をつかむためには，このようなアプローチも有用ではある．しかし，第3章で検討してきたように，1960年代以降の中等・高等教育政策——特に強い開放主義的性格を持つ中等教育政策——によって，韓国における選抜システムが「大学進学段階集中型」という性格を帯びていることを考慮すれば，1カ年の追加的教

育が持つ「教育達成」としての価値は，教育段階間で大きく異なっているものと考えられる．もしそうであるならば，教育段階ごとにより詳しく教育達成の規定要因を検討していかねばならないであろうし，本人の教育達成に対する出身階層変数の影響に対する評価も，このような詳細な分析を行った後に改めて行うべきであろう．

（2） 教育段階移行の要因分析

教育段階移行のロジスティック回帰分析

以上を考慮し，本項では，より具体的な教育段階移行に焦点をあてて，これに影響を及ぼす要因の検討を行っていく．ここで着目する教育達成段階は，(1)中等教育修了，すなわち高等学校を卒業し得るか否か，(2)高等学校を卒業したものが高等教育へ進学できるか否か，の2つである．(2)の高等教育進学に関してはさらに，(2-1)高等教育機関の学校種別を問わない高等教育進学の規定要因分析と，(2-2)高等教育機関の中でもより選抜度の高い四年制大学への進学の規定要因分析とをそれぞれ行う．

表6-10は，これらの教育段階移行の規定要因を，前項の分析と同様のモデルを用いたロジスティック回帰分析によって検討したものである．このうち，表6-10(1)は，全男子サンプルを対象とし，「高等学校を卒業したか否か」という教育達成差に対する出身階層要因の影響を世代別に分析した結果である．

この結果から明らかになる中等教育修了の規定要因とその世代間での推移は，前項において行った実教育年数の規定要因分析の結果とそれほど大きな違いがないと言えるだろう．すなわち，父教育年数はいずれの世代においても有意な影響を及ぼしているが，その影響は50代，40代よりも，30代，20代においてより小さいように見受けられる．また父職業階層が及ぼす影響に関してもこれは同様であり，特に父富・中農ダミー変数の影響は，50代，40代では有意であったものの，30代，20代では有意ではなくなっている[12]．通常の線形回帰分析とは異なり，ロジスティック回帰分析の場合，これらの変数が及ぼす総体的影響の程度を決定係数によって比べることはできないものの，ホスマーらが提唱した方法にしたがって，ロジスティック回帰モデル

表 6-10　教育段階移行に関するロジスティック回帰分析結果（年齢コーホート別）

(1) 中等教育修了（全サンプル対象）

	1930-39(50代)	1940-49(40代)	1950-59(30代)	1960-65(20代)
(定数)	−1.728***	−1.125***	−0.368	0.437
父教育年数	0.175***	0.214***	0.168***	0.121**
父経営者層	20.666	1.663	−0.150	19.429
父新中間層	2.464***	0.463	1.649*	1.673
父旧中間層	1.018	1.058*	1.066**	0.122
父労働者層	0.305	−0.621	−0.029	0.568
父富・中農層	1.371***	0.880**	0.553	0.500
χ^2	78.94	92.42	87.62	18.08
N	308	385	454	203
R^2L	.197	.183	.160	.097

(2-1) 高等教育進学（高校卒業者対象）

	1930-39(50代)	1940-49(40代)	1950-59(30代)	1960-65(20代)
(定数)	−1.518***	−1.557***	−2.015***	−1.018*
父教育年数	0.020	−0.018	0.117***	0.078
父経営者層	−19.951	3.093**	22.161	1.933
父新中間層	1.367	2.198***	0.921*	2.778***
父旧中間層	1.789*	1.610**	1.121**	0.417
父労働者層	−19.807	1.248	−0.572	0.335
父富・中農層	1.011	0.645	0.671	0.241
χ^2	12.68	29.08	56.99	35.76
N	110	193	322	168
R^2L	.089	.119	.133	.154

(2-2) 四年制大学進学（高校卒業者対象）

	1930-39(50代)	1940-49(40代)	1950-59(30代)	1960-65(20代)
(定数)	−1.694***	−1.570***	−2.435***	−2.357***
父教育年数	0.017	−0.043	0.109***	0.156**
父経営者層	−19.728	3.317**	2.834*	1.537
父新中間層	1.318	2.063***	1.137*	1.115
父旧中間層	1.177	1.493**	0.931*	0.280
父労働者層	−19.610	0.409	−19.610	−0.492
父富・中農層	0.677	0.567	0.783	−0.130
χ^2	7.87	24.12	54.30	32.00
N	110	193	322	168
R^2L	.062	.105	.142	.152

(出所) 90年衡平調査データより筆者作成.

のあてはまり具合を示す R^2L を互いに比較してみると[13]，やはり R^2L の値は世代が下るにしたがって徐々に低下しており，中等教育修了確率に対する出身階層の総体的な影響は若い世代ほど小さくなっていることがうかがえる．

しかし，高等教育進学の場合は，これとはまったく事情が異なる．表6-10 の(2-1)は中等教育修了者が高等教育機関に進学し得るか否か，(2-2)は同じく中等教育修了者が四年制大学に進学し得るか否かの規定要因を同様のモデルによって分析したものである．これらを見ると，出身階層変数が高等教育進学に及ぼす影響には，中等教育修了の場合のような趨勢はまったく認められず，むしろ出身階層の影響は若い世代ほど大きい印象さえ受ける．父教育年数は，50代，40代においては高等教育進学に対して有意な影響を与えていないものの，30代，20代（四年制大学のみ）では有意な正の影響が認められる．父職業階層に関しても，やはり「世代が下るほど影響が小さくなる」という明確な傾向は認められない[14]．さらに，モデルのあてはまり具合を示す R^2L の推移を見ても，世代が下るほどこの値はむしろ大きくなっている．これらから，高等教育機会の獲得に作用する出身階層変数の影響の推移は，実教育年数，あるいは中等教育修了の場合とは明らかに異なっており，この段階の移行に関しては，「教育達成に対する出身階層の影響」は決して減少していないと言えるだろう．

本書のこれまでの考察結果をふまえて述べるならば，韓国においては近年，まさに高等教育への進学段階，特に，その中でもより選抜度の高い四年制大学への進学段階において「有意味な教育達成差」が生じるようになってきている[15]．そして，より重要性を増しつつあるこの段階の教育達成差に対して出身階層変数が及ぼす影響が減少していないのならば，出身階層は「より微細な，しかしより重要な教育達成差」を経由して，本人の地位達成水準に対してこれまでと同様の影響を及ぼし続けることになるのである．この問題に関しては，第4節においてさらに詳細な検討を加えていく．

（3） 出身階層が教育達成に及ぼす影響

高等教育進学機会の出身階層間格差と高等教育拡大

ここで注目すべきであるのは，この間，四年制大学への進学機会が急激に

拡大してきたという事実である．四年制大学の入学定員は特に1980年頃から大きく拡大されているにもかかわらず，以上の分析結果に基づけば，そのような拡大趨勢も，四年制大学への進学機会に対する出身階層変数の総体的な影響にはほとんど変化をもたらさなかったと言えよう[16]．むしろ，大学入学定員の急激な拡大期以降，四年制大学卒業者の「学校歴」の重要性がさらに増していくなか，親の学歴や職業といった出身階層変数は，この学校歴の格差を生み出す要因として，依然として本人の教育達成に大きな影響を及ぼし続けているのである．

韓萬佶は，各大学の「新入生実態調査資料」などのデータを基に，ソウル・大都市・中小都市に所在するいくつかの大学の新入生の出身階層の比較を行っている．彼の調査結果によれば，大学入学（卒業）定員が大きく増大された以後の時期（80年代末）において，各大学新入生の父学歴および父職業は，大学所在地域（ソウル，大都市，中小都市）間で著しく異なるものとなっており，また同一地域内の大学間でも入学難易度に応じてかなりの差が生じているという．例えば，一般に就職時により「厚遇」されるソウル所在大学の場合，新入生の父学歴が大卒以上である比率は平均で53.4％に達しているが，中小都市所在大学の場合，平均で15.9％に過ぎない．また，ソウル所在大学の中でももっとも入学難易度の高い大学の場合，父が大卒以上の学歴を持つ比率は8割近くに達しているという（韓萬佶［1991］）．

また，このような選抜度の高い特定の四年制大学への進学機会に作用する出身階層変数の影響は，時代が下ってもそれほど減少していないばかりか，むしろ増大していることがごく最近の調査によって明らかにされている．ソウル大学校社会科学研究院［2004］は，1970年度から2003年度までの間にソウル大社会科学大学（社会科学部）に入学した1万2000名余りの学生の「学生記録カード」を基に，学生の出身地域，及び父母の学歴・職業をデータベース化し，これをもとに，ソウル大学にはどのような家庭背景を持った学生が入学しやすいのかを時系列的に分析した報告書である．発表されると同時に大きな議論を引き起こしたこの報告書によれば，韓国においてもっとも選抜度が高いソウル大学の新入生のうち，父が高学歴である者，および父が専門管理職などの「高所得職業」に従事している者が占める比率は非常に

高い．1990年代の新入生に関していえば，父が専門管理職（および公務員）である者の比率は7割近くに達しているのである．

しかしさらに興味深いのは，その時系列的な変化に関する分析である．まず父学歴に関しては，受験生父世代の学歴構成の変化を統制した上で算出された「父学歴別入学確率」の推移を見ると，1975年時点では父が大卒以上の学歴を持つ者の入学確率は，高卒者のそれの約4割増程度に過ぎなかったものの，この確率格差は次第に拡大し，2000年には約3倍にまで達している．また「父職業別入学確率」の推移を見ると，父が専門管理職などの「高所得職業」に従事しているものの入学確率はそれ以外の職種に比べて数倍から10数倍高く，その確率格差にはこの間大きな変化が生じていないことが見てとれる．これらの分析結果からこの報告書では，「過去30年間の教育政策の変化が低所得層のソウル大学入学可能性を高めたという証拠は見出し得ない」（ソウル大学校社会科学研究院［2004:20］）と結論付けられているのである．

出身階層が教育達成に与える影響の変化

以上の考察から，単純に教育年数の相違に着目した場合，あるいは中等教育を修了し得るか否かという教育達成差に限った場合，本人の出身階層が教育達成に及ぼす影響は世代が下るにしたがって確かに小さくなってきている．これは，この間の全般的な所得上昇と中等教育機会の拡大が，進学費用負担能力の不足による非進学者を大幅に減少させたためであろう．しかし，「大学進学段階集中型・国家管理型・一元的選抜システム」の成立とともに，「真に有意味な学歴差」としての重要性を帯びることとなった四年制大学への進学機会に着目してみると，これとは逆に父学歴の影響は増大傾向さえ示しており，出身階層変数の総体的影響は決して減少してはいないことがわかる．また，四年制大学の中でも，特に選抜度が高い大学への進学機会は高学歴・高所得職業の父母を持つ学生によって占められており，その傾向には大きな変化が見られないのである．

これらから判断するならば，中等教育の普遍化や全般的な所得上昇によって，表面的には教育機会配分の階層間格差は縮小したように見えるものの，

入職過程などにおいて重視される「真に有意味な学歴差」における階層間格差にはほとんど変化がないと言えるだろう。確かに教育機会は継続的に拡大されてきたが，出身階層と本人到達階層を媒介するものが「実教育年数」から「特定の教育段階におけるより細かな学歴差」へと代替されただけで，出身階層と本人の到達階層との結びつきにはほとんど変化がなく，韓国の教育・選抜システムは依然として，階層構造の再生産を強く支える役割を果たしてしまっているのかもしれないのである。

階層間での教育機会格差発生メカニズムを解明するというのは，実証的にはかなり困難な作業であり，本書もこの問題を論じるための十分なデータを用意しているわけではない。しかし，少なくともこれまでの分析結果から言えるのは，韓国社会において本人の教育達成に対して出身階層が与える影響の内実と経路が，より「見えやすい」ものから，より「見えづらい」ものへと変化している，という点である。以前であれば，階層間での進学費用負担能力の相違が，子女の教育達成水準の格差をもたらすもっとも重要な要因であったのに対し，家計所得水準の全般的上昇にともなってこのような直接的で「見えやすい」形の不平等は次第に減少していった。その一方，大学入学者選抜過程の整備が進み，進学競争がさらに激化していくにしたがい，本人の学業成績や進学意欲といった非経済的条件が，四年制大学へ進学し得るか否かを左右するもっとも重要な要因となりつつある。親学歴をはじめとする出身階層変数は，このような非経済的条件に非常に「見えづらい」形で作用しているものと考えられるのである[17]。

出身階層の非経済的影響

出身階層が本人の教育達成に影響する非経済的メカニズムとして多く指摘されるのは，「励まし」や「気遣い」などに代表される子どもの教育に対する親の態度が本人の学業成績に影響を及ぼし，それが実際の教育達成をも左右するという可能性である（金榮和［2000］，金［2000］）。

中村・渡辺［2002］は，筆者も第5章において用いた中学・高校生の日韓比較教育調査の結果を基に，親の教育態度と本人の学業成績との関連，ならびにこれらの出身階層（特に父学歴）差の問題を考察したものである。これ

によれば,「勉強がはかどるよう気遣ってくれ」たり「テレビの見すぎを注意する」などの,子どもの教育に対するコミットメントの階層差は,日本よりも韓国の方が大きい．また,「家族背景（父学歴）」「家族環境（親の教育態度）」「学業成績」の関連を検討したパス解析結果によれば,日本の中学生の場合,親の教育態度が子女の成績に及ぼす有意な影響は認められないのに対し,韓国の中学生の場合はこれが認められ,親の教育態度によって子どもの学業成績が有意に異なっているのである．

また,同じ調査結果を基に,学習時間の個人差と出身階層との関連を考察した藤田・渡辺［2002］によれば——高校生ではその関係が逆転するものの——中学生に関しては家庭での学習時間の階層差（特に父学歴による差）は日本よりも韓国の方が大きいという．これまで見てきたように,韓国では高校進学時にそれほど厳しい選抜が行われていないため,中学生に対して斉一的に作用する「学習圧力」はそれほど強くはない．このような状況において発生する学習時間の階層間格差は,やはり,家庭における親の教育態度の階層差に起因する可能性がある．すなわち,自らも高い学歴を得ている親ほど,比較的早い時期から将来の大学受験を見越して,子女の教育に対して熱心な態度で臨み,それが本人の家庭学習時間を左右し,ひいては本人の学業成績や実際の教育達成水準にも影響を与えているものと考えられるのである．

このような現象が,子女に対する親の期待教育水準自体にはそれほど大きな階層間格差が存在しない状況で生じているという点には改めて注意すべきであろう．ほとんどの親が子女に四年制大学以上の教育を受けることを期待しているが,それを実現させるための具体的な「戦略」においては大きな階層差が発生しているのである[18]．

さらにロビンソンは,韓国のある国民学校（当時）におけるフィールドワークとインタビュー調査を通じ,児童の学業成績が階層に応じて異なるのは,児童に対する教師の差別的な対応にも起因していると主張する（Robinson［1994］）．ロビンソンのフィールドワーク結果によれば,各学級の担任教師は毎年配布・回収される「家庭調査票」を通じて各児童の父母の職業,学歴などの情報を得て,それによって各児童の出身家庭の社会経済的地位の「判断」を行うという．ロビンソンが明らかにした興味深い事実は,教師が自ら

下したこのような「判断」と，教師のそれぞれの児童に対する接し方には明らかな相関関係があるという点である．授業中に同じ間違いを犯した場合でも，家庭の社会経済的地位が高く，親も教育に熱心だと教師が判断した児童に対しては励ますような口調で対するのに対し，家庭の社会経済的地位が低いと判断した児童に対しては厳しく頭ごなしに叱るという．また授業における発表機会の頻度にも，出身家庭の地位に対する「判断」に応じて大きな差が生じている．そしてロビンソンは，参与観察を行った学校児童をサンプルとした多変量解析を通じて，実際にこのような教師の接し方の相違によって，児童の学業成績に有意味な差異が生じていることを明らかにしているのである．

　もちろん，このようなより「見えづらい」経路を通じて生じる教育機会の出身階層間格差は，もはや古典的な意味での「不平等」ではないのかもしれない．しかしこのような経路を通じての教育機会の階層差が存在する限り，教育システムは社会階層構造を確実に再生産し続けていく．また，それは表面的には，万人に教育機会が開かれ，「公正な」選抜が行われている状況において生み出される格差であるため，このような格差が社会において問題視される契機も弱い．

　実際，韓国においてこれまで社会問題とされてきた「教育機会の不平等」とは，あくまでもより直接的で，可視性の高いタイプのそれであり続けてきた．全般的な所得上昇とともに，家庭の経済的条件に起因する非進学事例が次第に減少していくなかで新たにクローズアップされたのは，課外授業受講を通じた教育機会の不平等という「新しい」古典的不平等であった．教育機会の不平等に対する批判を提起する視角は，依然として「経済的な教育費用負担能力の差が教育達成の格差を生み出してしまう」という旧来の枠組によるものであったのであり，非経済的な諸条件を通じた教育機会の階層間格差は韓国社会においてほとんど問題にされることがなかったのである．これは，複雑で見えづらく，それ故に解決が非常に困難な不平等の存在が顕わになってしまうと，政府のさまざまな政策努力のお陰でそれなりのリアリティを持ち続けてきた「(他の社会経済的資源はともかく) 教育機会のみはそれでもまだ平等に分配されている」というイメージが完全に崩壊してしまうことと

無関係ではないと考えられる.

4. 世代間階層移動と教育達成

　第1章で確認したように，産業社会論の立場に立つ論者たちは，産業化の進展と共に社会の階層構造はより開放的なものとなり，世代間階層移動の機会が一層増加するようになるものとみる．このような変化を引き起こす要因として考えられているのが，教育機会の拡大と教育機会分配の平等化趨勢である．産業化の進展に伴い，個人の社会経済的地位は本人の属性によってではなく，本人の業績によって決まるようになり，同時に個人の業績は本人が受けた教育水準によって大きく左右されると考えられる．そして，高い水準の教育機会は，次第により多くのひとびとに開放されるようになり，またその分配における格差も小さくなるため，結果として出身階層と本人到達階層との関連は弱まっていく，というのがその想定されているメカニズムである．
　確かに韓国社会においても，教育の拡大とともに表面的には教育機会の出身階層間格差が次第に小さなものとなってきた．しかし，本人の出身階層は依然として「より微細な教育達成の差異」とは強く結びついている．そして，教育（特に高等教育）の急速な拡大とともに，それらの「微細な教育達成の差異」が，新規労働市場参入者の職種・賃金を決定する上で一層重要な作用を果たしつつあるのである．とするならば，前節でも述べたように，いくら教育機会が拡大されようとも，両者を媒介する変数が「実教育年数」から「より細かな教育達成の差異」へと変わるだけで，出身階層が本人の到達階層を規定する程度自体にはそれほど大きな変化が生じていないのかもしれない．
　序章でも触れたように，韓国社会には世代間階層移動の可能性に関して，かなり楽観的なイメージが浸透している．しかし，韓国社会における教育達成，および地位達成メカニズムが以上のような特徴を持つのであれば，韓国は諸外国と比べて，それほど世代間階層移動が容易な社会ではないのかもしれない．
　本節では，ひとびとの出身階層と本人到達階層との関係を計量的に分析す

ることでこれらの問題を検討し，世代間階層移動に対して「教育」がいかなる役割を果たしているのかを考察していく．

世代間階層移動表と社会階層構造の開放性

表6-11は，90年衡平調査データに基づき，父階層と本人現階層との関係を示した世代間移動表（男子サンプル）である．この表からまず読み取れるのは，本人の現階層が父のそれと同一のものである比率，すなわち同職率の低さである．農民層こそ同職率が90％を超えているものの，新・旧中間層では20数％，労働者層では10数％にすぎない．もちろんこれは，父世代から本人世代にいたる間の階層構造の急激な変動，特に農民層の大幅な縮小と都市諸階層の拡大に起因するものである．実際，周辺分布を比べてみると，父世代では全体の7割近くが農民層に属していたのに対し，本人世代ではその比率が3割弱にすぎない．

このような急激な階層構造変動によって，この間，韓国ではきわめて多くの世代間階層移動が生じてきた．この移動表に基づけば，父階層と本人現階層が異なる者，すなわち世代間階層移動の経験者は1,495人のうちの883人に上り，その比率（事実移動率）は59.1％にも達する．残りの612人（40.9％）の非移動者もその3分の2近くは農民層によって占められており，現在の都市住民の世代間階層移動経験率はきわめて高いのである．

このような事実移動率の高さも，韓国社会の流動性の高さを示すものとは言えるだろう．しかし，これまで行われてきた社会移動研究は，階層構造の開放性を測る上でさらに有益な指標を作り出している．これらを用いるためにまず理解しなければならないのは，強制移動と純粋移動の区別である．強制移動（構造移動）とは産業構造の変化のような外的条件によって引き起こされる種類の移動であり，前述したような，農業セクターの縮小によって「不可避的に」生じる農民層から都市諸階層への移動などがこれに相当する．これに対し，事実移動全体から強制移動を差し引いた残りである純粋移動（循環移動）は，各人が出身階層とはかかわりなく，それぞれの社会的地位につくための平等なチャンスを与えられていることによって生じるタイプの移動と捉えられる[19]．こうして，社会全体での事実移動は，強制移動と純

表 6-11　世代間階層移動表

父階層	現階層					合　計
	経営者	新中間	旧中間	労働者	農　民	
経営者	3 (12.5) 〈8.8〉	10 (41.7) 〈3.4〉	7 (29.2) 〈1.7〉	4 (16.7) 〈1.2〉	0 (0.0) 〈0.0〉	24 (100.0) 〈1.6〉
新中間	8 (5.2) 〈23.5〉	70 (45.2) 〈23.6〉	38 (24.5) 〈9.4〉	25 (16.1) 〈7.6〉	14 (9.0) 〈3.3〉	155 (100.0) 〈10.4〉
旧中間	9 (4.4) 〈26.5〉	50 (24.6) 〈16.9〉	93 (45.8) 〈23.0〉	48 (23.6) 〈14.5〉	3 (1.5) 〈0.7〉	203 (100.0) 〈13.6〉
労働者	1 (1.2) 〈2.9〉	22 (25.9) 〈7.4〉	15 (17.6) 〈3.7〉	40 (47.1) 〈12.1〉	7 (8.2) 〈1.6〉	85 (100.0) 〈5.7〉
農　民	13 (1.3) 〈38.2〉	144 (14.0) 〈48.6〉	251 (24.4) 〈62.1〉	214 (20.8) 〈64.7〉	406 (39.5) 〈94.4〉	1,028 (100.0) 〈68.8〉
合　計	34 (2.3) 〈100.0〉	296 (19.8) 〈100.0〉	404 (27.0) 〈100.0〉	331 (22.1) 〈100.0〉	430 (28.8) 〈100.0〉	1,495 (100.0) 〈100.0〉

（出所）90年衡平調査データより筆者作成．
（注）（　）内の値は流出率・世襲率．〈　〉内の値は流入率・同職率．

粋移動とに分解され得るのであるが，社会階層構造の開放性，すなわち階層移動の障碍の低さをもっともよく表すのは前者ではなく後者であるとされている（安田［1971:59-60］）．

　以上に基づけば，表6-11から算出された事実移動率（59.1％）も強制移動率と純粋移動率とに分解され得る．これらの指標の具体的な算出方法は安田［1971］を参照されたいが，まず父世代から本人世代へと階層構造が変動することによって強制的に生じていると考えられる世代間移動者は全移動者883人中，598人にも達し，残りの285人が純粋に生じた移動者となる．同様に，全体での事実（粗）移動率59.1％（＝883/1,495）は，40.0％（＝598/1,495）の強制移動率と，19.1％（＝285/1,495）の純粋移動率とに分解される．すなわち，父世代と本人世代との間で生じたすべての移動のうち，3分の2程度は産業構造の変化などによって生じた「強制的な」移動であるものと理解されるのである．

　また，さらに一段階進み，実際の純粋移動率が，父階層と本人階層との関

係が完全に独立だと仮定した場合の純粋移動率に比べてどれほど大きいかを示したのが安田の開放性係数（以下，安田係数）である．この安田係数は，純粋移動がまったく生じていないとき0の値をとり，移動が自由であるほど1に近い値をとる．この世代間移動表をもとに，韓国社会全体での安田係数を算出すると0.574となる．この指標値は階層分類方法によっても少々異なってくるという点に留保が必要ではあるものの，安田［1971］に示されている各国の安田係数（全体）は概して0.5から0.8程度の間に分布しており，これに比べれば韓国の0.574という値はけっして高くはないのである．

　実際，いくつかの先行研究は，韓国の階層構造の開放性が他社会に比べてそれほど高くはないことを示している．Yun［1994］は日本，台湾，韓国の3ヵ国における階級構成と階級移動について分析したものであるが，ユンは4階級モデルに基づく移動表のログリニア分析結果から，この3ヵ国中，世代間での階級移動がもっとも容易なのは台湾であり，台湾に比べれば韓国と日本の開放性は劣ると結論付ける．また，高位専門技術・管理職従事者などによって構成される「サービス階級」の閉鎖性は，この3つの社会の中で韓国がもっとも高いとしている．同様に，韓国と台湾の社会階級構造を比較した房河男・李成均［1996］も，世代間純粋移動率の検討を通じ，台湾に比べ，韓国では階級間移動がより困難であると結論付けている．さらに，籠谷［2002］においても，韓国社会の安田係数（全体）は，香港，日本よりも低いことが示されている．

　確かに，韓国におけるこの間の急激な産業構造変動は，ひとびとにきわめて多くの移動機会を提供してきた．しかし，これらの分析結果と先行研究をふまえるならば，構造変動によらない「純粋な」階層移動のチャンスは，同様の構造変動を経験してきた東アジアの産業社会と比較してそれほど多くはなかったと言えるだろう．もしこのような傾向が変わらないならば，産業化にともなう急激な構造変動が一段落した後の韓国社会では，世代間階層移動がかなり困難になってしまうことになる．

　このような悲観的シナリオが現実のものとなってしまうか否かは，すべて，純粋移動機会の推移にかかっている．産業社会論者が予測するように，時間の経過と共に純粋移動率が上昇していくのであるならば，世代間移動の機会

はそれなりに豊富に存在し続けるであろう．しかし，もしそうでないならば，階層構造は急速に固定化していくことになる．韓国社会における純粋移動機会は，時間の経過と共にどのように変化しているのであろうか．

各年齢コーホートの世代間移動機会

このような問題を検討していくためにもっとも適切な方法は，過去から現在までの各時点において実施されたいくつかの社会調査データに対して，同様の移動表分析を施し，その結果を比較する，というものであろう．しかしながら，韓国では，日本のSSM調査に匹敵するような継続的な調査は十分に行われておらず，このような方法を用いることはできない．ここでも，次善の策として，90年衡平調査データによって各年齢コーホートごとに世代間移動分析を行うことで，時代の推移にともなう開放性の変化を検討していくこととしたい．その際，加齢にともなって生じる世代「内」移動の影響を統制する必要から，本人の現階層ではなく本人の初職階層を分析対象とし，これと父階層との関係を検討していく[20]．

また，年齢コーホート別に世代間移動の分析を行うにあたってさらに一点留意すべきは，データを分割することによって移動表の各セルの度数がかなり小さくなってしまう点である．これにともなう不安定性を回避するため，以降では，階層的性格が類似する経営者層と新中間層を合併し，階層カテゴリーを4つに減らした階層モデルに基づいて分析を行っていく．さらに，対数線形モデルのような精緻な技法を用いるのではなく，これまでと同様，安田の開放性係数やオッズ比のようなより頑強な指標を利用して，分析を進めていくこととする．

表6-12は，前節と同様，1930-39年生まれ（50代），1940-49年生まれ（40代），1950-59年生まれ（30代），1960-65年生まれ（20代）の各年齢コーホートごとに世代間移動表を作成し，それぞれの移動表から，移動指標値を算出したものである．この指標値をもとに，韓国社会の開放性の推移について検討を行っていこう．

まず，すべての移動をカウントした事実移動率をみると，1930年代生まれ（0.455）よりも1940年代生まれ（0.586）の方が，また1940年代生まれ

表6-12 年齢コーホート別世代間移動諸指標

	1930-39 (50代)	1940-49 (40代)	1950-59 (30代)	1960-65 (20代)
事実移動率（全体）	0.455	0.586	0.687	0.654
強制移動率（全体）	0.364	0.440	0.484	0.498
純粋移動率（全体）	0.091	0.147	0.202	0.156
安田係数（全体）	0.464	0.535	0.616	0.508
安田係数（経営者＋新中間）	0.356	0.552	0.611	0.450
安田係数（旧中間）	0.787	0.917	0.848	0.625
安田係数（労働者）	0.853	0.439	0.579	0.856
安田係数（農民）	0.223	0.165	0.153	0.081
オッズ比（経営者＋新中間）	13.10	5.44	3.79	5.55
オッズ比（旧中間）	3.04	1.69	2.26	4.84
オッズ比（労働者）	2.11	5.92	3.13	1.50
オッズ比（農民）	10.16	12.15	13.11	30.00
サンプル数	308	389	450	205

(出所) 90年衡平調査データより筆者作成．

よりも1950年代生まれ（0.687）と60年代生まれ（0.654）の方が大きい．1950年代生まれと60年代生まれは，対象サンプルの実に3分の2が初職就業時に父階層とは異なる階層的地位を得ているのである．このような事実移動率の推移から，世代間移動機会の総量自体は，世代が下るにしたがって大きく増加しているものと言えるだろう．1940年代生まれサンプルの相当部分と，1950，60年代生まれサンプルのほとんどは，韓国が急速な経済発展を開始した以降の時期に初職に就いていることから，これらのコーホートにおける事実移動率の上昇は，産業化にともなう構造変動に起因するものと考えることができる．

　実際，階層構造の変動自体によって生じる強制移動率を見ると，世代が下るにつれて強制移動率が次第に上昇していることがわかる．またこれらの強制移動率は事実移動率の7割から8割程度を占めており，やはりこの間の構造変動がひとびとに多くの世代間移動機会を提供してきたことが理解し得る．しかし，もう一方の純粋移動率は，強制移動率とはやや異なる推移を示している．1930年代生まれ（0.091）から，40年代生まれ（0.147），50年代生

まれ（0.202）と，純粋移動率は徐々に高まっているが，1960年代生まれ（0.156）では減少に転じており，階層構造の開放性は一貫した上昇傾向を示しているわけではない．

　各階層の開放性水準をさらに詳しく見てみよう．表6-12に示された各階層の安田係数を見ると，まず農民層の安田係数は他階層よりも非常に小さいことがわかる．これは，農民層への新規参入者がきわめて少なく[21]，この階層が圧倒的な流出階層となっているためである．その一方，同様に小規模ながらも生産手段を必要とする旧中間層の安田係数はきわめて高い．韓国の旧中間層は，他階層からの流入がきわめて容易で，かつ他階層への流出も多い流動性の高い階層であることがうかがえる．次に各係数の推移を見てみると，新中間（＋経営者）層の安田係数が1930年代生まれから1950年代生まれに至るまでは徐々に上昇しているのに対し，1960年代では逆に大きく減少している点が特に注目される．このような傾向は，旧中間層に関してもほぼ同様に認められるものである．

　また，各階層への事実上の「参入障壁」を示すオッズ比を見ても，やはり同様の推移がみてとれる．このオッズ比とは，当該階層出身者の同一階層への到達オッズの，当該階層以外の階層出身者の当該階層到達オッズに対する比であり，新中間層を例にとれば，「新中間層以外の階層出身者に比べて，新中間層出身者がどれだけ新中間層に到達しやすいか」を示していることになる．この4つの階層カテゴリーのうち，他階層に比べて社会経済的条件がもっとも恵まれている新中間（＋経営者）層のオッズ比を見ると，1930年代生まれから1950年代生まれにかけては，確かにオッズ比が低下しているものの，1950年代生まれから1960年代生まれにかけては3.79から5.55へと逆に上昇に転じている．1960年代生まれの新中間層出身者は，それ以外の階層出身者に比べ，5倍以上新中間層へと到達しやすくなっているのである．

韓国における世代間階層移動機会の推移と教育の役割

　以上の分析結果をまとめると次のようになるだろう．韓国社会においては，世代が下るにつれて確かに世代間移動の機会は増大しているものの，それは

産業構造の変動にともなう強制移動率の上昇による部分が大きく，純粋な階層移動の開放性自体は必ずしも一貫した上昇傾向を示しているわけではない．特に，韓国社会においてもっとも恵まれた位置にある新中間（＋経営者）層について見ると，1950 年代生まれから 60 年代生まれにかけて，この階層への参入がむしろ困難になっている兆しさえ認められるのである．前節でも確認したように，1960 年代生まれという世代は，中等教育機会の平等化，および 1980 年前後からの高等教育機会の爆発的増大の恩恵を十分に享受し得た世代である．単純な教育年数だけをとって見れば，この世代の教育水準格差に対して出身階層要因が与える影響は，それ以前の世代よりも小さくなっている．しかし，この世代がそれ以前の世代に比べて，より開放的な階層移動機会を享受しているという根拠はまったく見出せないのである．

　このような事実は，「四年制大学への進学機会を得られるか否か」に関しては出身階層の影響が依然大きいこと，また世代が下るにつれて，新中間（＋経営者）層の経済水準も安定性を増し，子女が同一階層に留まるためにより多くの努力を払えるようになったことなどに起因するものと考えられる．

　これらの分析結果から判断すれば，韓国における中等・高等教育機会の爆発的な拡大は，決して階層構造の純粋な開放性の増大をもたらしてはいない．全般的な教育拡大と，単純な教育格差の減少趨勢のなか，出身階層は「より微細な教育達成水準の差異」を経由することで本人の到達階層に対してこれまでと同様の影響をもたらしているものと考えられる．韓国社会においては「産業化の進展にともなって社会の開放性が徐々に増していく」という傾向が必ずしも十分には認められないのである．これらはすべて，本章第 3 節で明らかにした事実，すなわち「真に有意味な学歴差」に対する出身階層要因の影響は決して減少していないという事実に起因するものである．

　これらをふまえるならば，本章第 2 節の分析結果の解釈も少々異なってくる．本章第 2 節における社会経済的地位達成の規定要因分析結果によれば，本人の所得，ならびに職業的地位に対する出身階層要因の「直接作用」は，本人の学歴効果に比べれば確かにそれほど大きなものではなかった．ここから筆者は，「高い教育達成を果たせば，誰でも平等に高い社会経済的地位を得られる」という学歴主義的社会イメージは，それなりに現実を適切に反映

したものであるとの評価を下している.

　もちろん,それは誤りではない.しかし,「高い教育達成を果たせば」という前提条件自体の達成可能性に,出身階層間で大きな格差が存在し続けているのである.しかも,全般的な教育拡大趨勢にもかかわらず,「真に有意味な教育達成差」に及ぼす出身階層要因の影響は決して減少してはいない.これゆえに,出身階層は,本人の教育達成を経由して,所得および職業的地位に対して非常に大きな「間接作用」を及ぼし続けることになる.実際,先に挙げた表6-3と表6-5のモデル3の推定結果を見ると,本人の教育達成を経由した間接効果も含めた出身階層要因の総効果は,かなり大きなものとなっているのである[22].

5. 旧中間層の階層的性格と階層移動
――学歴を媒介としない社会的地位達成

　選別理論は,ひとびとの教育水準が地位・報酬配分に影響を及ぼすのは,労働市場が情報の完全性を備えておらず,雇用主が供給される労働力の生産性に関して不完全な情報しか持ち得ないためであるとする.そうであるならば,本人の学歴がその社会経済的地位を強く規定するのは,もっぱら組織部門の被雇用者の場合,ということになるだろう.

　本書ではこれまで,主に企業や官庁などにおける被雇用ホワイトカラー職への就業を重要な「地位達成経路」と捉え,その規定要因の考察に大きな力点を置いてきた.これは,韓国のホワイトカラー職従事者は,非ホワイトカラー職従事者に比べて所得面でも威信面でもかなり恵まれた位置にあり,実際,ひとびとのホワイトカラー職への就業選好も非常に強いためである.しかし同時に注目せねばならないのは,主に都市自営業者によって構成される旧中間層も,現在では新中間層とほとんど変わらない高い所得を得ているという点である.そして,韓国の旧中間層は世代間,ならびに世代内流入率が高く,きわめて開放性の高い階層なのである.洪斗承は,韓国社会における地位達成のチャンネルとして,「学歴取得を通じた組織部門でのホワイトカラー職就業」と共に,「自営業者化」の重要性を指摘しているが(Hong

[1980]），所得が高く，かつ移動障壁がきわめて低いという韓国の旧中間層の性格をふまえるならば，確かに旧中間層への移動は，ひとびとにとって非常に重要な地位達成経路となっているのかもしれない．

　韓国社会における高い教育達成意欲の発生要因を，学歴取得による社会経済的地位上昇という視点から検討しようとする本書の目的からすれば，このような「自営化を通じた地位達成」について十分な検討を加えておくことが必要となる．選別理論の前提を敷衍して考えるならば，被雇用者の場合は個人の社会経済的地位に対する学歴効果が非常に大きいとしても，労働市場を介することなく自己の労働を経済活動に直接投入し得る自営業者の場合は，この学歴効果がはるかに小さな可能性がある．とするならば，平均的にはそれなりに高い所得を得られる自営化は，「学歴を必要としない地位達成」の重要な経路となり得るだろう．韓国において「高い学歴を取得すること」がどれほど独占的な地位達成手段となっているのかを理解するためにも，「自営業者となること」は彼らの社会経済的地位をどれほど上昇させ，またそれは本当に「学歴を必要としない地位達成経路」としての代替性を持っているのかについて検討しておかなければならないのである．本節ではこれまでと同様，90年衡平調査データを用いながら，韓国内においても十分な学問的考察の対象となってこなかったこの階層の性格解明を試みていく[23]．

（Ⅰ）　旧中間層への世代内階層移動とその規定要因

旧中間層への世代内階層移動と所得上昇

　ここで再度確認しておくと，これまでの分析によって明らかにされたのは，韓国の旧中間層のうちのかなりの部分が，急速な経済成長過程において雑業的性格を喪失し，1990年時点では新中間層とほとんど変わらない高い平均所得を得ているという事実であった．彼らの教育年数は新中間層よりも低く，労働者層とほとんど変わらないにもかかわらず，生産手段を所有し，自ら経済活動を営んでいることによって，比較的恵まれた経済的条件を享受し得ているのである．

　同時に，本章第1節の世代内階層移動表の分析からは，韓国の旧中間層は，労働者階層や新中間層からの多くの世代内流入者によって構成されていること

とが示された．さらに本章第4節の世代間階層移動表の分析からは，韓国の旧中間層は世代間移動に関しても非常に開放的な階層であるという事実が明らかにされている．これらの分析結果に基づけば，韓国の旧中間層は参入障壁が低く，参入に際してそれほど高い教育水準が要求されないにもかかわらず，この階層へと移動することによって比較的高い水準の報酬が得られるということになる．

ただここで注意しなければならないのは，これまで行ってきた考察は，あくまで所得，資産額といった諸変数の「平均値」に依拠してのものであったという点である．韓国の旧中間層がその内部にかなり大きな多様性をはらんでいることを勘案すれば，この階層に移動してきたすべてのひとびとが高い所得を享受し得るのか，あるいは移動経歴や教育水準などに応じて大きな所得格差が存在しているのかが検討されねばならないであろう．

韓国の旧中間層の多くが世代内移動を通じてこの階層に到達していることをふまえるならば，ここでまず検討すべきは，初職階層の影響であろう．これをみるために，初職階層別に旧中間層（男子サンプル：以下同様）の所得，資産規模を平均年齢，教育年数と共に示したのが表6-13である[24]．

この表からは，本人所得，世帯所得，所有資産のいずれに関しても，初職就業時に属していた階層に応じてある程度の所得・資産の差が存在していることが見てとれる．特にここで注目すべきは，世代内移動を通じて新中間層から旧中間層に流入した者の方が，初職段階においてすでに旧中間層に属している者よりも本人・世帯所得共に若干高いという事実である．これは，所有資産の相違にも表れているように，所得の高い新中間層としての就業経験が初期資本の増大をもたらし，さらにはそれが，事業の継続性によって生じるものよりもはるかに大きな所得増加を生み出しているためとひとまず解釈できるだろう．また，新中間層から旧中間層への世代内移動者の平均所得は，表6-1に示されている現職新中間層のそれよりも10数万ウォンほど高い．したがって，平均的には，新中間層からの自営化はそれなりの所得上昇をもたらすものと言えよう．

これに対し，労働者層からの流入者の本人月所得は，初職が旧中間層，新中間層であるものに比べて数万から10数万ウォン程度低く，やはり初職階

表 6-13 初職階層別に見た旧中間層の社会経済的プロフィール

	年齢 (歳)	本人所得 (万ウォン)	世帯所得 (万ウォン)	教育年数 (年)	所有資産 (百万ウォン)
新中間層(70)	42.2 (10.9)	96.5 (74.8)	125.9 (92.4)	13.1 (2.3)	95.4 (107.1)
旧中間層(162)	41.4 (9.6)	88.0 (63.4)	103.4 (59.1)	11.0 (2.8)	79.6 (107.3)
労働者層(149)	40.3 (9.6)	82.0 (55.8)	94.0 (62.1)	10.3 (2.9)	53.0 (102.1)
農民層(38)	45.8 (7.7)	76.7 (47.9)	89.8 (46.5)	9.3 (2.7)	65.3 (66.8)
全体(422)	41.6 (9.8)	86.2 (61.6)	102.3 (66.4)	11.0 (3.0)	71.3 (103.0)

(出所) 90年衡平調査データより筆者作成.
(注) 表中( )内の値は標準偏差. 各階層カテゴリー名称後の( )内はサンプル数. なお「全体」には表中に示していない経営者層出身サンプルも含めてある. また「世帯所得」及び「所有資産」の対象サンプルは世帯主のみ. サンプル数は順に, 64, 146, 137, 37, 全体で387.

層の違いが旧中間層内部における経済的地位の違いに結びついていることがわかる. しかしそれでも彼らの得ている所得は, 表6-1に示されている現職労働者層の所得に比べれば, かなり高い水準にある. このような事実からも, 組織の内部における昇進が大きく制限されている韓国の労働者層にとって, 独立による旧中間層への世代内移動は経済的地位を高めるための重要な経路になっているものと言えるだろう.

新中間層から旧中間層への世代内移動の規定要因

以上のように, 被雇用就業者の自営化は, 新中間層, 労働者層出身者共に平均的にはそれなりの所得上昇をもたらすものと言える. では組織部門の被雇用者のうち, 誰が自営化の機会を得て, 高い所得を享受し得るのだろうか. このような世代内移動には, 出身階層, 特に父も都市自営業者であったという事実が強く作用するのであろうか. ここでは, 新中間層および労働者層から旧中間層への世代内移動の規定要因を考察していくことで, 韓国における自営化パターンについてさらにくわしく検討しておこう.

まず分析対象とするのは, 新中間層から旧中間層への世代内移動である. ここでは初職階層が新中間層であったものを分析対象とし, 誰が新中間層か

表6-14 旧中間層への世代内移動に関するロジスティック回帰分析結果

	新中間層（初職）→旧中間層（現職）		労働者層（初職）→旧中間層（現職）	
	モデル1	モデル2	モデル1	モデル2
（定数）	−.606	−.678	−2.532***	−3.253***
年　齢	.020	.021	.030**	.035**
教育年数	−.147*	−.154*	.051	.052
父旧中間層	.806*	.833*	.455	.407
初職企業規模				
小企業(-19人)		.090		.787**
中企業(20-299人)		.350		.631*
χ^2	15.0	16.2	9.5	19.2
N	391	391	448	448
Cox & Snell R^2	0.038	0.041	0.021	0.042

（出所）90年衡平調査データより筆者作成．
（注）*** $p<.001$, ** $p<.01$, * $p<.05$.

ら旧中間層への世代内移動を行い，誰がそのまま新中間層に残り続けるのか（あるいは旧中間層以外の階層へと移動するのか）を検討するロジスティック回帰分析を行った（表6-14左列）．モデル1は，独立変数に年齢，教育年数，そして父親も旧中間層であったことを示す「父旧中間層ダミー変数」を含んだものである．

　このモデルの推定結果を見ると，父旧中間層ダミー変数に正の有意な影響が表れていることがわかる．すなわち，初職時に新中間層であったもののうち，父親も旧中間層であったものほど旧中間層へ世代内移動しやすいことになる．一方，教育年数には負の有意な影響が認められる．初職段階において新中間層に属していたもののうち，教育年数が短いものほど，自営化の道を選択しやすい，という興味深い結果が表れているのである．

　このような教育年数の影響は，移動先である旧中間層側の状況に起因するというよりも，もともと属していた新中間層側の条件に起因するものと考えられる．すなわち，第5章でも確認したように，韓国の企業における内部昇進の可能性は「学歴」という半ば属性化された個人の業績と密接に関わっているため，被雇用ホワイトカラー職に就いていながらも教育水準が相対的に低く，その後の昇進可能性が制限されているひとびとほど組織部門から「退

出」し，その外部に地位達成の可能性を求めていく傾向があるものと理解されるのである．この点でも，韓国企業における学歴主義的人事慣行が，ひとびとの地位達成過程に与えている影響はきわめて大きいと言えよう．また，新中間層から旧中間層への世代内移動は，確かにある程度の所得上昇をもたらすものであるとはいえ，彼らにとってはあくまで「次善の選択」である場合も少なくないと推測される．

　また，このような推定結果は，モデル1に初職時の企業規模変数（比較対象は300人以上の大企業）を加えたモデル2においても同様に認められる．したがって，教育年数が独立確率に対して及ぼす負の効果は，「初職企業規模が独立確率に強い影響を及ぼすことによって生じる疑似効果」などではなく，やはり前述したような直接的な影響として解釈すべきものであろう[25]．

労働者層から旧中間層への世代内移動の規定要因

　次に，労働者層から旧中間層への世代内移動の規定要因についても同様の分析を行ってみよう．表6-14の右側に提示したモデル1の推定結果を見ると，労働者層から旧中間層への移動に対しては，年齢こそ正の有意な影響を及ぼしているものの，教育年数，父旧中間層ダミー変数には有意な影響が認められない．したがって，年齢が高いほど自営化しやすいという傾向はあるものの，教育水準や父親も旧中間層であったことなどは自営化傾向とは明確な関係がないのである．年齢の正の効果は，勤続年数が長いほど自営化に必要な初期資本や技能・技術をより多く蓄積できることによるものであろう．また，新中間層からの移動とは異なり，労働者層からの移動には教育年数が有意な影響を及ぼしていないのは，そもそもブルーカラー労働者の企業内部における昇進可能性は教育水準にかかわらずきわめて制限されたものであるためと考えられよう．

　これに対し，初職企業規模を追加したモデル2の推定結果を見ると，追加したこれらの変数に有意な正の影響が表れていることがわかる．すなわち，大企業に勤務していたものに比べ，小企業，あるいは中企業に勤めていた者の方が有意に自営化しやすいのである．このような現象は，日本における都市自営層への参入要因を検討した石田が指摘しているように，「中小企業に

おける就業条件があまり好ましくないため」というネガティブな要因と，「中小企業への就業が自営業を営むのに必要なさまざまなスキルを涵養するため」というポジティブな要因の複合によって生じているもの（Ishida [2004:379]）とひとまず考えるべきであろう．

旧中間層への世代内移動と教育

以上，韓国社会における旧中間層への到達パターンとしてきわめて大きな比重を占めている新中間層・労働者層からの世代内移動に作用する要因の検討を行ってきたのであるが，これらの結果において，「本人の教育水準が高いほど，独立可能性が高まる」という傾向はまったく認められない．むしろ学歴がより重視されるホワイトカラー部門の被雇用者の場合，教育水準がより低い者ほど自営化を選択しやすい，という興味深い傾向が存在しているのである[26]．

これらから，都市自営業者としての「独立」は，確かに教育水準がそれほど重視されない代替的な地位達成経路としての機能を果たしているものと考えられる．特に，組織内部における昇進可能性が大きく制限されている労働者層にとっては，参入がきわめて容易で，高い教育水準が要求されるわけでもなく，同時に，被雇用者として就業しているよりも平均的にははるかに高い所得を得られるという点で，かなり魅力的な地位達成経路となっているものと推測される．これはもちろん，農民層にとっても同様であろう．韓国における旧中間層が決して減少傾向を示さず，むしろ徐々に拡大さえしているのは，これらの理由によってこの階層へのかなりの規模の「新規参入」が存在し続けているためであると考えられる．

しかし以上の分析は，あくまで旧中間層への参入に関わる条件を分析したのみであり，この部門における「成功」を規定する要因はまた別である可能性がある．さらに，このような自営化が，学歴取得を通じたホワイトカラー職就業という地位達成経路と比べて，どれほどの「地位達成効果」を持つものであるのかについても，もう少し詳細な検討が必要だろう．次項においては，これらの問題について検討を加えていく．

（2） 旧中間層への移動と社会経済的地位の変化

旧中間層の所得規定要因分析

　旧中間層への参入に関しては教育水準や出身階層といった変数がそれほど影響しないとしても，参入後の経営状態に対しては，初期資本量の差異などを媒介として，それらの変数が大きな影響を及ぼしている可能性は否定し得ない．この点を検討するために，旧中間層の所得に対する回帰分析を行った結果が表 6-15 である．この回帰分析は表 6-3，表 6-4 と同様のモデルによるものであり，本人月所得の対数値を従属変数としたものである．

　まず，年齢，年齢二乗，および各学歴ダミー変数によって構成されたモデル 1 の推定結果を見ると，年齢，年齢二乗という変数とともに，中学ダミー以外のすべての学歴ダミー変数に有意な影響が認められる[27]．すなわち，都市自営業者の場合でも，学歴によって本人の月所得には有意な差が生じており，例えば他の条件がひとしい場合，大卒者は高卒者に比べて 1.3 倍程度の所得を得ていることになる．また，このモデル 1 にさらに父階層ダミー変数を加えたモデル 2' の推定結果を見ると，新たに追加された各父階層ダミー変数にはいずれも有意な影響が認められない．年齢と教育水準が統制された場合，出身階層は本人所得の明らかな相違を生み出してはいないのである．

　このように，旧中間層の本人所得に対しては本人の教育水準が有意な影響を及ぼしてはいるものの，それでもこれらの学歴ダミー変数の影響は被雇用者の所得に対するそれに比べると相当に弱いものであることが見てとれる．表 6-15 の推定結果を，被雇用者のみを対象とした表 6-4 と比べると，各学歴ダミー変数の推定値は旧中間層の方が概して小さい．すなわち，自営業者の所得における学歴間格差は被雇用者の所得におけるそれよりも小さいのであり，この点で，「労働市場を介在させることなく自己の労働を経済活動に直接投入し得る自営業部門においては，経済的報酬に対する学歴効果がはるかに小さい」という本節冒頭部分で提示した仮説的解釈の妥当性が認められたことになる[28]．また，このモデルの決定係数はかなり小さく，自営業部門においては，年齢や学歴以外の諸条件によって本人の経済的地位が左右されていることがわかる．

表 6-15 旧中間層所得の回帰分析結果

	モデル 1	モデル 2′
(定数)	12.758***	12.949***
年　齢	.039*	.032
年齢二乗 (×100)	−.047*	−.040
無学・初等学校	−.290**	−.273**
中　学	−.106	−.106
専門大	.259*	.218
四大以上	.275**	.247**
父経営者層		.269
父新中間層		.146
父旧中間層		−.083
父労働者層		−.263
父富・中農層		.023
R^2	.088	.106

(出所) 90年衡平調査データより筆者作成.
(注) *:$p<.05$　**:$p<.01$　***:$p<.001$.
　　サンプル数はモデル 1 で 409, モデル 2′ で 388.

　以上の分析結果からも,本人の教育水準は自営業部門への「参入」のみならず,そこでの「成功」に対しても,被雇用者の場合ほどには強い影響を及ぼしてはいないと言えるだろう[29].したがって,あくまで経済的な報酬に限って言えば,旧中間層への世代内移動は,必ずしも高い教育水準を必要としない代替的な地位達成経路としての意味を十分に持つものと考えられる.

旧中間層の階層的地位についての主観的評価

　しかし,経済的条件のみに着目した場合には,旧中間層への世代内移動に対してそのような肯定的な評価を下し得るものの,自らの階層的地位に対するひとびとの主観的評価まで考慮に入れるならば,そのような判断は少々楽観的に過ぎることがわかる.この点を簡単に確認しておこう.
　第 2 章でも触れたように,90年衡平調査には主観的な階層帰属意識を 7 段階で問う質問が含まれている.この質問への回答は,自らの階層的地位に

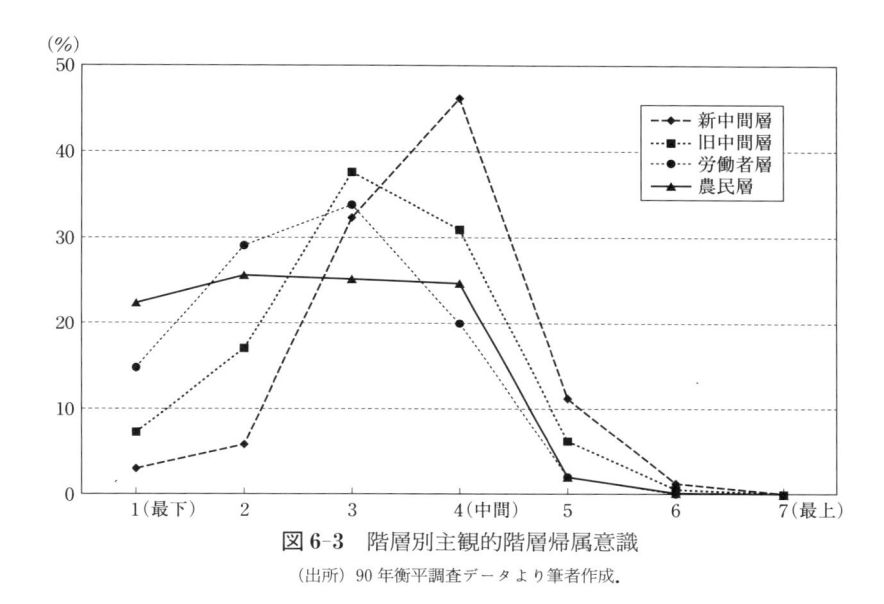

図 6-3 階層別主観的階層帰属意識
(出所) 90年衡平調査データより筆者作成．

対する調査対象者の主観的評価として捉えられるだろう．図6-3は，サンプル数の少ない経営者層を除いた4つの階層それぞれに関して，主観的階層帰属意識の分布を示したものである．これによれば，図示した階層のうち，やはり新中間層の帰属意識がかなり上方に位置していることがわかる．新中間層に属するひとびとの5割近くが最中位(4)に属すると答えており，これに隣接する上下1つずつのカテゴリーをあわせたものを社会の「中層」と捉えると，新中間層の中層帰属意識は90％に達しているのである．これに比べれば，旧中間層の帰属意識の分布は若干下方に位置する．もっとも回答が多かったのは最中位ではなく，その1つ下のカテゴリー(3)であり，中層帰属意識も75％にとどまっている．もちろんこの値は，労働者層の56％，農民層の52％に比べれば高いものではあるが，旧中間層は新中間層よりもやや低い階層帰属意識をもっているものと結論付けられるだろう．

このような傾向は，階層帰属意識に影響を及ぼすその他の変数を統制した上でも認められるものなのだろうか．表6-16は，この主観的階層帰属意識を従属変数とし，本人所得対数値と各階層ダミー変数（比較対象は新中間

表 6-16　主観的階層帰属意識の回帰分析結果

(定数)	-5.441^{***}
本人所得 (対数値)	0.672^{***}
経営者層	-0.163
旧中間層	-0.514^{***}
労働者層	-0.429^{***}
農民層	-0.722^{***}
R^2	.257

(出所) 90年衡平調査データより筆者作成.
(注) $*: p<.05$　$**: p<.01$　$***: p<.001$.
サンプル数は1,534.

層）を独立変数とした回帰分析結果である．これによれば，やはり本人月平均所得には正の有意な影響が認められ，本人の主観的階層帰属意識は平均所得によって大きく規定されていることがわかる．ここで興味深い事実は，旧中間層ダミーをはじめとする階層ダミー変数に負の有意な効果が認められるという点である．本人平均所得が同程度であった場合にも，旧中間層の階層帰属意識は新中間層のそれよりも有意に低いのである[30]．

　これらの結果から，所得や教育水準が同程度であったとしても，旧中間層に属するひとびとは，旧中間層に属していることそれ自体によって自らの階層的地位を新中間層よりも低く評価する傾向が存在していることが理解し得る．旧中間層に属していることによる評価の下落程度は，労働者層に属していることによる評価とほぼ同水準であることをふまえれば，このような傾向は，やはり韓国社会に根強く残っているホワイトカラー職と非ホワイトカラー職との間の職業威信格差に起因するものと考えられる．第2章において確認したように，韓国社会におけるホワイトカラー職と非ホワイトカラー職との間の威信の懸隔は非常に大きなものであり，しかもそのような威信構造は産業化の進展にもかかわらず，ほとんど変化していないのである．

　また旧中間層への世代内移動者の「自らの成功程度評価」を見ても，旧中間層への移動が十全な意味での「地位達成」機会とはなり得ていないことがわかる．90年衡平調査には「あなたは今，社会経済的にどの程度成功した

と思いますか？」という問いに対して，「とても成功した」(5点)から「とても失敗した」(1点)までの5段階で回答する形式の質問が含まれている．新中間層ならびに労働者層から旧中間層への「移動者」と「非移動者」に関して，この主観的成功程度評価の平均得点を比較してみると，新中間層からの移動に関しては，非移動者，すなわち初職と現職共に新中間層にある者の主観的成功程度評価の平均得点が2.97であるのに対し，移動者，すなわち初職は新中間層でありながら世代内移動を果たして現在は旧中間層にある者の平均得点は2.77と0.2点程度低く，t検定を施した結果，この差は1％水準で有意なものとなっている．すなわち，新中間層から旧中間層への世代内移動を果たした者は，そのまま新中間層に残留している者に比べて，自らの社会経済的成功程度に対する評価が低いのである．

これとは対照的に，労働者層から旧中間層への移動者の平均評価得点は2.82となっており，初職，現職共に労働者層に属する非移動者の2.66に比べて高い．やはりこの差も1％水準において有意である．労働者層からの移動者は逆に，非移動者にくらべて自らの現在の社会経済的地位を肯定的に評価する傾向が見られるのである．

以上の分析から，韓国社会における都市自営業部門は参入障壁が低く，この部門に参入することで，教育水準と出身階層にかかわらず（平均的には）比較的高い所得を得られはするものの，韓国における「自営化」はひとびとにとって両義的な性格を持つ地位達成経路であると言えよう．企業内部での昇進可能性の制限された労働者層にとって，「自営化」は確かに高い所得が見込まれる魅力的な地位達成経路となっている．経済的条件に限って言えば，これは新中間層にとっても同様である．しかし，主観的な階層帰属意識や自己の成功程度評価まで考慮するならば，このセクターへの参入は，学歴取得を通じたホワイトカラー職就業という「正統的」な地位達成経路に対して十分に代替的な経路にはなっていないものと言えるであろう．

これはやはり，韓国におけるひとびとの主観的階層帰属意識，あるいは自らの社会経済的成功に対する評価が，経済的条件のみによって規定されるのではなく，職業威信という社会的条件によって大きく左右されているためと思われる．職業威信格差の大きい韓国社会において，新中間層から旧中間層

への世代内移動は，たとえ所得の上昇をもたらすとはいえ，かなりの威信の低下を招きかねない．彼らにとって，旧中間層への世代内移動が，「次善の選択」である可能性があるというのもこのためである[31]．

小　結

本章では，主に90年衡平調査データを用いて，本人の出身階層と教育達成，さらに本人の社会経済的地位達成との関係についての包括的な分析を行い，これを通じて，韓国社会に広く流布する学歴主義的社会イメージの当否を検討してきた．本章の分析結果は以下のようにまとめられる．

まず，出身家庭の社会経済的地位が，本人の教育水準を媒介することなく，本人の社会経済的地位に直接及ぼす効果について検討した結果，そのような直接効果はかなり小さなものであることが確認された．本人の教育水準を統制した場合，出身階層要因が本人の所得と職業的地位に及ぼす影響は比較的小さく，被雇用者，特に高等教育を修了した被雇用者の場合はなおさらそうであった．これらの事実より，確かに韓国社会では「高い教育達成を果たしさえすれば，出身階層にかかわらず誰でもひとしく高い社会経済的地位を得られる」ものと言えるだろう．

しかし，本章の分析から明らかになったのは，結果的に到達階層を大きく左右することになる本人の教育達成水準には，出身階層間で大きな格差が存在しており，その格差は明確な減少傾向を示してはいないという事実である．確かに，所得水準の全般的上昇と平等主義的な教育政策のために，実教育年数，あるいは中等教育を修了し得るか否かという段階の教育達成に対する出身階層変数（父職業階層，父学歴）の総体的な影響は，世代が下るにつれて小さくなっている．このような変化は産業社会論の予測とも合致するものであり，さらには，このような教育機会の平等化趨勢が，世代間での純粋移動機会の拡大をもたらしていると予測することもできよう．

しかし，事実はこのような楽観的予測とは異なる．確かに単純な教育年数に対する出身階層の影響は世代が下るほど減少しているものの，選抜システムの変化にともない，新規学卒者の入職過程において「真に有意味な教育達

成差」となりつつある四年制大学への進学機会に着目すれば，この段階の教育達成に対する出身階層の影響には，決して明確な減少傾向が認められないのである．さらに，このような教育達成に対する出身階層の影響は，進学費用負担能力の差異などの経済的条件に起因するものから，より見えづらく，捉えづらい非経済的条件を通じたものへと変化しつつある．

　このような状況を反映して，教育機会の拡大と形式的平等化の進展にもかかわらず，世代間階層移動の容易さには大きな変化がない．また，所得や威信の面においてかなり恵まれた位置にある「新中間層」はその閉鎖性を強めており，他階層からの参入が以前よりも難しくなってきている．

　もちろん，韓国社会にはこれまで非常に多くの階層移動機会が存在してきた．この点で「教育を通じた階層的上昇移動が容易である」という社会イメージもあながち間違ったものとは言えない．しかし，それらの世代間移動機会の多くは，産業構造変動にともなう階層構造自体の変化によって不可避的に生じるタイプのものであり，地位達成の機会が平等であることそれ自体によって生じる移動機会はそれほど豊富ではない．韓国の社会階層構造の「開放性」は他の東アジア社会と比べて決して高いものではないのである．

　このため，今後，階層構造変動の速度が鈍化することによって，社会における移動機会の総量が大きく減少し，階層構造の固定化が進んでしまう可能性は否定し得ない．しかも，韓国の教育システムはこのような階層構造の固定化に大きく寄与してしまうことになるのである．

　最後に，旧中間層の階層的地位ならびに世代内移動パターンの考察を通じて，「教育を通じない形の地位達成」の可能性についても検討を行った．韓国の自営業部門は，比較的参入が容易で，かつ参入時にそれほど高い教育水準が必要とされないにもかかわらず，平均的にはそれなりに高い所得を享受し得る領域なのであり，この点で，組織内部における昇進機会が限られている労働者層などにとっては，この部門への参入が非常に重要な地位達成の経路となっている．しかし，ホワイトカラー職と非ホワイトカラー職との間の大きな威信の懸隔を背景として，旧中間層の自らの階層的地位に対する主観的評価は新中間層よりもかなり低い．これは，旧中間層への移動者の「自らの成功程度」に対する主観的評価を比較した場合も同様である．このため，

経済的条件のみならず社会的条件まで考慮した場合,「独立して自営業者となること」は,あくまで次善の地位達成として捉えられているケースも多いと考えられる.このような事実からも,韓国社会においてはやはり,「より高い学歴を取得すること」が地位達成を果たしていくためのかなり独占的な方途となっていることが理解し得るであろう.

1) 「企業経営主」以外の管理職,ならびに事務職に従事する自営者・雇用主をここでは旧中間層に含めている.しかし,これらに該当するサンプルは非常に少ない.
2) 以上の概観からも,職種と従事上の地位に基づいた本書の階層分類が,韓国社会において有意味な「生活機会の格差」を析出し得る妥当な分類であることが認められるだろう.
3) この結果から推定した所得のピーク年齢は 42.7 歳となっている.
4) 90 年衡平調査は,調査対象者の成長当時における父親(父親死亡時は,世帯主)の職業,従事上の地位等に関する設問を含んでいる.ここでは,この回答を基に「父階層」の分類を行っている.
5) なお,この表のモデル 1 における四大以上ダミー係数推定値(.367)は,賃金構造調査データを用いて同様の分析を行った第 4 章表 4-3 モデル 1 のそれ(.473)よりもやや小さなものとなっている.このような差異は,第 4 章で依拠した賃金構造調査に比べて,90 年衡平調査には中小企業従事者サンプルがより多く含まれているために生じたものと考えられる.
6) このほか,父学歴,母学歴が本人の所得に直接与える影響についても同様の検討を行っているが,やはり高学歴被雇用者に関してはそれらの直接的な所得規定効果が認められなかった.
7) 具体的には,90 年衡平調査データの職業分類において用いられている 57 の職業カテゴリーに,Treiman [1977] の Appendix A に示された国際標準職業威信得点を割り当てた.Treiman [1977] を用いたのは,90 年衡平調査データで用いられている職業分類が,ISCO88 よりも ISCO68 により近いためである.
8) 結果は省略するが,本人の職業的地位に対して表 6-3,表 6-4 のモデル 2′(出身階層変数は,父階層カテゴリーダミー変数)をあてはめたところ,父階層のうちもっとも強い効果が表れたのは「父富・中農層」カテゴリーであり,その他の効果は概してそれほど強いものではなかった.この事実からも,自営者の職業的地位に対する出身階層の直接的影響とは,その多くの部分が「農業部門における農地の継承」によるものであることがうかがえる.

9) 第5章第3節における高校生の職業希望意識の日韓比較分析によって示された韓国社会における職業世襲意識の弱さも，本人の職業的地位に対する出身階層の直接的影響を発生しにくくさせている重要な前提条件であると考えられる．しかし言うまでもなく，このような汎階層的に高いホワイトカラー職就業希望こそが，学歴取得競争への参加者を増大させ，この競争の激化をもたらす重要な要因として作用しているのである．
10) 父教育年数の標準化回帰係数は 0.290 であり，父階層ダミー変数のそれは，父富・中農層で 0.178，父新中間層で 0.177，父旧中間層で 0.140 となっている．ちなみに年齢の標準化回帰係数は -0.332 である．
11) 全般的な教育水準の上昇によって，世代が下るほど「十分な教育を受けた」と答える比率が高まっているのは当然であろうが，同時に「勉強が嫌いなため」「成績問題のため」という比率も上昇している点には注目すべきである．全般的な家計所得の上昇による「学歴取得競争」への参加者の増加が，その競争を一層激しいものとし，この競争に参加するために必要な心理的コスト（過重な受験勉強の負担など）を大きく高めたことが，この背景要因として挙げられよう．
12) また父新中間層ダミー変数の影響も，概して世代が下るほど小さくなっているように見受けられる．父旧中間層ダミー変数の影響は，40代，30代のみに表れており，50代には認められないが，これは，第2章で確認したように，経済成長過程において韓国の都市自営層が急速な所得上昇を遂げてきた結果として捉えられるかもしれない．
13) この R^2L は，モデルをあてはめることによる対数尤度の絶対値の減少比率 (proportional reduction) であり，線形回帰分析の決定係数が残差（誤差）の減少比率である点と類似する(Hosmer & Lemeshow [1989:148])．当然この R^2L は，モデルに含まれる独立変数と従属変数との関連の強さに応じて 0 から 1 までの値をとる．
14) 各カテゴリーに属するサンプル数が必ずしも十分ではないため，高等教育進学の規定要因分析における父職業階層ダミー変数の係数推定値の解釈は慎重に行わねばならないだろう．これらの変数の影響の推移については，十分なデータに基づく追加的分析の必要がある．
15) 実際，この90年衡平調査によれば，自らの教育水準を「まったく不満足」あるいは「やや不満足」と評価する専門大卒者の比率は 43.6％ とかなり高く，高卒者の 49.3％ と大差がないのに対し，四年制大卒者の場合は 17.4％ と格段に低い．このような事実も，単に「高等教育機関に進学し得るか否か」ではなく，その中でも特に「四年制大学に進学し得るか否か」という教育達成差に着目していく必要性を示すものであろう．

16) このほか，金榮和 [1990=2000] も，人口センサスの生データを用いた分析を通じて，1980年を前後する時期の高等教育機会の急速な拡大にもかかわらず，やはりその分配に対して父学歴・父職業が及ぼす影響には大きな変化がなかったと結論付けている．
17) 先の四年制大学進学の規定要因分析結果において，主に出身家庭の経済的条件を示すと考えられる父（職業）階層変数よりも，文化資本の継承などを通じて本人の学業成績に作用すると考えられる父学歴の方が次第に重要性を増していたのもこの証左であろう．
18) 労働者層の子女が多く通うソウル市南西部K中学校のG教諭は，筆者の聞き取り調査に対して，「多くの生徒が塾に通ってはいるが，これは生徒の父母に共稼ぎが多く，自宅にいない時間が長いためでもあり，また多くの父母は子女を塾に通わせることだけで満足してしまい，それ以上の教育関与は少ない」と述べている（インタビュー日：2000年3月8日）．子女に期待する教育水準や，課外授業受講比率には階層間でそれほど大きな差が存在しないとしても，実際の教育達成には有意な差異が生じてしまうのは，このような姿勢の相違にも起因していると考えられる．
19) 例えば「労働者層の子女が新中間層に到達し，新中間層の子女が労働者層に到達する」というように，あたかも相互の階層的地位を交換するかの如き移動がこの純粋移動（循環移動）にあたる．
20) 張商洙 [2001] も，年齢コーホート別に世代間移動分析を行うことで，世代間移動の趨勢について検討している貴重な先行研究である．この中で彼は Goldthorpe [1987] や Erikson & Goldthorpe [1992] などに基づき「大体，男性は30-35歳を前後して，いわゆる職業的成熟段階に入る」（張商洙 [2001：153]）とし，30歳以上の男子に限定しながら，父階層と本人の「現」階層との関連を年齢コーホート別に分析している．しかし，韓国では壮年層においても階層の境界を越えるような職業移動が頻繁に生じているため，やはりそのようなアプローチにはやや難があるものと考える．
21) これには，韓国では農地改革実施以降，非農家による農地購入が大きく制限されているという制度的要因も作用しているであろう．
22) しかしそれでも，モデル3の決定係数はモデル1，モデル2に比べればかなり小さく，やはり本人の教育達成水準の「独自効果」はそれなりに大きいと言えよう．
23) 最近になってこそ実証研究が少しずつ増えつつあるが，数年前までは，韓国の都市自営業層研究は皆無に等しい状況にあった．
24) 各初職集団サンプルの平均年齢には大きな差がないことから，年齢差にともなう所得・資産・教育年数の違いは無視し得る程度に小さいものと考えられ

る．
25) むしろ，初職企業規模にはまったく有意な効果が認められないという結果は非常に興味深い．単純に言えば，初職就業時に（より条件が良いと考えられる）大企業のホワイトカラー職に就いているものが組織を離れて「独立」していく確率は，（より条件が劣ると考えられる）中小企業のホワイトカラー職就業者が「独立」していく確率とそれほど変わらないのである．
26) しかし，独立ロジットに対する回帰モデルは，いずれも適合度がそれほど高くない．旧中間層への世代内移動には，本分析で扱った教育年数や出身階層以外の要因，たとえば，強い企業家精神や自営化のために必要な人的ネットワークなどが大きく関係しているものと推測される．
27) 所得に対する年齢変数の正の効果は，やはり年齢が高いほど勤労年数が長く，より多くの技能・技術と資本を蓄えているために生じているものと考えられる．ただし，次のモデル2′では年齢変数は有意ではなくなっており，この影響もそれほど強いものであるとは考えづらい．
28) それでも，本人の教育水準が自営業者としての所得に一定程度の影響を及ぼしているのは，教育を受けることによって経営に必要な技術・技能が高められているためとも考えられるが，同時に，教育水準の違いが被雇用者としての賃金・退職金の相違をもたらし，これが初期資本量の相違をもたらしているためとも考えられる．

　また，近年とみに増えているフランチャイズ制度を通じた「自営化」に際しては，フランチャイズ本社側が加盟希望者の審査を行う際，応募者の学歴を判断基準の1つとして用いている事例も見受けられる．筆者が1997年6月，加盟審査担当者に対して聞き取り調査を行った某大手コンビニエンスストアチェーンの場合，夫婦の健康状態などと共に応募者の学歴が審査項目の1つに含まれており，これが加盟を認めるか否かの判断基準として用いられていた．都市自営業部門においてもこのような学歴を用いた「選別」が行われているという事実が，この部門における個人の学歴と所得水準との相関を生み出している制度的要因の1つであると考えられる．
29) ただし，韓国の自営業部門は，新規参入と同様，そこからの退出事例もきわめて多い．自営業者としての十分な所得を得られない新規参入者がすでにこの部門から退出し，調査サンプルに含まれないことによって分析結果にバイアスが生じている可能性には注意すべきであろう．この問題は，ほかの調査データを用いながら，あらためて検討することとしたい．
30) ちなみに，この回帰モデルに教育年数を付加したモデルにおいても，やはり旧中間層ダミー変数には0.1％水準において有意な負の効果が認められる．
31) 沼崎は，台湾社会における職業キャリア選好に関して，「たとえ大企業の課

長や部長であっても，どんなに高額の給与所得があっても，他人に雇われているのは決して望ましい立場ではない」（沼崎［1996:298］）という強烈な自営志向の存在を指摘している．韓国と台湾は，同じアジア NIEs として同質性が強調されることが多いが，就業機会選好に関しては，両国間できわめて大きな差異があると言えるだろう．

終章　学歴主義的社会イメージと韓国社会
学歴効用・教育システム・分配問題

　本章では，これまでの考察によって得られた知見に基づきながら序章で提起した諸問題の検討を行い，韓国におけるひとびとの教育達成意欲の特徴を，この社会において学歴取得がもたらす社会経済的便益との関係において考察していく．また韓国においては，教育を通じた地位達成に対する期待と楽観が，社会の分配問題とどのように結びついており，またそれが韓国の教育システムをどのように規定しているのかを明らかにしていく．

（1）　学歴主義的社会イメージの再検討

　本書の序章において，「韓国社会の特徴的現象」とも呼び得るひとびとの高い教育達成意欲は，教育を通じた社会移動・地位達成に対する強い期待に基づいたものであることを明らかにした．さらにこの現象を社会構造，特に社会的資源の配分構造との関連において理解するためには，その「強度」「持続性」「普遍性」のそれぞれに対応する3つの問いの検討が必要であるとした．これらの問いに対する答えの多くは，すでに本書の考察過程において示されているが，ここであらためてそれらを整理し，再提示しておこう．

　第1の問い
　「韓国において学歴取得がもたらす社会経済的便益は，ひとびとの教育達成意欲の『強度』を説明し得るほどに大きなものなのか，またもしそうだとすればそれは何故なのか」．

　学歴取得の社会経済的便益としてまず考慮しなければならないのは，やは

りその金銭的側面での便益であろう．第4章で行った賃金構造分析の結果に基づけば，大学へ進学することによって追加的に得られる金銭的便益の水準は，大卒者が稀少であった1970年代まではそれなりに高かったものの，1980年代半ば以降急激に低下している．これにより，大学進学の私的収益率は数％程度にまで下落しており，諸外国の中でむしろ低い部類に属している．また韓国における大学教育の私的収益率は，他部門における投資収益率と比べても，決して高くはない．これらより，韓国社会における際立って高い教育達成意欲を，学歴取得による金銭的便益のみによって説明するのは困難であると言えるだろう．

学歴取得の社会経済的便益のうち，金銭的便益とともに重要であるのが，職業的地位の上昇効果である．第5章の考察結果に基づけば，企業の学歴主義的人事慣行により，韓国では個人の学歴が職業的地位と非常に強く結び付いている．この点で，韓国社会における学歴の職業的地位規定効果はかなり高いものと言えるだろう．

しかし，この問題に関して真に重要であるのは，韓国社会では職業間，特にホワイトカラー職と非ホワイトカラー職との間の威信格差がきわめて大きく，このために，職業的地位上昇に対するひとびとの熱意も全般的にきわめて高いという事実である．実際，高校生の職業希望意識には，「親との同職希望傾向」や「職業的価値志向性の分化に応じた希望職業の水平的分化傾向」が見られず，ほとんどの生徒が——それに必要な高い教育達成さえ可能であるならば——職業的地位の高いホワイトカラー職への就業を希望するという状況になっているのである．

このような就業機会選好の特徴ゆえに，韓国社会では，学歴取得による職業的地位上昇効果が，ひとびとに非常に強く意識されるようになったものと考えられる．前述した学歴主義的人事慣行などのため，一般に職業的地位が高いとされるホワイトカラー職，特に大企業のホワイトカラー職に就くためには，高い教育達成を果たすよりほかに道はないのである．このような内在的視角から韓国社会における「学歴効用」を理解するならば，韓国における大卒学歴効用はかなり大きく，しかも決して低減していないものと言えるだろう．

本書の考察結果をふまえれば，韓国におけるひとびとの「高い職業的地位獲得意欲」の本質は，職業に付随する諸条件のうち，社会的威信の獲得にあるものと考えられる．社会的威信とは，既存の威信体系を内面化した社会の構成員が，それに従いながら互いに眼差し，評価し合うことによってはじめて再生産され続けていく価値体系である．レットは，韓国の都市中間層に対するフィールドワークを通じ，経済活動・消費・教育・婚姻などのさまざまな領域において「より高いステータス」を求めるひとびとの熱意の高さを浮き彫りにしたが，彼女によれば，それらの努力はすべて，自らの「階層的地位の高さ」を他者にアピールするという動機に基づいているという（Lett [1998]）．このような研究成果を援用するならば，韓国におけるひとびとの職業的地位達成意欲の高さは，ひとびとに高く価値付けられる職業に就くことで他者からの高い評価を得ること——少なくとも地位の低さゆえに他者からないがしろにはされないこと——がその本質を成しているものと考えられる．

　このような「他者からの評価」に対するひとびとの敏感さは，韓国社会の特徴の1つと言ってよいであろう．本書は，韓国における高い教育達成意欲を，学歴を獲得することによって得られる経済的報酬や職業的地位との関係において理解するという視角に基づいている．しかし，このようなひとびとの意識の特徴を考慮すれば，もともと崇文主義的価値規範の強い韓国社会において，高い水準の教育修得それ自体が他者からの高い「評価」を引き出し得るために，ひとびとの教育達成意欲が大きく高まっているという可能性は否定し得ない．仮にそうであるならば，このような「学歴取得そのものを目的とした学歴取得意欲」のために韓国における進学競争はすでに構造的自律性を帯びてしまっていることとなり，その沈静化はきわめて困難になる．

第2の問い
「韓国において学歴取得がもたらす社会経済的便益は，急速な教育拡大にもかかわらず，依然として高いものであり続けているのか」．

　第1章で見たように，ある段階の教育を受けることによって得られる金銭

的便益の水準が教育拡大によってどのように変化するのかに関する予測は，それが依拠する理論的立場によって内容を大きく異にする．オーソドックスな新古典派経済学理論に基づけば，教育拡大はその段階の学歴を取得することによる金銭的便益の低下をもたらし，結果的に，これが社会の側の進学需要を沈静化させるものと予測される．一方，サローの仕事競争モデルなどに基づく場合には，かならずしもそのような均衡論的な帰結は導き出されず，教育拡大が金銭的便益と進学需要のさらなる増大をもたらす可能性さえ示される．このほか，制度的条件が賃金構造を強く規定している場合にも，教育拡大の影響がそれほど明瞭には認められない可能性がある．

　第4章の分析結果に基づけば，大卒者の急増は，この時期に生じた賃金体系の全面的見直しの動きにもあずかり，大卒者の賃金水準を相対的に大きく下落させており，これによって大学へ進学することによる金銭的便益は大きく低下している．このような帰結は，新古典派経済理論の想定に非常に近いものであり，韓国の労働市場は，供給される労働力の学歴構成の変化に対して，賃金調整メカニズムを作動させながら，非常にフレキシブルな反応を示してきたと言える．このような賃金変動は，大学進学の経済的インセンティブを減少させるものであり，ここから大学進学需要の減退を予想することもできるだろう．

　一方，大卒学歴の持つ職業的地位上昇効果に関しては，これとは異なる帰結が生み出されている．第5章の考察によれば，企業の学歴主義的人事慣行により，採用時に生じる学歴と職種との結び付きは依然として強固なままであり，大卒者の急増は，むしろ採用時に必要とされる学歴要件の引き上げをもたらしている．新たに増加した大卒者たちは，高卒者を「押し出し」ながらホワイトカラー職への就業機会を得ているのである．このため，大卒学歴の持つ職業的地位上昇効果，特に大企業ホワイトカラー職への就業確率上昇効果は大卒者の急増によってかならずしも低下してはおらず，むしろ相対的には上昇してさえいる．また，賃金の場合とは異なり，職業間での威信序列とその格差はかなり安定的なものであり，職業構造の変動によっても大きく変化してはいない．当然，このような状況においては，社会の大学進学需要はまったく低減しないことになる．

これらの学歴効用のうち，どちらがより重視されるのかによって，高等教育の急速な拡大が大学進学需要に対してもたらすフィードバック効果がまったく異なることになる．ただし，前にも述べたように，韓国社会では，個々の職業の社会的威信がひとびとに特に強く意識されるような条件が整っており，実際，大学進学の目的としても，「所得上昇効果」より「職業的地位上昇効果」の方がはるかに重視される傾向がある．このような進学目的を考慮すれば，多くの大学進学希望者にとって，大卒学歴の持つ学歴効用は，大卒者の急増にかかわらず決して低下せず，依然として高いままであり続けることになる．当然，ひとびとの教育達成意欲もこれと同様の推移を示すこととなり，教育費用負担が可能である限り，学歴取得競争が無限に昂進していく可能性は否定し得ないのである．

　大卒者の急増がこのような帰結をもたらしてしまうのは，韓国社会において学歴と職業機会との結び付きがきわめて強固なためであるが，さらにさかのぼって言えば，それは雇用主や企業の人事担当者が個人の学歴を（入学試験やその後の試験を通過するために必要とされる）一般的・潜在的能力の代指標と捉え，これを採用時に重視しているためにほかならない．職業的地位の配分において利用されている学歴情報とは，その絶対的水準ではなく，他者と比べた場合の相対性水準こそが意味を持つのである．

　また見逃してはならないのは，このような学歴情報の利用は，韓国における教育・選抜システムが個々の学生の能力を適切に弁別している，という信頼が存在してこそはじめて可能になっているという事実である．これに関してはやはり，1960年代以降，国家が積極的に選抜制度の改革を行い，その国家管理化を推し進めたことの影響が大きい．第3章で確認したように，朴正煕政権期以降，韓国の選抜システムが大学進学段階集中型・国家管理型・一元的選抜という性格を帯び，より多くの生徒が大学進学時の受験競争に参入するようになったことによって，選抜システムが産出する学歴に対する，個人の知的能力の「代指標」としての信頼性はますます高まっていったのである．

　理論的論攷においてはあまり触れられない問題ではあるが，選別理論が想定するように，採用に際して求職者の学歴が何らかの能力の代指標として用

いられるためには，選抜システムの「整備」が進み，その能力弁別力とそれによって生み出される学歴情報の利用可能性が高まっていくことが不可欠である．韓国の場合は，政府の手による積極的な入試制度改革によって，はからずもこの条件がクリアされることとなったのである．韓国社会における高い「学歴効用」は，このような選抜システム効果によってもたらされているものでもあると言えよう．

第3の問い
「高い学歴を獲得すれば，出身階層にかかわらずひとしく高い地位を得られるのか．また，教育機会配分には大きな階層間格差が存在せず，韓国は世代間階層移動が本当に容易な社会なのか」．

　第6章の考察結果に基づけば，本人の学歴と年齢が同水準であれば，出身階層の違いが本人の到達階層や収入に及ぼす影響はかなり小さく，しかも被雇用高学歴者であれば，その影響は無視し得る程度のものとなる．このような分析結果に基づく限り，確かに韓国では「高い学歴を獲得しさえすれば，出身階層にかかわらずひとしく高い地位を得られる」ことになる．
　しかし何よりも注目すべきは，社会経済的地位に重要な影響を及ぼす本人の教育達成水準自体に，出身階層による大きな格差が生じているという事実である．もちろん時代の推移とともに，単純な教育年数の格差は次第に減少しており，一見教育機会の平等化が進展しているように見える．しかし中等教育の平等化政策によって，「真に有意味な教育達成差」としての重要性を持ちつつある四年制大学への進学機会に対する出身階層の影響は，さまざまな平等主義的教育政策の恩恵にあずかっているはずの若い世代においても決して減少してはいないのである．
　もちろん，この間の激しい産業構造変動にともない，韓国社会には非常に多くの階層移動機会が存在してきた．産業化が急速であった分，階層移動が容易な社会であったと言えるだろう．しかし，そのような構造変動にともなって不可避的に生じる階層移動機会を除けば，地位達成のチャンスが平等に与えられていることによる純粋な世代間階層移動の機会は，他のアジア諸国

に比べてそれほど豊富に存在するわけではない．またこのような純粋な階層移動機会は，明らかな増加傾向を示してはおらず，むしろ新中間層への移動は，より困難になってさえいる．このため，産業構造の変動スピードが鈍化した場合，階層構造が急激に固定化してしまう危険性は否めないのである．

　ひとびとの教育達成意欲を高める韓国社会の構造的特徴
　以上，韓国社会における学歴と社会経済的地位・報酬との結び付きがひとびとの教育達成意欲にもたらす影響について論じてきた．しかし本書の考察結果を比較の観点から捉え直すならば，このほかにも韓国社会のいくつかの構造的特徴が，ひとびとの教育達成意欲を汎階層的に高めている重要な背景要因となっていることがわかる．
　まず，ここ数十年の間に急激な産業化を果たした韓国では，産業化に基づく階層分化の歴史も短く，ひとびとの持つ文化や社会意識の均質性がかなり高いという点が何よりも重要であろう．新中間層，旧中間層，労働者層のいずれも，そのうちのかなりの部分が他階層からの流入者によって構成されており，西欧社会に一般に見られ，時に対抗文化としての性格を持つような「階級文化」はいまだ明瞭な形では形成されていないのである．ウィリスは，労働者の階級文化，そしてその影響を受けた反学校的な生徒文化を受容しているイギリスの労働者階級の子弟たちが，自らの意志によって単純肉体労働職を選びとっていく過程を鮮やかに描き出しているが（Willis［1977＝1996］），確固たる階級文化が形成されていない韓国社会では，このような形での「対抗的」な職業選択は生じづらい．こうして，第5章で示したように「多くの生徒が出身階層にかかわらずホワイトカラー職への就業を目指す」こととなり，このために必要な学歴を取得しようとする意欲も汎階層的に高まっているのである．
　しかし，ある程度産業化が進んでいながらも，階層の再生産に結び付くような明確な階級文化が形成されていない社会は，韓国に限らない．東アジアをとってみても，日本，台湾などが同様にこれにあてはまるだろう．
　日本との比較は，韓国社会の特徴をより鮮やかに示すだろう．第5章における高校生の職業希望意識の分析からも明らかになったように，韓国では親

職業が高校生の職業希望に直接の影響を及ぼさないのに対し，韓国より「家業継承規範」の強い日本では，高校生が親と同じ職業を希望する傾向が一定程度存在している．このような親との同職希望傾向が，結果的に階層構造の再生産に寄与してしまう可能性は否定し得ないが，少なくともこのために，日本では，韓国ほど汎階層的に高いホワイトカラー職就業志向は生じてこないのである．

　しかしそれ以上に重要なのは，社会的不平等に対するイメージの相違であろう．最近になってこそ状況が大きく変わりつつあるものの，「中流意識」が広く浸透した高度経済成長期以降の日本では，社会における不平等に対してそれほど鋭敏な意識が持たれてこなかった[1]．また，高度な「技能」が比較的高く評価され，職業希望意識も多元化されやすい日本社会では，ひとびとは職業に附随する威信の格差をそれほど強く意識してこなかったと言えるかもしれない．これに対し，韓国における「社会階層」は，所得格差とそれに基づく消費スタイルの著しい相違，さらに職業間での非常に大きな威信の格差を反映して，日本におけるよりもはるかに可視性の高い存在であり続けた．また，国家の主導する経済開発戦略が一部の富裕層を特別に利してきたという事実も，社会的資源配分の不平等に対するひとびとの意識を高める結果を生んだであろう．こうして生まれた社会的不平等に対する意識の鋭敏さが，自らが階層上昇を果たすことで社会的不平等を「乗り越え」ようとする意欲を全般的に高めているものと考えられるのである．それに比べれば，日本社会では階層的地位の高低に対するひとびとの関心や意識が——少なくともこれまでは——かなり弱く，また地位達成のための経路も多様化しているために，そこまで強烈な上昇移動意欲が広汎に生じるという事態には至っていないものと考えられる．

　一方，台湾社会との比較をここで十分に行うことはできないが，両社会の重要な相違の1つは，これも第5章において簡単に触れたように，自営化がどれだけ魅力的なキャリアコースとして認知されているかという点に求められるかもしれない．産業構造において大企業のプレゼンスがそれほど大きくなく，中小企業の経営環境が韓国よりも恵まれている台湾社会では，規模が零細であっても自らが経営主となることで地位達成を果たそうとする「老板

主義」が強いとされる（沼崎［1996］）．そうであるならば，組織部門に就業するための資格要件としての学歴を求める意識は，韓国におけるほど強くはならないものと考えられる．これに対し，韓国社会では自営化が持つ「地位達成」としての魅力がそこまで大きくないため，結果的に「より高い学歴を獲得すること」が地位達成のためのかなり独占的な経路となってしまっているのである．

（２）　学歴主義的社会イメージと分配問題

　本書の分析結果に基づくならば，韓国においてひとびとの高い教育達成意欲を生み出している「学歴主義的社会イメージ」は，実際の社会構造との間に少なからぬ乖離を持つと言える．職業威信構造の特徴を反映した独特の就業機会選好を勘案すれば，韓国における大卒学歴効用は十分に「大きく」，さらにそれは今後も「大きな」ものであり続けると言えるかもしれない．しかし，それらの便益を享受するための教育機会，特に四年制大学への進学機会には出身階層間でかなりの格差が存在しており，このため，教育を通じた地位達成・階層移動の機会にも出身階層によるかなりの不平等が生じているのである．韓国における社会階層構造は他の社会に比べて特に開放的なわけではなく，また出身階層間での教育機会格差，地位達成機会格差には明らかな改善の兆しは認められない．

　にもかかわらず，韓国社会においては「教育を通じた地位達成・階層移動」に対する楽観的なイメージが社会に浸透しており，これによってひとびとの教育達成意欲も高い水準で維持され続けている．いったいこれは何故なのであろうか．

教育機会の不平等に対する視角

　このような楽観的な社会イメージの形成と再生産には，この間の教育拡大がある程度の寄与を果たしてきたものと思われる．第３章で見たように，解放後の韓国の教育拡大は「爆発的」とも呼び得るものだったのであり，解放後生まれの世代は，親の世代では考えられないほどの高い教育を受け続けてきた．「（教育機会の）量的な拡大は教育の『大衆化』ととらえられ，それは

『機会均等』と同義だと考えられやすい」(金子[1987:38])との指摘もあるように，このような急速な教育機会拡大が，ひとびとが——個々の教育不正などに対しては厳しい批判の目を向けながらも——全般的な教育機会分配のあり方に対してかなり楽観的な認識を持つようになった重要な背景要因となっているものと推測される．同様に，この間の産業構造変動によって，きわめて多くの世代間移動機会が生み出され，実際にきわめて多くのひとびとが階層移動を果たしていったという事実も，階層移動の容易さをひとびとにアピールする効果を果たしたものと考えられる．

しかし，それだけではないだろう．この問題を考察していく上で注目すべきは，韓国社会において教育機会の不平等が発生するメカニズムと，それを「社会問題」化する視角との間にかなりの乖離が存在するという点である．本書の分析結果は，出身家庭のさまざまな格差のうち，教育費負担能力という経済的条件の格差よりも，親の養育態度や文化資本の差異といったより見えづらい非経済的条件の格差の方が，本人の教育達成により重要な影響を及ぼすようになっている可能性を示している．しかし，全般的な所得上昇にともない，出身家庭の経済的条件に起因する進学放棄事例が次第に減少するなかで，韓国社会において新たにクローズアップされてきたのは，「課外授業受講機会の格差」という，あくまで経済的条件格差を通じた教育機会の不平等であった．人文系高校平準化の実施といった特殊な事情はあったものの，課外授業が本当に生徒の学業成績，あるいはその後の教育達成を大きく左右するのかについてはきちんとした形の検証がなされないまま，旧来のそれとほぼ同様の枠組によって教育機会の不平等が「問題化」されてきたのであり，その反面，非経済的条件を通じた教育機会の階層間格差は，十分に注目されてこなかったのである[2]．

フィッシュキンは，「業績主義（地位配分が個人の属性ではなく業績に基づいて行われること）」「生活機会の平等（出身階層によって人生における機会の不平等が生じないこと）」「家族の自律性（子どもの養育は家族によって自律的に行われること）」の3つの条件を同時に満たすことの困難さを指摘した(Fishkin[1983])．これらが「トリレンマ」となってしまうのは，家族の自律性に介入せず，子どもの養育を家族の領域に委ねる限り，各家庭に

おける文化資本の伝達を通じて，必ず「業績」の相違が生まれてしまうという認識を前提としてのことである（苅谷［1995：214］）．しかし，韓国社会においては，このような「業績」格差の発生メカニズムは不十分な形で——あくまで教育費負担能力の差異を通じた課外授業受講機会格差の問題として——しか認識されなかったと言えるだろう．

政府の教育政策と「教育機会の平等」

ここで注目したいのは，この問題に対する韓国政府のスタンスである．まず，北朝鮮という共産主義国家と対峙し，資本主義体制を堅持しつつ経済開発をはかる以上，業績に基づいた資源配分原理を否定することは完全に不可能であっただろう．同様に，社会に根強く浸透する伝統的な儒教規範に背いてまで家族の自律性を損ない，ドラスティックな変革を実施するのも難しい．しかし，韓国政府にとっては，このフィッシュキンのトリレンマがそのまま顕在化し，機会の不平等が深刻な社会問題となってしまう事態だけは是非とも避けたかったものと考えられる．

本書の考察を通じて明らかになったように，韓国政府の手による教育制度改革には「教育機会の分配方式に手を加えることで，社会における分配問題の解決を試みる」という強い意図が含まれる場合が多かった．度重なる中等教育の平等化政策も，少なくとも表向きは「教育・選抜制度の改善を通じて地位達成機会の平等化を達成する」という信念に基づくものだったのであり，同時にそれは，学校教育制度を利用して，他の領域には手をつけることなく社会的資源分配の不平等問題を解決するための試みとして位置付けられるのである．しかし，本人の業績の相違は各家庭における養育の相違に起因するという認識は，こうした「教育を通じた不平等問題の解決」の実効性を真正面から否定するものであり，このようなトリレンマが顕在化してしまうと韓国政府の政策履行にさまざまな障碍が発生しかねない．

そうである以上，政府の立場としては，「出身家庭の非経済的条件が子どもの教育達成に及ぼしてしまう影響」がひとびとに広く認知されないことこそが重要となる．このような要因によって生じる教育機会の格差は社会的解決が非常に困難なものであり，もしこれが深刻な社会問題となってしまうと，

教育を通じた分配問題解決の試みは完全に破綻し，現行の資源配分システムに対する根本的な懐疑をも生み出しかねないためである．したがって，韓国政府はこの問題を公式に認め，その解決に取り組む意志をまったく持たなかったであろう．むしろ経済的格差による教育機会の不平等という「新しい」古典的不平等にひとびとの関心を引きつけ，それによってこのような解決の難しい教育機会の不平等問題を隠蔽した，と考えることさえできるのである．

このように考えるならば，教育機会の形式的平等化に対する韓国政府の過剰なまでのこだわりも，同様の動機に基づくものと理解され得よう．政府は，さまざまな教育政策の履行を通じて，「教育機会の平等」についての関心の向かう先を，あくまでその形式的平等の次元のみに集中させ，この問題の「矮小化」に成功したと捉えることもできるのである．中等教育段階における選抜の撤廃と教育機会の徹底した形式的平等化は，大学進学競争において自らの子女が他の生徒に明らかな遅れをとってしまうことをおそれる多くの父母によってそれなりに肯定的に評価された．そして，これらの世界的に例を見ないほどラディカルな教育機会の形式的平等化の試みによって，韓国では「まったく同質の教育機会を提供すること」が教育機会の平等であるという，ある意味特殊な平等観が徐々に根付いてきたものと考えられる．そしてこのような平等観の浸透によって，各生徒にまったく同質の教育機会が提供されている以上，その教育段階において発生する不平等——たとえば出身家庭の非経済的条件の格差によって生じる学業成績の格差——の発生に対しては，批判の目が向けられづらくなる．韓国社会における教育機会分配の平等性に対する楽観的イメージは，過剰なまでに推し進められた中等教育機会の形式的平等化の試みによって生み出されたものでもあると考えられるのである．

韓国政府の立場に立ってみると，「学歴主義的社会イメージ」は体制維持のために非常に都合の良いものであった．すなわちそれは，現存する不平等の発生原因を個人的水準に帰責させることで，不平等の社会構造的側面への着目を妨げるという役割を果たしてきたのである（Bowles & Gintis［1976=1986-1987］，苅谷［1995］）．韓国の都市貧民達が，自らの貧困を「教育を受けられなかったから」という個人的理由によって説明しているのもこの好

例であろう．韓国社会に浸透しているこのような「学歴主義的社会イメージ」は，不平等を正当化するイデオロギーとしての側面を少なからず持っているのであり，まさにそのために，政府は積極的な教育制度改革を通じてこのようなイメージの維持につとめてきたのだと考えられる．

しかし，この「学歴主義的社会イメージ」は，今後永続的に維持され得るものでもないだろう．急速な産業化をすでに遂げてしまった今，韓国の産業構造変動の速度は次第に鈍化しつつあり，また世界的にも類を見ないほどの社会の高学歴化によって，教育機会の拡大趨勢も頭打ちになりつつある．「機会の量的拡大」による機会均等イメージの維持効果は，次第に低減されつつあると言えるだろう．実際，教育機会分配の平等性，あるいは教育を通じた地位達成の可能性に対する楽観的イメージは，近年かなり薄れている感さえある．韓国社会は，分配問題の枠組自体を根本的に見直す必要に迫られているのかもしれない．

(3) 韓国社会における教育システムと選抜

学力試験による選抜への信頼

韓国社会において「学歴主義的社会イメージ」が広く浸透し，このような「教育を通じた分配問題の解決」の試みがこれまでそれなりの有効性を持ち得てきたのは，学歴を基準とした地位・報酬配分が「正当」なものであるとひとびとに認められてきたためでもあるだろう．このような観念の形成には，科挙制度の伝統によって，選抜手段としての学力試験に対する強い信頼が醸成されていたという事実も大きく寄与しているものと考えられる．

実際，こんにちの韓国社会では，さまざまな「選抜」の場面において学力筆記試験が非常に多く用いられている．確かに，政府が行う大学修学能力試験に対しては，その難易度や弁別力に関してさまざまな批判が提起されているものの，これらの批判は試験の具体的なあり方に対して向けられたものであって，このような選抜の枠組そのものに対する批判はあまり見られない．

韓国において，学力試験を通じた選抜に対してここまで全幅の信頼が置かれてきたのは，それが客観性と公正性を併せ持つ選抜方法であると考えられてきたからでもあった．解放後の韓国においては，権力者が自らの子女に特

権的な地位を不正に与えようとする事件が頻繁に生じており，それが明るみになるたびにひとびとの強い憤怒の対象となってきた．このような状況において，学力試験を通じた選抜は特権層の不正を防ぐ公正で客観的な選抜方式として位置付けられてきたのである[3]．

　また，本書で見てきたように，中等教育機会の形式的平等化の進行とともに，大学進学競争の国家管理化と一元化が進むことで，韓国社会には「適齢人口集団の大半が競争に参加して，同一の学力試験を受験し，その結果が明確な形で序列化される」という見事な選抜システムができあがった．当然，このような選抜システムの整備と，所得上昇にともなう経済的理由による進学放棄者の減少は，「個人の教育達成は，本人の能力と努力（のみ）によって決まる」という業績主義的教育達成観をさらに浸透させる結果を生んだものと考えられる．

　以上のような，韓国社会における「学力試験を通じた選抜」に対する強い信頼と，選抜システムの整備による業績主義的教育達成観の浸透が，学歴を基準とした資源配分の正当化に大きく貢献し，さらにその結果，実際の地位・報酬配分において「学歴」という基準がますます重要性を持つようになっていったものと考えられるのである．

韓国の教育システムと選抜機能

　序章でも触れたように，韓国の教育システムは多くの深刻な問題を抱えており，現在の公教育制度，特に中等教育体系の制度疲弊は甚だしい．課外授業の漸次的解禁とともに，正規の中学校・高等学校教育はますますおろそかにされるようになっており，さらに近年では，このような混乱した教育状況と熾烈な大学進学競争を避けるため，多くの生徒が海外への留学の道を選びはじめている[4]．韓国の公教育制度は，「空洞化」の一途をたどっているのである．

　何故，韓国の教育システムはこれほど深刻な問題を抱えてしまうのであろうか．その要因をひとびとの「教育熱」の高さという個人的次元に求めるのはたやすい．しかし，本書の考察結果をふまえるならば，われわれが本当に注目しなければならないのは，韓国の教育システムが社会的な選抜機能を過

剰なまでに背負わされているという事実であることが理解できるだろう．

　教育システムが担う社会的機能には，大きく分けて，社会生活を営む上で必要な知識・技術・価値体系を伝達する「社会化機能」と，社会の構成員をさまざまな社会的地位に補充・配分する「選抜機能」とがある．もちろん韓国の教育システムも，国民教育をはじめ，重要な社会化機能を担っている．しかし韓国の教育システムには，それよりもはるかに重い選抜機能が課せられており，これを適切，かつ公平に果たすことが強く求められている．教育再生のための試みも，このような機能的要件に抵触してしまうと容易には実現され得ないのである．

　実際，生徒の進路分化に対して学校教育システムが果たす役割は，日本よりも韓国の方がはるかに大きい．日本では，職業価値志向性の相違や親との同職希望傾向など，学業成績以外のさまざまな要因が本人の希望職業の分化をもたらしているのに対し，韓国の高校生の職業希望意識には，「みなが同様に高い地位を目指しながら，学校教育の選抜過程を経ていくなかで，希望職業が学業成績に応じた形で分化していく」という傾向がより強く認められる．言うまでもなく，このような形で生じる希望職業の分化が，各生徒がその後就くことになる実際の職業の分化をもたらす重要な要因となっているのである．

　国家の役割

　序章でも触れたように，ドーアは「学歴病」の発生メカニズムについての比較社会学的考察を通じて，開発の始まる時期が遅ければ遅いほど，地位配分において学歴が重視される傾向が強まり，また学校教育もより受験中心主義的なものとなる，という「後発効果」の存在を指摘した．このようなドーアの説明は，韓国の事例にも概してあてはまるものであり，この点で，韓国の教育システムの諸特徴は，韓国が後発産業化国であるために生じているものと考えることもできよう．

　しかし，他の後発国と比べても「学歴病」の進行が著しい韓国の事例は，これらの後発効果のみでは十分に説明できない．やはりこのほかにも，これまで指摘したような文化的・社会的条件の特殊性，さらにはこの問題に対し

て国家が果たした独特な役割に着目しなければならないだろう．

　ドーアは社会の学歴主義化，ならびに教育システムの選抜機能への偏重を，主に経済的ならびに社会的要因によって説明しており，国家の役割はそれほど重視していない．確かにドーアも，「学校教育と，たとえあてにならない望みではあっても，近代部門への脱出の望みとを与えることの方が，農業の生産性を高め，農村の生活条件を幾らかでも改善するように農地改革などの方法で資源の再配分を図るよりも，政府当局者にしてみれば，とかく手軽にできることだ」(Dore［1976=1990：140］) と，社会における分配問題の「解決」のために，国家が教育機会を拡大させていく可能性を示してはいる．しかし，ドーアが想定しているのは，あくまでひとびとの教育機会拡大要求に応じる形で国家が拡大政策を履行するという民間主導型の学歴インフレーションメカニズムであった．

　もちろん，韓国における教育機会の平等化政策も，その背景に社会的な圧力が存在してこそ履行されたものではあった．しかし韓国におけるそれらの政策は，時として社会の側の期待水準をはるかに超えるほどにラディカルなものであったと言えよう．前述したように，政府はそれらの平等化政策の履行を通じて社会における分配問題の「解決」を試みてきたのである．そして，このような教育機会の分配方式に対する政府の過剰なまでの介入は，「教育達成こそが地位達成の唯一の道であり，そのための機会は広くひとしく開かれている」ことを国民にアピールし，学歴取得競争への汎階層的参加を促す効果を持ったものと考えられる[5]．韓国の学歴取得競争がここまで激化しているのは，単に韓国が後発国であるという理由によるだけではなく，国家が分配問題解決のために教育を「利用」してきたからでもあると言えるだろう．韓国の教育システムに課せられた選抜機能がここまで過重なものとなっているのも，もちろん同じ理由による．

　韓国におけるさまざまな教育問題を解決するためには，学校教育制度に背負わされた選抜機能という荷を少しでも軽くしてやることが何よりも重要であろう．社会的な分配問題は出来る限り学校教育以外の領域において解決の可能性を探り，学校制度はあくまで教育本来の目的に基づいて再編成していくこと．さらに，教育システムの一元的性格を改め，学歴情報の「利用可能

性」を意識的に低下させていくこと．本書の考察結果をふまえれば，問題解決のためには，このような根本的処方が必要であると考える．

　日本では近年，階層の不平等に関する意識の高まりとともに，教育機会の階層間格差に多くの関心が集められている．もちろんこれは，教育機会の階層間格差が将来の地位の格差に強く結び付くと考えられているためである．しかし，韓国の事例を参考にするならば，教育機会格差の是正はそれ自体として非常に重要な課題ではあるものの，この問題の解決に「社会的不平等の解決」の契機を過剰に読み込むことには注意が必要であろう．教育機会格差の是正を通じた階層的不平等問題の解決の試みはそれほど容易なものではなく——むしろ社会的資源分配の不平等はそれ自体が直接接近されるべき問題であると考える——その過度の追求は，同じく韓国社会との比較によって浮き彫りにされた，日本社会と教育システムの貴重な「多様性」を損なうことにもなりかねないのである．

（4）　本書の限界と今後の課題

　最後に本書の限界を指摘し，今後の課題について論じておきたい．幅広い領域の問題を扱った本書には限界も同様に数多く存在しようが，その中でも特に重要なのは次の3点であろう．
　第1に，本書における分析対象は主に男子のみに限定されており，女子についての分析は不十分な形でしか行い得なかった．これは利用したデータ上の制約によるとともに，韓国においては，女子の就労や地位達成のパターンが男子の場合とはかなり異なっており，男子とはまったく別個の分析が必要であるためである．今後，本書において考察した男子のケースと比較しながら，女子にとっての教育達成機会と，教育を通じた地位達成機会について十分な分析を加えていかねばならないだろう．
　第2に，先行研究が絶対的に不足している状況において，韓国における教育と地位達成・社会階層についての全体的な「見取り図」を描くことを本書の最優先課題としたこともあり，個別の問題に関しては，十分に精緻な検討を行い得なかった部分もある．また本書では，韓国におけるひとびとの教育

や就業機会，さらに社会構造に関する意識の特徴を明らかにし，それに基づいてさまざまな教育・社会現象を理解するという形の考察を重ねてきたが，それらの意識の特徴自体がいかにして生じてくるものであるのかについては必ずしも十分な考察を行っていない．今後は，韓国社会の構造的条件との関連において，これらの問題をさらに詳細に検討していく必要があるだろう[6]．

第3に，本書では，1990年代末の経済危機以降の韓国社会の変化については，考察を加えることがまったくできなかった．経済危機を1つの契機として，教育機会配分の平等性に関するイメージは近年かなり揺らいでおり，また，学歴主義に対する批判的言説がマスコミに登場する頻度も以前より増しているように感じられる．また，特に注目すべきは雇用構造の変化に関してである．経済危機以降，雇用の柔軟化がより一層推し進められる過程において，ホワイトカラー職，ブルーカラー職を問わず，契約社員や派遣労働といった非正規雇用が大幅に増加しており，「職業的地位」の高低のみならず，「雇用の安定性」も就業機会選好の重要な基準となってきている．四年制大学卒業者の就職難はさらに深刻な問題となっており，むしろ就職のよい専門大学へ進学を希望する生徒が増えているとも報じられている．このように，経済危機後の急激な変化と社会のあり方に対する全般的な「見直しムード」のなかで，表面的には，本書で示してきた「韓国社会の構造」が大きく変化しているような印象さえ受ける．

しかし，それでも学歴に基づいた資源配分メカニズムは，今後も韓国社会においてそれなりに強固なものであり続けるようにも思われる．このような予測の当否を問うためにも，学歴と地位・報酬・就業機会との結び付き，そしてひとびとの教育達成意欲が今後どのように変化していくのか詳細に検討していく必要があるだろう．これらの問題の検討は，現在進行中の変化の結実を待ちながら，これからじっくりと取り組んでいきたい．

1） 例えば，苅谷は高度経済成長期以降の日本において，教育問題における階層的視点が急激に衰退していったという事実を指摘している（苅谷［1995:54-56]）．
2） 日本に関しても同様の傾向が指摘されるが（苅谷［1995:149]），韓国の場

合はこのような傾向がより一層甚だしかったと言えよう．
3）　しかしその一方，学力試験に対して選抜の客観性が強く求められるあまり，採点者の主観が介入する余地のある記述式試験よりも，正答の判断が容易な択一式試験の方が，はるかに多く用いられているようになっている．このように，韓国の選抜システムに課せられた機能が，選抜の具体的な様態を強く規定してもいるのである．
4）　韓国では教育システムに対する政府の統制が徹底していたことにより，「中等教育までは差をつけず，大学進学段階において激しい入試競争が行われる」という大学進学段階集中型選抜システムから外れる抜け道は，国内にはまったく存在しない結果となった．これが，私立学校に独自の入進学制度が認められている日本とは大きく異なる点である．このような抜け道の不在ゆえに，初等・中等教育段階から子女に「より良い」教育を受けさせ，熾烈な大学進学競争において有利な位置を占めようとする（あるいは熾烈な大学進学競争自体を避けようとする）父母は，そのような教育機会を海外に求めるほかなくなってしまっているのである．
5）　金東椿は，国家の手による教育機会の全面的な拡大を，「階級葛藤を教育競争によって体制内化しようとする戦略」（金東椿［2000=2005:167］）と位置付けている．同様に，このような学歴取得競争の大衆化は，国家の主導する開発体制への国民動員という性格をも帯びていたものと考えられる．
6）　その中でも特に，韓国において社会的な威信が創出され，それが再生産されていくメカニズムについては，微視的な視角から綿密な考察を行うべきであろう．この問題は，韓国社会における「階層化」の原理そのものと深く結び付いている主題であると考えられるためである．

参考文献

［日本語文献］

1995年SSM調査研究会編［1997］『1995年SSM調査基礎集計表』1995年SSM調査研究会．

2003年階層調査研究会［2004a］『2003年仕事と暮らしに関する全国調査　コードブック・基礎集計表』2003年階層調査研究会．

2003年階層調査研究会［2004b］『2004年韓国・職業に関する全国調査（職業威信）コードブック・基礎集計表』2003年階層調査研究会．

阿部洋［1971］「韓国の中等教育改革——中学無試験進学制の実施をめぐって」『アジア経済』Vol.12, No.8, pp.41-56．

阿部洋［1972］「『解放』後の韓国教育」（阿部宗光・阿部洋編『韓国と台湾の教育開発』アジア経済研究所，pp.83-139）．

安倍誠・川上桃子［1996］「韓国・台湾における企業規模構造の変容——『韓国は大企業，台湾は中小企業中心の経済』か」（服部民夫・佐藤幸人編『韓国・台湾の発展メカニズム』アジア経済研究所，pp.147-168）．

阿部宗光・阿部洋編［1972］『韓国と台湾の教育開発』アジア経済研究所．

天野郁夫［1982］『教育と選抜』第一法規出版．

天野郁夫［1983］『試験の社会史——近代日本の試験・教育・社会』東京大学出版会．

荒井一博［1995］『教育の経済学』有斐閣．

荒牧草平［2001］「高校生にとっての職業希望」（尾嶋史章編『現代高校生の計量社会学』ミネルヴァ書房，pp.81-106）．

有田伸［1999］「韓国社会における課外授業問題と『7.30教育改革措置』」『年報地域文化研究』2号，pp.1-19．

有田伸［2000］「1980年代韓国社会における大卒者急増現象と賃金構造の変動」『年報地域文化研究』3号，pp.43-61．

有田伸［2002］「韓国における中間層の生成過程と社会意識」（服部民夫・船津鶴代・鳥居高編『アジア中間層の生成と特質』アジア経済研究所，pp.37-73）．

伊藤亜人［2001］「産業化の制約要因としての儒教」（松本厚治・服部民夫編『韓国経済の解剖——先進国移行論は正しかったのか』文眞堂，pp.83-113）．

稲葉継雄［1993］「韓国の高校改革——『平準化』を中心として」『教育と医学』

Vol.41, No.8, pp.86-91.
今田高俊 [1979]「社会的不平等と機会構造の趨勢分析」(富永健一編『日本の階層構造』東京大学出版会, pp.88-132).
馬越徹 [1981]『現代韓国教育研究』高麗書林.
OECD教育調査団 (深代惇郎訳) [1976]『日本の教育政策』朝日新聞社.
岡田浩樹 [2001]『両班』風響社.
岡本英雄 [1993]「社会階層」(森岡清美・塩原勉・本間康平編『新社会学辞典』有斐閣, p.751).
籠谷和弘 [2002]「移動表比較によるアジア各国の階層構造分析」(服部民夫・船津鶴代・鳥居高編『アジア中間層の生成と特質』アジア経済研究所, pp.235-259).
金子元久 [1987]「教育機会均等の理念と現実」『教育社会学研究』第42集, pp.38-50.
金子元久・小林雅之 [1996]『教育・経済・社会』放送大学教育振興会.
鹿又伸夫 [2004]「社会科学における比較の問題——コンテキスト vs. 一般原理」『知能と情報』Vol.16, No.3, 日本知能情報ファジィ学会誌, pp.208-214.
苅谷剛彦 [1991]『学校・職業・選抜の社会学——高卒就職の日本的メカニズム』東京大学出版会.
苅谷剛彦 [1995]『大衆教育社会のゆくえ——学歴主義と平等神話の戦後史』中央公論社.
苅谷剛彦 [2001]『階層化日本と教育危機——不平等再生産から意欲格差社会へ』有信堂.
木宮正史 [1994]「韓国における内包的工業化戦略の挫折——5.16軍事政府の国家自律性の構造的限界」『法学志林』Vol.91, No.3, pp.1-78.
木宮正史 [2003]『韓国——民主化と経済発展のダイナミズム』筑摩書房.
金美蘭 [2000]「韓国における高等教育機会と学歴社会の構造に関する社会学的考察——社会階層とジェンダーを中心に」東京大学大学院教育学研究科博士論文.
金鎔基 [1998]「韓国の重化学大工場における人事制度改革」(法政大学大原社会問題研究所編『現代の韓国労使関係』御茶の水書房, pp.125-144).
倉持和雄 [1994]『現代韓国農業構造の変動』御茶の水書房.
佐藤静香 [1997]「韓国における高学歴失業問題——『7.30教育改革措置』と新規大卒労働市場」『研究年報経済学』Vol.59, No.3, 東北大学経済学会, pp.109-128.
四方博 [1938]「李朝人口に関する身分階級的観察」(京城帝国大学法文学会編『朝鮮経済の研究 第三部』)(四方博 [1976]『朝鮮社会経済史研究(中)』国書刊行会, pp.107-241に再所収).
島一則 [1999]「大学進学行動の経済分析——収益率研究の成果・現状・課題」

『教育社会学研究』第 64 集，pp.101-121．

末成道男［1987］「韓国社会の『両班』化」（伊藤亜人ほか編『現代の社会人類学 1』東京大学出版会，pp.45-79）．

瀬地山角［1990］「韓国・台湾の主婦と女子労働――女性の社会進出の行方を占う」『アジア経済』Vol.31, No.12, pp.22-40．

瀬地山角［1996］『東アジアの家父長制――ジェンダーの比較社会学』勁草書房．

総務庁青少年対策本部編［1996］『子供と家族に関する国際比較調査報告書』大蔵省印刷局．

園田茂人［1998］「職業評価の日中比較―― SSM データとハルピンデータの対比からの知見」（園田茂人編『現代日本の社会階層に関する全国調査研究 19 東アジアの階層比較』1995 年 SSM 調査研究会，pp.21-40）．

竹内洋［1995］『日本のメリトクラシー』東京大学出版会．

太郎丸博［1998］「職業威信と社会階層――半順序関係としての社会階層」（都築一治編『現代日本の社会階層に関する全国調査研究 5 職業評価の構造と職業威信スコア』1995 年 SSM 調査研究会，pp.1-14）．

都築一治編［1998］『職業評価の構造と職業威信スコア』1995 年 SSM 調査研究会．

鄭在勲（川口智彦訳）［1998］「転換期における韓国の人的資源管理制度」（法政大学大原社会問題研究所編『現代の韓国労使関係』御茶の水書房，pp.75-103）．

富永健一［1979］「社会階層と社会移動へのアプローチ」（富永健一編『日本の階層構造』東京大学出版会，pp.3-29）．

直井優［1979］「職業的地位尺度の構成」（富永健一編『日本の階層構造』東京大学出版会，pp.434-472）．

直井優・鈴木達三［1977］「職業の社会的評価の分析――職業威信スコアの検討」『現代社会学』第 4 巻第 2 号，pp.115-156．

中村高康・藤田武志・有田伸編［2002］『学歴・選抜・学校の比較社会学――教育からみる日本と韓国』東洋館出版社．

中村高康・渡辺達雄［2002］「家族構造・家族環境と教育」（中村高康・藤田武志・有田伸編『学歴・選抜・学校の比較社会学――教育からみる日本と韓国』東洋館出版社，pp.155-173）．

沼崎一郎［1996］「台湾における『老板』的企業発展」（服部民夫・佐藤幸人編『韓国・台湾の発展メカニズム』アジア経済研究所，pp.295-318）．

服部民夫編［1987］『韓国の工業化――発展の構図』アジア経済研究所．

服部民夫［1988］『韓国の経営発展』文眞堂．

服部民夫［1994］「経済成長と『財閥』の形成」（中兼和津次編『講座現代アジア 2 近代化と構造変動』東京大学出版会，pp.239-266）．

林知己夫編［2002］『社会調査ハンドブック』朝倉書店．

原純輔・盛山和夫［1999］『社会階層——豊かさの中の不平等』東京大学出版会．
藤田武志・渡辺達雄［2002］「学習時間の構造」（中村高康・藤田武志・有田伸編『学歴・選抜・学校の比較社会学——教育からみる日本と韓国』東洋館出版社，pp.91-112）．
藤田英典［1979］「社会的地位形成過程における教育の役割」（富永健一編『日本の階層構造』東京大学出版会，pp.329-361）．
藤田英典［1997］「学歴主義の社会学」（天野郁夫編『教育への問い——現代教育学入門』東京大学出版会，pp.157-190）．
藤田英典［1998］「職業イメージと職業アスピレーションの構造に関する一考察」（苅谷剛彦編『現代日本の社会階層に関する全国調査研究 11　教育と職業——構造と意識の分析』1995 年 SSM 調査研究会，pp.119-147）．
朴珍道［1987］「戦後韓国における地主小作関係の展開とその構造（Ⅰ）」『アジア経済』Vol.28, No.9, pp.2-20．
堀和生［1976］「日本帝国主義の朝鮮における農業政策——1920 年代植民地地主制の形成」『日本史研究』No.171, pp.1-35．
耳塚寛明［1988］「職業アスピレーション——教育選抜とアスピレーション・クライシス」『青年心理』No.72, pp.30-36．
宮嶋博史［1995］『両班』中央公論社．
明泰淑［1998］「韓国企業における新人事制度と女性労働」『経営学論集』第 38 巻第 1 号，龍谷大学，pp.66-82．
安田三郎［1971］『社会移動の研究』東京大学出版会．
山内弘一［2000］「朝鮮王朝の成立と両班支配体制」（武田幸男編『朝鮮史』山川出版社，pp.165-221）．
横田伸子［1994］「1980 年代の韓国における労働市場構造の変化——製造業生産職男子労働者を中心に」『アジア経済』Vol.35, No.10, pp.64-84．
吉田光男［1998］「朝鮮の身分と社会集団」（岸本美緒編『東アジア・東南アジア伝統社会の形成』岩波書店，pp.215-234）．
李旼珍［2000］『賃金決定制度の韓日比較——企業別交渉制度の異なる実態』梓出版社．
渡辺利夫［1982］『現代韓国経済分析——開発経済学と現代アジア』勁草書房．
渡辺利夫編［1990］『概説韓国経済』有斐閣．

［韓国語文献］
金璟東［1970］「管理者와 勤勞者의 勤勞觀과 職業觀（管理者と勤労者の勤労観と職業観）」（金璟東ほか『실업교육과 직업（実業教育と職業）』ソウル大学校人口及び発展問題研究所）（金璟東［1992］『韓國人의 價値觀과 社會意識（韓

国人の価値観と社会意識)』博英社に再所収，pp.109-197).

金璟東［1979］「管理者와 勤勞者의 勤勞觀과 職業觀（管理者と勤労者の勤労観と職業観）」『사회과학과 정책연구（社会科学と政策研究）』Vol.1, No.3（金璟東［1992］『韓國人의 價値觀과 社會意識（韓国人の価値観と社会意識）』博英社に再所収，pp.221-284).

金グァンジョ（김광조）［1995］「고등교육의 기회확대와 학력간 임금격차의 변화――1980-1990（高等教育の機会拡大と学歴間賃金格差の変化――1980-1990)」『敎育財政・經濟研究』Vol.4, No.2, pp.313-334.

金南淳［1992］『敎育財政과 敎育費研究（教育財政と教育費研究)』敎育科學社.

金東椿［2000］『근대의 그늘――한국의 근대성과 민족주의（近代のかげ――韓国の近代性と民族主義)』當代（水野邦彦訳［2005］『近代のかげ――現代韓国社会論』青木書店).

金富泰［1995］『韓國學歷社會論』ネイルルヨヌンチェク.

金容淑［1986］『학력병환자――그는 누구인가（学歴病患者――それは誰なのか)』民族文化社.

金泳謨［1982］『한국사회계층연구（韓国社会階層研究)』一潮閣.

金泳謨［1997］『한국 중산층 연구（韓国中産層研究)』中央大学校出版部.

金永哲［1979］「한국 고등교육에 대한 학생수요분석（韓国高等教育に対する学生需要分析)」『韓國敎育』Vol.6, No.1, pp.37-49.

金榮和［1990］「고등교육 팽창의 결과（高等教育膨脹の結果)」『敎育學研究』Vol.28, No.3（金榮和［2000］『한국의 교육과 사회（韓国の教育と社会)』教育科學社に再所収，pp.19-57).

金榮和［2000］『한국의 교육과 사회（韓国の教育と社会)』教育科學社.

金榮和・柳ハング（유한구）［1994］「대학진학수요 결정요인의 시계열분석（大学進学需要決定要因の時系列分析）(1962-1992)」『敎育學研究』Vol.32, No.1, pp.79-101.

金彩潤［1980］「한국 사회계층의 구조와 변동（韓国社会階層の構造と変動)」（韓国社会科学研究所編『韓國社會論』民音社，pp.92-115).

金弼東［1991］「身分理論構成을 위한 예비적 고찰（身分理論構成のための予備的考察)」（ソウル大学校社会学研究会編『社會階層――理論과 實際（社会階層――理論と実際)』茶山出版社，pp.447-465).

経済団体協議会［1991］『한국기업 승진・승급제도의 실태조사연구――임금과 고용관리의 문제점을 중심으로（韓国企業昇進・昇給制度の実態調査研究――賃金と雇用管理の問題点を中心に)』経済団体協議会.

孔銀培ほか［1985］『교육투자규모와 수익률（教育投資規模と収益率)』韓国教育開発院.

孔銀培ほか [1994]『한국 교육투자의 실태와 수익률분석에 관한 연구（韓国教育投資の実態と収益率分析に関する研究）』韓国教育開発院.

南奇坤 [1999]「규모별 임금격차의 원인（規模別賃金格差の原因）」（裵茂基・曺尤鉉編『한국의 노동경제──쟁점과 전망（韓国の労働経済──争点と展望）』経文社, pp.183-201).

文教部 [1958]『文教概觀』文教部.

閔寬植 [1975]『韓國敎育의 改革과 進路（韓国教育の改革と進路）』光明出版社.

朴南基 [1994]「한국인의 높은 교육열 이해를 위한 대안적 관점──교육전쟁론（韓国人の高い教育熱理解のための代案的観点──教育戦争論）」『敎育學研究』Vol.32, No.5, pp.185-205.

朴世逸 [1982]「고등교육확대가 노동시장에 미치는 영향 (1)（高等教育拡大が労働市場に与える影響 (1)）」『韓國開發研究』Vol.4, No.4, pp.149-170.

朴世逸 [1983]「고등교육확대가 노동시장에 미치는 영향 (2)（高等教育拡大が労働市場に与える影響 (2)）」,『韓國開發研究』Vol.5, No.1, pp.26-52.

朴世逸 [1984]「학력별 임금격차의 발생요인과 변화과정（学歴別賃金格差の発生原因と変化過程）」（朴恒求・朴世逸『韓國의 賃金構造（韓国の賃金構造）』韓国開発研究院, pp.123-178).

朴鐘旻 [1997]「평등 및 공정성의 현실과 이상（平等および公正性の現実と理想）」（石賢浩編『한국사회의 불평등과 공정성（韓国社会の不平等と公正性）』ナナム, pp.153-196).

房河男・李成均 [1996]「신흥 개발국에서의 구조변동과 세대간 계급이동──한국과 대만의 경우（新興開発国における構造変動と世代間階級移動──韓国と台湾の場合）」『韓國社會學』Vol.30, No.3, pp.575-604.

裵茂基 [1982]「한국노동경제의 구조변화（韓国労働経済の構造変化）」『経済論集（ソウル大学経済研究所）』Vol.21, No.4, pp.571-621.

裵淑姬 [1991]「한국의 도시빈민지역연구（韓国の都市貧民地域研究）」慶北大学校大学院地理学科博士論文.

裵鐘根・李美娜 [1988]『韓國敎育의 實體──국민은 교육을 어떻게 생각하나（韓国教育の実体──国民は教育をどのように考えているのか）』教育科学社.

白日宇 [1990]「고등교육수요의 결정요인에 관한 연구──일반계 고등학교 졸업생을 중심으로（高等教育需要の決定要因に関する研究──一般系高等学校卒業生を中心に）」『敎育行政學硏究』Vol.8, No.1, pp.1-22.

白日宇 [1993a]「고등교육수요에 관한 연구 (1)（高等教育需要に関する研究 (1)）」『敎育財政・経済硏究』Vol.2, No.1, pp.139-164.

白日宇 [1993b]「고등교육수요에 관한 연구 (2)（高等教育需要に関する研究 (2)）」『敎育財政・経済硏究』 Vol.2, No.2, pp.165-196.

徐寛模［1987］「한국사회 계급구성의 연구（韓国社会階級構成の研究）」ソウル大学社会学科博士論文．
徐寛模［1990］「한국사회의 계급구조（韓国社会の階級構造）」（高麗大平和研究所編『평화강좌 1집――한국사회의 갈등구조（平和講座第1集――韓国社会の葛藤構造）』ハンギル社，pp.199-230）．
徐明源［1973］『고등학교・대학교 입시제도 개선에 관한 연구보고서（高等学校・大学入試制度改善に関する研究報告書）』入試制度改革協議会．
ソウル大学校社会科学研究院［2004］「입시제도의 변화――누가 서울대학교에 들어오는가?（入試制度の変化――誰がソウル大に入ってくるのか？）」未刊行資料．
ソウル特別市教育委員会［1981］『서울교육사（상）（하）（ソウル教育史（上）（下））』ソウル特別市教育委員会．
石賢浩［1992］「불평등과 형평 연구의 설계（不平等と衡平研究の設計）」（黄一清編『한국사회의 불평등과 형평（韓国社会の不平等と衡平）』ナナム，pp.49-69）．
宋光鏞［1989］「大學定員 政策의 評價研究（大学定員政策の評価研究）」ソウル大学校大学院教育学科博士論文．
宋俊浩［1987］『朝鮮社會史研究――朝鮮社會의 構造와 性格 및 變遷에 관한 研究（朝鮮社会史研究――朝鮮社会の構造と性格および変遷に関する研究)』一潮閣．
『新東亜』編集部［1980］「과외공부, 속수무책인가?（課外学習，為す術が無いのか）」『新東亜』1980年4月号，pp.314-325．
慎鏞廈［1991］「朴齊家의 社會身分觀과 社會身分制度改革思想（朴齊家の社会身分観と社会身分制度改革思想）」（ソウル大学校社会学研究会編『社會階層――理論과 實際（社会階層――理論と実際）』茶山出版社，pp.495-518）．
有田伸［2001］「한국사회에서의 대학진학수요 결정요인에 관한 시계열 분석（韓国社会における大学進学需要決定要因に関する時系列分析）」『国際高麗学』Vol.7, pp.203-217．
安熙卓［1993］「韓國의 雇傭制度（韓国の雇用制度）」（韓義泳・佐護譽編著『企業經營과 勞使關係의 韓・日比較（企業経営と労使関係の韓・日比較）』ソウル大学校出版部，pp.291-319）．
呉萬錫ほか［2000］『교육열의 사회문화적 구조（教育熱の社会文化的構造）』韓国精神文化研究院．
呉旭煥［2000］『한국사회의 교육열――기원과 심화（韓国社会の教育熱――起源と深化）』教育科学社．
柳在璟［1992］「교육투자수익률의 시간적 변화（教育投資収益率の時間的変化)」

『教育行政學研究』 Vol.9, No.2, pp.33-48.
尹正一［1985］『韓國의 教育財政（韓国の教育財政）』韓国教育開発院.
尹正一ほか［1991］『韓國의 教育政策（韓国の教育政策）』教育科学社.
尹正一ほか［1996］『한국교육정책의 탐구（韓国教育政策の探求）』教育科学社.
尹正一［1980］「課外工夫──무엇이 문제인가？（課外学習──何が問題なのか？）」『教育開發』Vol.5, pp.18-20.
李光浩［1995］「교육수요분석의 경제학적 접근（教育需要分析の経済学的接近）」『韓國教育』Vol.22, pp.105-128.
李クンム（이근무）［1989］「한국대기업의 고용관행에 관한 사회학적 연구（韓国大企業の雇用慣行に関する研究）」延世大学校大学院社会学科博士論文.
李萬甲［1957］「都市學生의 職業觀念（都市学生の職業観念）」『社会科學』第1号, pp.125-141.
李相佰・金彩潤［1996］『韓國社會階層研究』民潮社.
李貞杓［1995］「기업체 고용주와 대학생의 학력관에 나타난 학력의 사회적 함의에 관한 연구（企業雇用主と大学生の学歴観に表れた学歴の社会的含意に関する研究）」『教育學研究』Vol.33, No.1, pp.163-179.
李鍾珏［2000］「교육열의 개념 재정립（教育熱の概念再定立）」（呉萬錫ほか『교육열의 사회문화적 구조（教育熱の社会文化的構造）』韓国精神文化研究院, pp.7-52）.
李鐘珏［2003］『교육열 올바로 보기（教育熱正しくみること）』ウォンミ社.
李俊九［1993］『朝鮮後期身分職役變動研究』一潮閣.
李昌旭・金鉉碩［1991］『경영성과배분과 임금체계（経営成果配分と賃金体系）』韓国生産性本部.
李孝秀［1984］『노동시장구조론──한국노동시장의 이론과 실증（労働市場構造論──韓国労働市場の理論と実証）』法文社.
李孝秀［1991］『고학력화 현상과 고용（高学歴化現象と雇用）』韓国労働研究院.
張商洙［2001］『한국의 사회이동（韓国の社会移動）』ソウル大学校出版部.
張スミョン（장수명）［2002］「대학교육의 경제학（大学教育の経済学）」『労働政策研究』Vol.2, No.1, pp.47-79.
全擇元［1978］「課外授業費, 頭當63만원까지（課外授業費, 1人あたり63万ウォンまで）」『月刊中央』1978年1月号, pp.268-279.
丁怡煥［1992］「제조업 내부노동시장의 변화와 노사관계（製造業内部労働市場の変化と労使関係）」ソウル大学校社会学科博士論文.
チョンジンホ（정진호）ほか［2004］『학력간 임금격차의 변화와 요인분석（学歴間賃金格差の変化と要因分析）』韓国労働研究院.
鄭眞和［1996］『고학력화와 인력정책의 방향（高学歴化とマンパワー政策の方

向)』産業研究院.
鄭泰秀［1991］『7.30 教育改革』叡智閣.
車鐘千［1992］「사회계층의 구조와 과정（社会階層の構造と過程)」（黄一清編『한국사회의 불평등과 형평（韓國社會の不平等と衡平)』ナナム，pp.71-140).
車鐘千［1997］「직업구조와 분배의 불평등（職業構造と分配の不平等)」（石賢浩編『한국사회의 불평등과 공정성（韓國社會の不平等と公正性)』ナナム，pp.95-126).
車鐘千［1998］「직업위세와 계층구조（職業威信と階層構造)」『韓國社會學』Vol.32, No.3, pp.737-756.
車鐘千［2002］「최근 한국사회의 사회이동 추세──1990-2000（最近の韓國社會の社會移動趨勢──1990-2000)」『韓國社會學』Vol.36, No.2, pp.1-12.
曺康煥［1979］「무너지는 교육현장（崩壊する教育現場)」『新東亜』1979 年 5 月号，pp.214-223.
崔鳳永［2000］「교육열의 역사적 전개와 성격（教育熱の歴史的展開と性格)」（呉萬錫ほか『교육열의 사회문화적 구조（教育熱の社會文化的構造)』韓国精神文化研究院，pp.55-120).
崔ヨンソブ（최영섭）［2003］「대학 이상 졸업자의 계열별 기대소득 격차에 대한 분석（大学以上卒業者の系列別期待所得格差に対する分析)」『労働経済論集』Vol.26, pp.97-127.
韓国経営者総協会［1994］『한국기업의 대졸신규인력 채용관행（韓国企業の大卒新規人力採用慣行)』韓国経営者総協会.
韓国教育開発院［1981］『學校教育正常化를 위한 過熱課外解消對策（学校教育正常化のための過熱課外解消対策)』韓国教育開発院.
韓国教育開発院［1993］『한국인의 교육열연구（韓国人の教育熱研究)』韓国教育開発院.
韓国教育開発院［1994］『한국인의 교육의식 조사연구（韓国人の教育意識調査研究)』韓国教育開発院.
韓国教育開発院［1997a］『한국의 교육과 국가발전（韓国の教育と国家発展)』韓国教育開発院.
韓国教育開発院［1997b］『통계로 본 한국교육의 발자취（統計で見た韓国教育の足跡)』韓国教育開発院.
韓国教育三十年編纂委員会［1980］『韓國教育三十年』文教部.
韓国教育十年史刊行会［1959］『韓國教育十年史』豊文社.
韓国農村経済研究院［1989］『韓國農政 40 年史（上)』韓国農村経済研究院.
韓国貿易協会貿易研究所［2002］『202 개 경제・무역・사회지표로 본 대한민국（202 個の経済・貿易・社会指標で見た大韓民国)』韓国貿易協会.

韓国消費者保護院［1997］『사교육비 지출 실태 및 경감 방안（私教育費支出実態および軽減方案）』韓国消費者保護院．

韓萬佶［1991］「대학 교육기회의 확대에 따른 대학의 분화와 교육기회의 분평 등에 관한 연구（大学教育機会の拡大に伴う大学の分化と教育機会の不平等に関する研究）」『教育學研究』Vol.29, No.1, pp.251-266．

韓駿相［1990］「7.30 교육개혁조치와 이규호 교육정책 논쟁（7.30 教育改革措置と李奎浩教育政策論争）」『月刊中央 1990 年新年号特別付録　80 年代韓國社會大論争集』中央日報社．

洪斗承［1983a］「한국사회 계층연구를 위한 예비적 고찰（韓国社会階層研究のための予備的考察）」（ソウル大学校社会学研究会編『한국사회의 전통과 변화（韓国社会の伝統と変化）』法文社，pp.169-213）．

洪斗承［1983b］「직업분석을 통한 계층연구――〈한국표준직업분류〉를 중심으로（職業分析を通じた階層研究――〈韓国標準職業分類〉を中心に）」『社會科學과 政策研究（社会科学と政策研究）』Vol.5, No.3, pp.69-87．

洪斗承［1988］「직업과 계급――집락분석을 통한 계급분류（職業と階級――クラスター分析を通じた階級分類）」『韓國社會學』Vol.22, No.2, pp.23-45．

洪斗承［1992］「분배적 정의와 형평의식（分配的正義と衡平意識）」（黄一清編『한국사회의 불평등과 형평（韓国社会の不平等と衡平）』ナナム，pp.141-170）．

洪斗承・具海根［1992］『社會階層・階級論』茶山出版社．

洪斗承・金秉祖・趙東紀［1999］『한국의 직업구조（韓国の職業構造）』ソウル大学校出版部．

黄一清編［1992］『한국사회의 불평등과 형평（韓国社会の不平等と衡平）』ナナム．

［欧米語文献］

Arrow, K. [1973] "Higher Education As a Filter," *Journal of Public Economics*, Vol.2, No.3, pp.193-216.

Becker, Gary S. [1964] *Human Capital: A Theoretical and Empirical Analysis, with Special Reference to Education*, Columbia University Press.

Bernstein. B. [1990] *Class, Codes and Control*, Volume 4, Routledge.

Blau, P. M. and O. D. Duncan [1967] *The American Occupational Structure*, Free Press.

Bourdieu, Pierre [1979a] *La distinction: critique sociale du jugement*, Editions de Minuit（石井洋二郎訳［1990］『ディスタンクシオン』I・II, 藤原書店）．

Bourdieu, Pierre [1979b] "Les trois etats du capital culturel," *Actes de la Recherche en Science Sociales*, 30, pp.3-6（福井憲彦訳［1986］「文化資本の三つ

の姿」『アクト』No.1, 日本エディタースクール出版部, pp.18-29).
Bowles, Samuel [1971] "Unequal Education and the Reproduction of the Social Division of Labor," *Review of Radical Political Economics*, Vol. 3, No. 4, pp. 1-30(早川操訳[1980]「教育の不平等と社会的分業の再生産」カラベル・ハルゼー編(潮木守一・天野郁夫・藤田英典編訳)『教育と社会変動(上)』東京大学出版会, pp.161-183).
Bowles, Samuel and Herbert Gintis [1975] "The Problem with Human Capital Theory: A Marxian Critique," *American Economic Review*, Vol. 65, No. 2, pp. 74-82.
Bowles, Samuel and Herbert Gintis [1976] *Schooling in Capitalist America*, Basic Books(宇沢弘文訳[1986-1987]『アメリカ資本主義と学校教育』Ⅰ・Ⅱ, 岩波書店).
Campbell, R. and B. N. Siegel [1967] "The Demand for Higher Education in the United States, 1919-1964," *American Economic Review*, Vol.57, pp.482-494.
Clark, Burton R. [1962] *Educating the Expert Society*, Chandler.
Collins, R. [1971] "Functional and Conflict Theories of Educational Stratification," *American Sociological Review*, Vol.36, No.6, pp.1002-1019(潮木守一訳[1980]「教育における機能理論と葛藤理論」カラベル・ハルゼー編(潮木守一・天野郁夫・藤田英典編訳)『教育と社会変動(上)』東京大学出版会, pp.97-125).
Collins, R. [1979] *The Credential Society*, Academic Press(新堀通也監訳[1984]『資格社会』有信堂).
Davis, Kingsley and Wilbert E. Moore [1945] "Some Principles of Stratification," *American Sociological Review*, Vol.10, No.2, pp.242-249.
Dore, Ronald P. [1976] *The Diploma Disease*, George Allen & Unwin Ltd.(松居弘道訳[1990]『学歴社会 新しい文明病』岩波書店).
Erikson, R. and J. H. Goldthorpe [1992] *The Constant Flux: A Study of Class Mobility in Industrial Societies*, Clarendon Press.
Fields, G. S. [1975] "Rural-Urban Migration, Urban Unemployment and Underemployment, and Job-Search Activities in LDCs," *Journal of Economic Development*, Vol.2, pp.165-187.
Fishkin, James S. [1983] *Justice, Equal Opportunity, and the Family*, Yale University Press.
Goldthorpe, J. H. [1987] *Social Mobility and Class Structure in Modern Britain*, 2nd ed., Clarendon Press.
Hong, Doo-Seung [1980] "Two Channels of Social Mobility: Patterns of Social

Mobility in Urban Korea,"『社會科學論文集（ソウル大学校社会科学大学）』Vol.5, pp.137-159.

Hopper, Earl I. [1968] "A Typology for the Classification of the Educational System," *Sociology*, No.2, pp.29-46（カラベル・ハルゼー編（潮木守一・天野郁夫・藤田英典編訳）[1980]『教育と社会変動（下）』東京大学出版会，pp.1-18）.

Hosmer, D. W. and S. Lemeshow [1989] *Applied Logistic Regression*, Wiley.

Hsiao, Hsin-Huang Michael, ed. [1999] *East Asian Middle Classes in Comparative Perspective*, Institute of Ethnology, Academia Sinica.

Inkeles, Alex and Peter H. Rossi [1956] "National Comparison of Occupational Prestige," *American Journal of Sociology*, Vol.61, No.4, pp.329-339.

Ishida, H. [1993] *Social Mobility in Contemporary Japan*, MacMillan.

Ishida, H. [2004] "Entry into and Exit from Self-Employment in Japan," in R. Arum and W. Müller, eds., *The Reemergence of Self-Employment: A Comparative Study of Self-Employment Dynamics and Social Inequality*, Princeton University Press, pp.348-387.

Kang, David C. [2002] *Crony Capitalism: Corruption and Development in South Korea and the Philippines*, Cambridge University Press.

Kerr, C., J. T. Dunlop, F. H. Harbison and C. A. Myers [1960] *Industrialism and Industrial Man*, Harvard University Press（中山伊知郎監訳 [1963]『インダストリアリズム』東洋経済新報社）.

Koo, Hagen and Hong, Doo-Seung [1980] "Class and Income Inequality in Korea," *American Sociological Review*, Vol.45, No.4, pp.610-626.

Lett, D. P. [1998] *In Pursuit of Status*, Harvard University Press.

Lewis, W. A. [1954] "Economic Development with Unlimited Supplies of Labor," *Manchester School of Economic and Social Studies*, Vol.22, No.2, pp.139-191.

Lin, Nan and Wen Xie [1988] "Occupational Prestige in Urban China," *American Journal of Sociology*, Vol.93, No.4, pp.793-832.

Lipset, S. M. and R. Bendix [1959] *Social Mobility in Industrial Society*, University of California Press（鈴木広訳 [1969]『産業社会の構造』サイマル出版会）.

March, James G. and Herbert A. Simon [1958] *Organizations*, Wiley.

Mincer, Jacob [1974] *Schooling, Experience, and Earnings*, Columbia University Press.

Psacharopoulos, G. [1985] "Returns to Education: A Further International Update and Implications," *Journal of Human Resources*, Vol.20, No.4, pp.

583-604.

Psacharopoulos, G. [1994] "Returns to Investment in Education: A Global Update," *World Development*, Vol.22, No.9, pp.1325-1343.

Robinson, James [1994] "Social Status and Academic Success in South Korea," *Comparative Education Review*, Vol.38, No.4, pp.506-530.

Ryoo, J. K. [1988] "Changes in Rates of Return to Education over Time: The Case Study of Korea," Stanford University, Ph.D. dissertation.

Ryoo, J. K. *et al.* [1993] "Changing Rates of Return to Education over Time: A Korean Case Study," *Economics of Education Review*, Vol.12, No.1, pp.71-80.

Schultz, Theodore W. [1963] *The Economic Value of Education*, Columbia University Press (清水義弘・金子元久訳 [1981]『教育の経済価値』日本経済新聞社).

Sewell, W. H., A. O. Haller and A. Portes [1969] "The Educational and Early Occupational Attainment Process," *American Sociological Review*, Vol.34, No.1, pp.88-92.

Sorensen, Clark W. [1994] "Success and Education in South Korea," *Comparative Education Review*, Vol.38, No.1, pp.10-35.

Spence, M. [1973] "Job Market Signaling," *Quarterly Journal of Economics*, Vol.87, No.3, pp.355-374.

Spence, M. [1974] *Market Signaling: Informational Transfer in Hiring and Related Screening Processes*, Harvard University Press.

Stiglitz, Joseph E. [1975] "The Theory of "Screening," Education, and the Distribution of Income," *American Economic Review*, Vol. 65, No. 3, pp. 283-300.

Thurow, L. [1975] *Generating Inequality*, Basic Books (小池和男・脇坂明訳 [1984]『不平等を生み出すもの』同文舘).

Todaro, M. [1969] "A Model of Labor Migration and Urban Unemployment in Less Developed Countries," *American Economic Review*, Vol.59, pp.138-148.

Treiman, Donald J. [1977] *Occupational Prestige in Comparative Perspective*, Academic Press.

Turner, Ralph [1960] "Sponsored and Contest Mobility and the School System," *American Sociological Review*, No.25, pp.855-867.

Welch, Finis [1975] "Human Capital Theory: Education, Discrimination, and Life Cycles," *American Economic Review*, Vol.65, No.2, pp.63-73.

Willis, P. E. [1977] *Learning to Labour: How Working Class Kids Get Working*

Class Job, Ashgate Publishing Limited(熊沢誠・山田潤訳[1996]『ハマータウンの野郎ども』筑摩書房).

World Bank [1993] *The East Asian Miracle*, Oxford University Press.

Yun, Young-Min [1994] "Class Structure and Class Mobility in East Asia: A Comparison among South Korea, Japan and Taiwan," *Korea Journal of Population and Development*, Vol.23, No.2, pp.257-282.

あとがき

　筆者が韓国社会に対する漠然とした興味を持ち始めたのは，小学生の頃だった．筆者が生まれ育った鳥取という地は韓国との距離がとても近く，海辺を歩けば，韓国から流れ着いた空き缶をあちらこちらに見つけることができ，ラジオをつければ，昼間から韓国の放送を強力に受信できる．国境の壁が今よりはるかに高かった時代において，海辺の空き缶や海の向こうからやってくる電波は，辺境に住む少年が「外国」を感じる貴重なチャンスとなった．日常の生活に何となく居心地の悪さを感じていた当時，それらに触れることで，海を隔てたすぐ隣に自らが属しているものとはまったく別の「社会」が存在しているのだ，と改めて気づかされ，気持ちがとても楽になったのを覚えている．

　その後も韓国に対する関心を持ち続けた筆者は，大学院において本格的に韓国社会研究に取り組むこととなり，現在に至っている．この過程において，さまざまな学問を学んできたにもかかわらず，筆者のこれまでの研究の総まとめである本書の根底を強く貫いているのが，「海を隔てたすぐ隣の社会では，ひとびとは何を考え，どのように暮らしているのか？」という少年時代に抱いていた問いそのものでもあることに気づき，思わず苦笑してしまう．

　本書は，2005年1月，筆者が東京大学大学院総合文化研究科に提出した博士学位請求論文「韓国における教育と地位達成——『学歴主義的社会イメージ』の実証的再検討」に加筆・修正を加えたものである．論文の完成，さらに本書の刊行に至るまでには，実に多くの方からのご指導とご厚情を賜っている．

　大学院において指導してくださった木宮正史先生は，なかなか研究成果をまとめようとしない筆者に対して，いつも的確なアドバイスと力強い励ましをくださることで，論文完成まで導いてくださった．韓国に対する深い知識

と情熱を兼ね備えた先生の研究姿勢を見習うことで，筆者はようやくここまで歩んでこられたように思う．

これまでも数々のご指導を賜ってきた服部民夫先生からは，博士論文の審査過程でも多くの貴重なご助言をいただいた．さらに本書の出版に関しても，刊行助成への推薦や東京大学出版会への紹介の労をとってくださった．本書は，先生が長く手がけてこられた韓国社会研究の成果があってはじめて成り立っているものであることを改めて痛感している．

大学院に進学して以来，常に筆者を暖かく見守ってきてくださった三谷博先生は，アジア研究という広い視点に立って韓国社会をながめることの重要性を，直接のアドバイスとともに先生ご自身の研究を通じて示してくださった．さらに，石田浩先生に論文審査に加わっていただき，具体的な計量分析に関して実に多くの有益なコメントをいただいたこと，また教育と社会階層の比較研究のスキーム自体についても多くの示唆を賜ったことは，これまで独学に近い形で計量分析と階層研究を続けてきた筆者にとって大変な幸運であった．大学院において一緒に「地域研究」と格闘してきた戦友であり，現在でも公私ともにお世話になっている田原史起先生は，筆者の論文に欠けているものを常に鋭く指摘してくださった．博士論文の審査委員をお引き受けくださったこれらの諸先生からの暖かい励ましがあってこそ，何度も諦めてしまいかけた論文完成までようやくこぎつけることができた．改めてお礼を申し上げたい．

退官されるまでの間，筆者の指導教授を引き受けて下さった高橋満先生は，経済学的視角からアジア社会を研究していくことの楽しさを教えてくださった．また学部時代にご指導いただいた盛山和夫先生からは，実に貴重な社会学的思考のエッセンスを学ばせていただいている．重ねてお礼申し上げたい．

1996年から97年まで留学の機会を得たソウル大学社会学科では，金一鐵先生，洪斗承先生，宋虎根先生をはじめとする諸先生方に大変なお世話になり，多くのことを学ばせていただいた．さらに，成均館大学の車鐘千先生からは親身のご指導とご厚意を賜り続けている．留学生活の終わりを間近に控えたある日，「どうしてもこの先生にお目にかからねば」と突然電話にて面談をお願いした不躾な筆者を，先生は快く迎え入れてくださり，当時私が抱

えていた問題に対して懇切丁寧なアドバイスをくださった．そればかりかまったくの初対面である私に対して，「このデータを使って分析してみるといい」と先生が手がけられた貴重な社会調査データを手渡してくださった．それが本書で幾度となく用いた90年衡平調査データである．

さらに，ソウル大学社会学科の先輩，友人たちとの議論は，私にとって大変大きな刺激となった．その中でも，筆者の留学生活全般に暖かい心配りをくださった金英さんからは，韓国社会に関して本当にたくさんのことを教えていただいた．運動経験に基づいた独自の社会認識を持つ彼女との長い議論の時間がなければ，筆者の韓国社会理解ははるかに偏ったものとなっていただろう．

このほかにも韓国にいる多くの友人・知人は，実にさまざまな形で筆者を助けてくれた．これまで筆者に対して暖かく，そしてときに厳しく，しかし常に真摯な態度で接してくださった韓国のかたがたすべてに心から感謝したい．

2002年4月より東京大学大学院総合文化研究科に勤務する機会を得たことで，筆者は安定的に研究活動を続けられるようになった．この職場でお世話になっている同僚のかたがた，特にお名前を挙げるならば，刊行助成への推薦の労をとってくださった木畑洋一研究科長と，韓国朝鮮語教育という仕事にたずさわる上で本当にたくさんのご助力をいただいている生越直樹先生にこの場を借りてお礼申し上げたい．

また，筆者は現在，2005年社会階層と社会移動（SSM）調査研究会のメンバーとして，日本・韓国・台湾の比較調査を行うという作業に参加し，東アジア比較の観点から韓国社会を理解するための貴重な機会をいただいている．特に代表の佐藤嘉倫先生には，研究の方向性に対する貴重なご示唆をいただき，いつも筆者を「韓国研究」の領域からさらに広い世界へと引っぱり出してくださっていることと合わせて，深くお礼申し上げたい．

さらに筆者がこれまで韓国社会研究を進める上で，「現代韓国社会研究会（現韓研）」のメンバーとの議論は非常に大きな助けとなってきた．社会科学的な韓国研究を志す若手研究者によって組織されたこの研究会の場は，大学院に進学して以降も，自らの韓国社会研究をどのように進めていけばよいの

かいまひとつ確信の持てなかった筆者にとって，研究の方向を定める上で本当に貴重な機会となった．メンバーたちと極寒のソウルにおいて，寒さを忘れるほどの白熱した議論に興じたことは今でもよい思い出となっている．

また，「比較教育社会学研究会（KJ研）」のメンバーに加えていただいたことは，筆者の研究上の重要な転機となった．日本と韓国の中学・高校生の比較調査を設計し，実際に両国で調査を実施し，さらにその結果の分析を行っていくという実に濃密な過程を通じて，筆者の研究上の足腰が大きく鍛えられたことを痛感している．特に代表の中村高康さんには，その後もさまざまな相談をさせていただき，いつも貴重なアドバイスをいただいている．

博士論文の執筆過程においては，それぞれ博士論文と助手論文に取り組んでいらした林成蔚さん，若畑省二さんと，各自の執筆した原稿に対してコメントを付け合う機会を定期的に持つことで，一歩一歩着実に前進していくことができた．両氏からのアドバイスは本書の至るところにいかされている．また三輪哲さんも，本書の草稿を読んで貴重なコメントをくださった．

東京大学出版会の宗司光治さんは，出版という作業に対してまったく無知な筆者に対して常に適切なアドバイスをくださり，筆者の予想をはるかに超える出来映えの本に仕立ててくださった．遅れがちな原稿を忍耐強く待ってくださったことに対しても，お礼申し上げたい．

こうして振り返ってみると，ここでお名前を挙げなかった方をふくめて，これまで実に多くのかたがたから本当に多くの助けを得ているからこそ，今日の自分の研究が成り立っていることを改めて痛感させられる．それぞれの方に心から感謝申し上げるとともに，それに報いるためにも，これからより一層の努力を重ねていかねばならないと思っている．

最後に私事ではあるが，先がまったく見えず，将来への不安ばかり募らせていた大学院生時代から，明るく筆者を励まし続けてくれた妻，そして父親の「おしごと」を理解し，いつも我慢をしてくれている3歳の息子に，心からありがとうと言いたい．

大学院に進学して研究を続けたいという息子の意志を最大限に尊重してくれ，長い学究生活を物心両面から支え続けてくれた父・博充，母・爽子に対

しては，まったくもって感謝の言葉が見つからない．その想いとともに，本書を2人に捧げることをお許しいただきたい．

　2006年2月　時計台の見える研究室にて

有　田　　　伸

　本書は，平成17年度東京大学学術研究成果刊行助成を受けて刊行されたものである．

索　引

ア

新しい古典的不平等　255,294
アロー，K.　26
李相佰　56,65,67
石田浩　269
ウィリス，P. E.　289
SSM 調査　69-70,219

カ

階層帰属意識　57-58,63-64,272,275
階層構造の開放性　225,263
課外授業（学校外授業）　2,33,103-109,139,177,255,292
学歴
　　――情報の利用可能性　111
　　――の社会経済的地位規定効果　9-10,12
　　――の職業的地位規定効果　155,241,284
　　――の職業的地位上昇効果　156,159,189
学歴間職業機会格差　156,159-160,163
学歴間賃金格差　117-121,123-124,126-129,132-133,138,235
学歴効用　10,35,41,79,284
学歴主義的価値観　181
学歴主義的社会イメージ　5-7,9,109,241,263,276,291,294-295
学歴取得がもたらす社会経済的便益　283,285
学歴取得競争への汎階層的参加　298
学歴病仮説　38
学歴別採用　168-170,196
学歴別失業率　163-164
葛藤理論　30
苅谷剛彦　300
韓国の選抜システム　99
企業グループ一括採用　168,173,175
金環東　71
金彩潤　56
金東椿　301
金美蘭　6,9,111
金榮和　8,98
教育機会
　　――の階層間格差　242,252,255-256,292
　　――の形式的平等化　90-91,98,226,294,296
　　――配分の平等化　246-247
教育達成　226
教育達成意欲　1-5,8-12,21,35,38,79,118,141,150,201,218,227,265,283,289
　　――の強度　4,283
　　――の持続性　4,118,283
　　――の普遍性　4,283
教育投資収益率　136-139
教育熱　1,9,117
教育を通じた社会的上昇移動　15
強制移動　257-258,261,263
業績主義的教育達成観　296
ギンタス，H.　31
具海根　62
計量的地域研究　12
高校教育進学需要　84
高等教育定員の拡大　94,102,117
高等教育定員政策　122
高等教育投資の収益率　140-141
コリンズ，R.　30,32

孔銀培　120,137

サ

サロー，L.　27-29,36-38,124
産業社会論　23,33,256
自営化　265,267-270,290
自己選抜　144,206
仕事競争モデル　27,36-37,124
社会階層移動　11
社会階層構造　45,54,226,229
社会経済的地位達成　227
社会的資源配分　241
　　──構造　283
社会的上昇意欲　47,49
就業機会選好　167,172
就職浪人　179-180
儒教的価値観　121
儒教的職業観　65,67
出身階層が教育達成に及ぼす影響　250-252
シュルツ，T. W.　24
純粋移動　257-259,261,280
職業威信　65-72,200,229,239,274-275,291
職業価値志向性　201,206,210-213
職業希望意識　200-201,290
職業的地位上昇　73
　　──効果　166,218
職業的地位の規定要因　239
職種間賃金格差　129-130
植民地遺産仮説　119
植民地期　47-48,91
所得の規定要因　234
新古典派経済学　24,26-28,36,117,126,286
人的資本論　24-25,31,117,136,150,199
人文系高校平準化措置　87-89,98,104,144-145,245
世代間移動機会　260-261
世代間階層移動　7,226-227,256-257,259,288

世代内（階層）移動　6,231-233,265-270,272
選抜機能　297-298
選別（スクリーニング）理論　25-27,29,199,264-265
卒業定員制　94
ソレンセン，C. W.　120

タ

大学学生定員政策　92
大学学生定員の国家管理化　92
大学間序列の可視化　185
大学間序列の可視性　99
大学進学競争の公正性　104,109
大学進学需要　141,144,147,150,286-287
大学進学段階集中型　247
大学進学段階集中型・国家管理型・一元的選抜　85,96,252,287
大学入試の国家管理化　95,99
第2の大学入試　178,180,182
ターナー，R.　97
車鐘千　8
張商洙　8
中学校無試験進学制　86,89,98
中学校無試験入学制　245
全斗煥　83,94,103,107
賃金格差　60-61
　　企業規模間──　132,134,189
　　大卒／高卒間──　128-129,146-147
賃金競争モデル　27-28,36-37
デイビス，K.　22
伝統的職業観　72
ドーア，R. P.　38-39,119,297-298
特殊目的高校　83
都市自営業　55,61-62,67,71,227,264,275

ナ

7.30 教育改革　107-109,111
農地改革　48,54,236

ハ

朴世逸　8, 119
朴正熙　49, 83, 92, 96, 146
服部民夫　218
フィッシュキン, J. S.　292-293
　　──のトリレンマ　293
ブルデュー, P.　34
文化資本　34
文化的再生産論　34
裴茂基　62
ベッカー, G. S.　24
ボウルズ, S.　31, 225
ホッパー, E. I.　97
ホワイトカラー職就業確率　163, 199
洪斗承　54, 62, 264

マ

宮嶋博史　46
ミンサー, J.　126
ムーア, W. E.　22

ヤ

両班　45-47

ラ

レット, D. P.　285
労使紛争　61, 131, 134
労働運動　129, 135
労働集約的　52
　　──産業　50, 61
　　──製品　51
ロビンソン, J.　254

著者略歴
1969年　鳥取生まれ
1992年　東京大学文学部社会学科卒業
2002年　東京大学大学院総合文化研究科地域文化研究専攻
　　　　博士課程単位取得退学
　　　　東京大学大学院総合文化研究科講師・助（准）教
　　　　授，東京大学社会科学研究所准教授を経て
現　在　東京大学社会科学研究所教授
　　　　博士（学術）

主要著書等
『学歴・選抜・学校の比較社会学』（共編，2002年，東洋館
　出版社）
「韓国の社会と教育制度」（東京大学教養学部編『高校生の
　ための東大授業ライブ 純情編』2010年，東京大学出版
　会）
「高学歴化と若者の就業」（樋口明彦ほか編『若者問題と教
　育・雇用・社会保障』2011年，法政大学出版局）

韓国の教育と社会階層
「学歴社会」への実証的アプローチ

―――――――――――――――――――――――――――
　　　　　　2006年3月24日　初　版
　　　　　　2012年8月31日　3　刷
　　　　　　　［検印廃止］

著　者　有田　伸
　　　　あり た　しん

発行所　財団法人　東京大学出版会

代表者　渡辺　浩
　　　　113-8654　東京都文京区本郷7-3-1 東大構内
　　　　電話 03-3811-8814　FAX 03-3812-6958
　　　　振替 00160-6-59964

印刷所　株式会社暁印刷
製本所　矢嶋製本株式会社
―――――――――――――――――――――――――――
　　　　　Ⓒ 2006 Shin Arita
　　　　　ISBN 978-4-13-056211-9　Printed in Japan

Ⓡ〈日本複製権センター委託出版物〉
　本書の全部または一部を無断で複写複製（コピー）することは，著作
　権法上での例外を除き，禁じられています．本書からの複写を希望さ
　れる場合は，日本複製権センター（03-3401-2382）にご連絡ください．

著者	書名	判型・価格
原 純輔 盛山和夫	社会階層 豊かさの中の不平等	46・2800円
盛山和夫ほか編	日本の階層システム 全6巻	46各2800円
佐藤嘉倫ほか編	現代の階層社会 全3巻	A5各4800円
白波瀬佐和子	日本の不平等を考える	46・2800円
吉川 徹	学歴と格差・不平等	46・2600円
苅谷剛彦	学校・職業・選抜の社会学	A5・4800円
苅谷剛彦 菅山真次編 石田 浩	学校・職安と労働市場	A5・6000円
苅谷剛彦 本田由紀編	大卒就職の社会学	A5・3200円
本田由紀	若者と仕事	A5・3800円
中村高康	大衆化とメリトクラシー	A5・4400円
竹内 洋	日本のメリトクラシー	A5・4200円
小林雅之	大学進学の機会	A5・6000円

ここに表示された価格はすべて本体価格です．御購入の際には消費税が加算されますので御了承下さい．